Achenbach/Kriege

Von Savonarola bis Robespierre

Rüdiger Achenbach
Hartmut Kriege

Von Savonarola bis Robespierre

Religion und Aufklärung im Widerstreit

Artemis & Winkler

Bibliographische Information der Deutschen Bibliothek

Die Deutsche Bibliothek verzeichnet diese Publikation in der Deutschen Nationalbibliographie; detaillierte bibliographische Daten sind im Internet unter http//dnb.ddb.de abrufbar.

Druck und Verarbeitung: CPI Books, Leck
ISBN 3-538-07209-4
http://www.patmos.de

Inhalt

Renaissance-Humanismus
im 15. und 16. Jahrhundert

Das Manifest der Renaissance

Giovanni Pico della Mirandola (1463–1494) und das Rätsel der Sphinx

Flucht oder Entführung?

Am frühen Mittag des 10. Mai 1486 galoppierte eine Gruppe von etwa 20 Reitern durch die engen Gassen von Arezzo. Einer der Männer ergriff eine junge Frau, die sich auf dem Weg zur Kirche befand, und zog sie zu sich aufs Pferd. Einige Augenzeugen schlugen sofort Alarm. Doch die Reiter waren mit der jungen Frau ebenso schnell wieder aus der Stadt verschwunden, wie sie aufgetaucht waren. Die Stadtherren ließen die Glocken läuten, und innerhalb weniger Stunden bildete sich eine Bürgerwehr von fast hundert bewaffneten Männern, um die Verfolgung der fremden Reiter aufzunehmen. Bis heute gibt es zeitgenössische Dokumente im staatlichen Archiv in Florenz, die über dieses Ereignis in der toskanischen Stadt Arezzo aus dem Jahr 1486 berichten.[1] Der Fall wurde allerdings nie aufgeklärt. Bekannt ist aber, daß die junge Frau, die verschleppt wurde, Margherita hieß. Sie war die Witwe eines Rennstallbesitzers und zum Zeitpunkt dieses Vorfalls erst wenige Wochen in zweiter Ehe mit dem unvermögenden Zollpächter Giuliano di Mariotto verheiratet. Nach den Aussagen einiger Personen aus der Umgebung Margheritas soll sie der zweiten Ehe nicht freiwillig zugestimmt haben. Es wurde deshalb vermutet, daß sie selbst diese Flucht geplant hatte, um der ungewollten Ehe zu entkommen. Andere Zeitzeugen sprachen hingegen von einer Entführung durch einen liebestollen Verehrer Margheritas.

Daß dieses keineswegs unübliche lokale Ereignis überhaupt in offiziellen Dokumenten erwähnt wird und schon damals zu zahlreichen

Spekulationen Anlaß gab, hat einen besonderen Grund. Der Reiter, der Margherita auf sein Pferd gezogen hatte, war der 23jährige Graf Giovanni Pico della Mirandola. Er stammte aus einem alten norditalienischen Adelsgeschlecht und zählte schon seit seiner frühen Jugend zur Bildungselite der italienischen Gelehrten. Da er auch zum engsten Freundeskreis um Lorenzo de' Medici gehörte, der als erster Mann in der Republik Florenz den Ton angab, wurde der Vorfall auch zu einem Politikum. Die Bewohner von Arezzo vermuteten nämlich, daß der Entführer Margheritas mit der Unterstützung seiner Freunde in Florenz gehandelt habe. Der Magistrat in Arezzo richtete daher ein offizielles Protestschreiben an Lorenzo de' Medici, in dem er die Entführung Margheritas als eine Beleidigung aller Bürger der Stadt bezeichnete.

Die Stadtherren verlangten deshalb von Lorenzo die Auslieferung der Entführten und der Entführer. Tatsächlich kehrte Margherita schon einige Tage nach ihrem Verschwinden wieder nach Arezzo zurück. Der junge Graf hat sich aber öffentlich nie über die wahren Hintergründe dieses Ereignisses geäußert. Was allerdings dazu beitrug, daß zahlreiche Gerüchte kursierten. Man sagte Pico della Mirandola einen zügellosen Sexualtrieb nach und beschimpfte ihn als Ehebrecher. In einem Brief an Herzog Ercole d'Este schreibt der Schriftsteller Aldovrandino Guidoni im Mai 1486: »Wir sahen in diesem engelsgleichen, hochgelehrten Adeligen immer einen Heiligen, jetzt ist er für viele nur noch ein Lucifer.«[2] Trotz der beharrlichen Forderung der Stadtherren von Arezzo war Lorenzo de' Medici aber nicht bereit, Pico und seine Komplizen auszuliefern. Der junge Graf verschwand plötzlich aus der Öffentlichkeit. Man vermutete, daß die Medici ihn versteckt hielten. Denn Pico gehörte schließlich schon seit einiger Zeit zum inneren Zirkel der Machthaber in Florenz.

Ein Günstling der Fortuna

Geboren war Giovanni Pico della Mirandola am 24. Februar 1463 als jüngerer Sohn des Grafen Gianfrancesco Pico I. auf dem Stammsitz der Familie in Mirandola bei Modena. Da den Lehrern Giovanni Picos schon früh die außergewöhnliche Auffassungsgabe und der unstillbare

Pico della Mirandola

Wissensdurst des Jungen auffielen, hatten sie ihn bereits als Vierzehnjährigen an die Universität nach Bologna zum Studium des kanonischen Rechts geschickt, denn die Eltern planten für Pico eine Karriere in der Kirche. Doch schon 1478 hat Pico das Studium des Kirchenrechts in Bologna abgebrochen. Zu diesem Zeitpunkt waren die Eltern gestorben, und der junge Graf hatte ein beachtliches Vermögen geerbt, das ihn ökonomisch unabhängig machte. Da er sich für eine Laufbahn in der Kirche nicht begeistern konnte, wollte er nur noch das studieren, was ihn interessierte. Also belegte er in den folgenden Jahren an den Universitäten Padua, Pavia und Ferrara die Fächer Philosophie, Literatur, Mathematik und Rhetorik.

Während seines Aufenthaltes in Ferrara begegnete Pico della Mirandola zum ersten Mal dem elf Jahre älteren Girolamo Savonarola. Der Dominikaner stand damals bereits in dem Ruf, ein herausragender Lehrer der Heiligen Schrift zu sein. Noch heute gibt es in der Stadtbibliothek von Ferrara eine von Savonarola glossierte Bibelausgabe. Aus den handschriftlichen Anmerkungen am Textrand kann man erkennen, daß der Dominikaner zu dieser Zeit noch ganz in der theologischen Tradition seines berühmten Ordensbruders Thomas von Aquin stand. Pico, der Savonarola in Ferrara vermutlich auf der Kanzel als Prediger erlebt hatte, schrieb später, daß er sofort von der theologischen Bildung dieses Mannes beeindruckt gewesen sei. Der junge Graf war für philosophische und theologische Fragen sehr aufgeschlossen. Außerdem interessierte er sich besonders für die damals noch wenig bekannten Studiengänge der hebräischen, aramäischen und arabischen Sprache. Er wollte neben der Beschäftigung mit der klassischen Literatur der griechischen und römischen Antike auch in die Welt der orientalischen Kulturen eindringen. Es waren nicht zuletzt gerade diese Studien, die Pico schon früh als vielsprachigen und außergewöhnlich gebildeten jungen Mann bekannt machten. Er war also kein unbeschriebenes Blatt mehr, als er sich 1484 mit 21 Jahren entschloß, nach Florenz zu gehen. Die Stadt am Arno war zu jener Zeit die Metropole der Renaissance und das Zentrum des platonischen Humanismus, der Picos Neugier weckte.

Der junge Graf war von den Gelehrten der Stadt bereitwillig aufgenommen worden. Ein Mann von seiner Bildung konnte die Kulturszene in Florenz nur bereichern. Man sah in ihm zudem einen Günstling der Fortuna, denn außer seinen intellektuellen Begabungen und seinem respektablen Reichtum hatte ihn die Glücksgöttin auch noch mit einem auffällig wohlgestalteten Äußeren ausgestattet. Der Zeitgenosse und spätere Freund, Girolamo Benivieni, hat die Bewunderung beschrieben, die man dem Grafen Mirandola in der Arnostadt entgegenbrachte: »Seine Gestalt war von ungewöhnlicher Schönheit, sein Wuchs war schlank und hoch, das Angesicht lieblich, die blaugrauen Augen lebhaft, das Haar glatt und blond, die Zähne sehr weiß und gleichmäßig.«[3] Pico muß sehr charmant gewesen sein, denn Benivieni fährt fort, daß alle Florentiner vom ersten Moment an von ihm begeistert gewesen seien. Selbst eine einflußreiche Familie wie die Medici fühlten sich von seiner Gegenwart geschmeichelt. Lorenzo de' Medici, damals der mächtigste Mann in Florenz, zählte den jungen Grafen schon bald zu seinem Freundeskreis.

Das System Medici

Die Medici waren seit Anfang des 14. Jahrhunderts eine der erfolgreichsten Bankiers- und Kaufmannsfamilien in Florenz. Da die Rangordnung in der florentinischen Oberschicht von erfolgreichen Geschäftsbilanzen abhing, hatte es der geschäftstüchtige Cosimo de' Medici, der Großvater Lorenzos, geschafft, seine Familie am alteingesessenen Adel vorbei an die Spitze der Macht zu bringen. Cosimo hatte es außerdem verstanden, ein ausgeklügeltes System von Klienten aufzubauen. In diesem mafiaähnlichen Netzwerk hielt er als Patron alle Fäden in der Hand. Für die Gefälligkeiten, die er seinen Klienten erwies, erwartete er unbedingte Loyalität. Da Florenz nominell eine Republik war, in der die Ansprüche der herrschenden Oligarchie nach außen kaschiert werden mußten, hatte sich Cosimo auch zu einem Meister der Camouflage entwickelt. Er trat stets als bescheidener Bürger und Republikaner auf, auch wenn er letztlich die politischen Spielregeln der Republik allein bestimmte und immer zu Gunsten seiner Familie auszulegen verstand. Seine Gegenspieler ließ er durch Wahlmanipulation kaltstellten oder im Namen der Republik ins Exil verbannen. Die Anhänger der einflußreichen Medici-Partei wurden hingegen für ihre Treue belohnt und verliehen ihrem Gönner zum Dank den Titel »Vater des Vaterlandes«. Mit einem untrüglichen Gespür für Macht war Cosimo de' Medici auch stets bemüht gewesen, das Ansehen seiner Familie mit allen erdenklichen Mitteln aufzupolieren. Dazu bediente er sich auch der Kunst und der Religion. Eines von zahlreichen Beispielen ist das Fresko der Heiligen Drei Könige in der Kapelle des Medici-Palastes, auf dem Cosimo, sein Sohn Piero und sein Enkel Lorenzo in unmittelbarer Nähe der Heiligen auftreten. Einer der drei Heiligen Drei Könige trägt sogar das Wappen der Medici mit den sechs Kugeln. Solche Kunstwerke wurden gezielt als politische Propaganda eingesetzt und enthielten zugleich einen religiösen Code. Denn indem sich die Medici in privilegierter Position zusammen mit den Heiligen zeigten, teilten sie damit allen anderen Florentinern mit, daß die Angehörigen des Medici-Clans von der göttlichen Vorsehung auserwählt waren, die Macht auszuüben. Diese besondere göttliche Erwählung wurde auch mit Hilfe der damals allgegenwärtigen Astrologie unterstrichen. In der alten Sakristei von S. Lorenzo, der Familienkapelle der Medici, befindet sich noch heute in der Kuppel des Altarraums ein Fresko mit Planetenkonstellationen, die auf ein Datum hinweisen, das für die Familie eine besondere Bedeutung gehabt haben muß. Nach den neuesten Computerberechungen gehen viele Forscher davon aus, daß der 4. Juli 1442 gemeint ist.[4] Bisher hat man allerdings nicht herausfinden können, welches Ereignis mit diesem Tag in der Chronik der Medici verbunden ist. Diese interne Information muß im Laufe der Zeit in Vergessenheit geraten sein. Die Sternbilder in der Familienkapelle stellen aber zweifellos ein damals durchaus übliches Statussymbol dar. Denn auch die Rivalen der Medici, die florentinische Adelsfamilie der Pazzi, haben sich in ihrer Kapelle in der Kirche S. Croce ein Horoskop malen lassen. Auch dafür gibt es heute keine schlüssige Deutung mehr.

Ein Krieg der Sterne

Ein besonderes Datum für beide Familien-Clans, das auch in die Geschichtsbücher eingegangen ist, wurde der 26. April 1478.

An diesem Tag wurde während einer Messe in S. Maria del Fiore, dem Dom von Florenz, Guiliano de' Medici mit 19 Messerstichen ermordet. Der ältere Bruder Giulianos, Lorenzo de' Medici, konnte sich im letzten Moment in die Sakristei retten. Die Attentäter hatten im Auftrag der Pazzi gehandelt, die die Medici, von denen sie politisch kaltgestellt worden waren, beseitigen wollten. Im Blick auf die astrologisch herausgestellten Ansprüche beider Familien war es ein Krieg der Sterne, den die beiden geschäftlich konkurrierenden Clans im Kampf um die politische Macht führten. Doch die himmlische Konstellation stand für die Verschwörer ungünstig. Nach einem gnadenlosen Rachefeldzug Lorenzos gegen die Pazzi und ihre Verbündeten konnte der überlebende Medici seine politische Machtposition in Florenz noch stärker ausbauen als zuvor.

Lorenzo, der schon seit 1469, nach dem frühen Tod seines Vaters Piero, an der Spitze des »Systems Medici« stand und das Klientennetzwerk seines Großvaters Cosimo übernommen hatte, nahm nach der niedergeschlagenen Verschwörung der Pazzi noch deutlicher als seine Vorfahren die Rolle eines dynastischen Herrschers innerhalb der Republik ein. Die Florentiner nannten ihn nun »Lorenzo il Magnifico«, »Lorenzo den Prächtigen«. Diese Anrede war zwar für angesehene Persönlichkeit üblich, doch bei Lorenzo bekam sie noch eine besondere Note, da er sich im Gegensatz zur bescheidenen Zurückhaltung seines Großvaters und Vaters gern selbst in Szene setzte und sich bei Turnieren und Umzügen in prunkvollen Gewändern feiern und bewundern ließ.

Lorenzo de' Medici war aber nicht nur Politiker und Geschäftsmann, sondern auch ein anerkannter Kunstkenner und Mäzen. Er hat zum Beispiel den jungen Michelangelo in sein Haus aufgenommen und gefördert. Außerdem schrieb er Gedichte und beteiligte sich an Diskussionen über philosophische Fragen. Er war im Geist des Humanismus erzogen worden, wie er von der Bildungselite an der »Platonischen Akademie« gepflegt wurde, die sein Großvater Cosimo in der Nähe von Florenz gegründet hatte.

Der Provokateur aus Byzanz

Im Rahmen eines Unionskonzils der römischen Kirche und der byzantinischen Ostkirche, das von 1438 bis 1439 in Florenz stattgefunden hatte, waren zahlreiche griechische Gelehrte an den Arno gekommen. Auch wenn die Unionsvereinbarungen der Kirchen nur ein unbedeutendes Papier blieben, war die Präsenz der griechischen Gelehrten für die geistesgeschichtliche Entwicklung in Italien und vor allem für Florenz im 15. Jahrhunderts von kaum zu überschätzender Bedeutung. Die Griechen machten den Westen zum Beispiel erstmals mit dem kompletten Werk des antiken Philosophen Platon bekannt. Angesichts der absoluten Dominanz, die Aristoteles seit dem hohen Mittelalter in der abendländischen Philosophie besessen hatte, bedeutete dies einen enormen Erneuerungsschub. Einer der Gäste in Florenz, der Platoniker Georgios Gemistos Plethon, konnte Cosimo de' Medici davon überzeugen, eine eigene Akademie zur Ehrenrettung der Philosophie Platons im Westen zu gründen. Cosimo hat dieses Projekt begeistert

Lorenzo de' Medici mit Gelehrten und Philosophen

aufgegriffen, weil eine solche Akademie letztlich auch dem Ruhm seiner Familie zugute kam. Er beauftragte den jungen und begabten Marsilio Ficino, den Sohn seines Leibarztes, sich intensiv mit dem Studium der Philosophie Platons zu beschäftigen und das gesamte Werk des Atheners ins Lateinische zu übersetzen. Später hat der Medici Ficino ein Landhaus bei Careggi in der Nähe von Florenz überlassen, das zum Sitz der »Platonischen Akademie« wurde.

Plethon, der die Gründung dieser Einrichtung angeregt hatte, wollte die Ideen Platons für Reformen in der Politik und der Religion nutzbar machen. Dazu forderte er beispielsweise eine Restauration der griechischen Götterwelt, die allerdings philosophisch interpretiert werden sollte. Zeus, die höchste Gottheit, deutete er demgemäß als das alles bestimmende Schicksal. – In seiner Heimat Griechenland hatte er bereits in Mistra, einer Stadt in der Nähe von Sparta, eine Gemeinschaft gegründet, die nach den philosophischen Vorstellungen Platons leben sollte. Natürlich waren diese heidnischen Anschauungen Plethons eine Provokation für die christliche Welt. Sowohl im Abendland wie auch in Byzanz. Einer der eifrigsten Gegner Plethons war der griechische Gelehrte Georgios Trapezuntios, der ebenfalls für einige Jahre in Italien lebte und dort eine Kampagne gegen Plethon startete. Trapezuntios verabscheute Platon. Für ihn hatte der Athener einen lasterhaften Lebenswandel geführt, und dessen für christliche Ohren unerträglichen Ausführungen über die Liebe waren ihm ein Greuel. Da Plethon nun Platons Ideen zur Grundlage der Gesellschaft machen wollte und sich damit auch gegen das Christentum aussprach, fühlte sich Trapezuntios zum Gegenangriff herausgefordert. Er warnte deshalb vor allem die Kleriker vor den Plänen Plethons: »Mit eigenen Ohren habe ich es in Florenz gehört: Er sagte, Christus und auch Mohammed würden bald in Vergessenheit geraten und das ganze Universum im Glanz der absoluten Wahrheit wiedererstrahlen.«[5] Trapezuntios meinte unter den Humanisten eine Verschwörung der Platoniker aufgedeckt zu haben und beschimpfte selbst den Griechen Bessarion, der inzwischen zur römischen Kirche übergetreten war und den Rang eines Kardinals bekleidete, wegen seiner Platon-Studien als Verleumder des Christentums.

Die Erfindung der platonischen Liebe

Nun wäre ein Experiment, wie Plethon es im griechischen Mistra durchführte, im christlichen Abendland ohnehin undenkbar gewesen. Denn hier wachte die kirchliche Inquisition gemeinsam mit den politischen Machthabern des christlichen Adels viel strenger und konsequenter als die Herrscher in Byzanz darüber, daß alle Untertanen der obligatorischen einzig wahren Religion treu blieben. Ein Platonismus, der in letzter Konsequenz vom christlichen Selbstverständnis weggeführt hätte, war also für die Platonische Akademie in Florenz völlig inakzeptabel und entsprach auch nicht der Intention Cosimos und Ficinos. In Florenz setzte man sich vielmehr das Ziel, die Erkenntnisse der Platon-Studien mit der christlichen Religion in Einklang zu bringen. Ficino sah nämlich gerade in Platons Vorstellung von der Unsterblichkeit der Seele die entscheidende Übereinstimmung zwischen dem Christentum und dem Platonismus. Außerdem war Marsilio Ficino grundsätzlich ein sehr vorsichtiger Mann, der von vorneherein jedem Konflikt mit der Kirche aus dem Weg ging. Bei seinen Übersetzungen und Interpretationen antiker Autoren rückte er deshalb gern die Gedanken der Heiden etwas zurecht, damit sie nicht mit der kirchlichen Morallehre kollidierten. Ebenso wie Kardinal

Bessarion verteidigte er aber Platon gegen die Anschuldigungen des Trapezuntios. Ficino bestritt, daß Platon einen unmoralischen Lebenswandel geführt habe, außerdem dürfe man viele Äußerungen in seinen Schriften nicht mit Platons persönlicher Ansicht gleichsetzen. Ficino und auch Bessarion wurden durch ihre Platon-Interpretation zu den Erfindern der so genannten »nur platonischen Liebe«, indem sie Platons Überlegungen über den Eros auf eine rein geistige Ebene transformierten und damit für das christliche Abendland stubenrein machten.

Da Ficino durch seine intensive Beschäftigung mit der Literatur der antiken Heiden in den Verdacht geraten konnte, vom rechten Weg der Kirche abzuweichen, ließ er sich sicherheitshalber sogar zum Priester weihen. Aber er blieb selbstverständlich Nestor der Akademie. Seine platonische Philosophie, die er im Laufe der Zeit entwickelte, ist im wesentlichen eine Mischung aus dem Gedankengut spätantiker Neuplatoniker und einer platonisch gefärbten christlichen Mystik, wie sie der frühe Augustinus und Dionysius Areopagita vertreten hatten. Ficinos Hauptanliegen war es, Religion und Philosophie, die seit dem 13. Jahrhundert zunehmend getrennte Wege gingen, wieder aufeinander zu beziehen. Er wollte dadurch vermeiden, daß die Religion im Aberglauben und in der Ignoranz und die Philosophie in einem gottlosen Naturalismus verkümmerten. Von dem spätantiken Platoniker Plotin hatte Ficino gelernt, daß man die Religion genauso wenig von der Philosophie trennen könne, wie die unsterbliche Seele des Menschen von der Gesamtkonzeption des Kosmos.

Im Inneren des Heiligtums

1463 wurde dann in Mazedonien eine griechische Schriftensammlung des *Corpus Hermeticum* entdeckt. Auch im Mittelalter hatte man das geheime Wissen des Hermes Trismegistos gekannt, jenes dreimalgroßen Hermes, dessen Lehre auf den ägyptischen Weisheitsgott Thot zurückgehen sollte. Aber diese Schriften waren für viele Jahrhunderte nur bruchstückhaft überliefert gewesen. Als nun zum ersten Mal wieder eine umfangreiche Sammlung vorlag, war das für die gelehrte Welt des 15. Jahrhunderts eine Sensation. Denn man ging davon aus, daß diese Schriften noch vor Moses und Platon entstanden seien. Erst im 17. Jahrhundert hat man nachgewiesen, daß das *Corpus Hermeticum* aus dem ersten Jahrhundert nach Christus stammte. Auch Ficino sah also noch in Hermes Trismegistos das älteste bekannte Glied in der gesamten philosophie- und religionsgeschichtlichen Traditionskette.

Bei manchen Übereinstimmungen mit dem platonisch-neuplatonischen Weltbild fielen ihm bald aber auch Unterschiede auf. Zum Beispiel gehört es zu den Grundgedanken in den hermetischen Schriften, daß der Mensch als Mikrokosmos in vielfältiger Weise mit dem Makrokosmos, also dem gesamten Universum, in direkter Verbindung steht. Da die unsterbliche Seele des Menschen zwischen dem Ewigen und dem Vergänglichen sozusagen als Vermittlerin auftritt, kann der Mensch auch während seiner irdischen Existenz bereits in gewisser Weise an den Ideen des Göttlichen teilhaben.

Diese Erkenntnis führte Ficino dann zu der Überlegung, daß die Menschen, mit ihren unsterblichen Seelen, auch schon vor Christus immer wieder zur Erkenntnis göttlicher Wahrheiten gelangt sein mußten. Er zog daraus den Schluß, daß durch die gesamte Menschheitsgeschichte hindurch Zeugnisse der göttlichen Wahrheit überliefert worden seien, die er als Urweisheit bezeichnete, und die in allen großen Kulturen zum Vorschein kämen. Ficino ging auch davon aus, daß diese »Urphilosophie«, oder *philosophia perennis*, sich in besonderer Weise in der Hermetik, im Platonismus und im Christentum erhalten habe. Diese Lehre, die Ficino an der Platonischen Akademie vermittelte, erschloß auch Giovanni Pico della Mirandola eine völlig neues Weltbild, das ihn zum weiteren Nachdenken über die *philosophia perennis* anregte.

Pico war schon bald nach seiner Ankunft in Florenz als jüngstes Mitglied in die ehrenwerte Akademie aufgenommen worden. Es handelte sich dabei jedoch nicht um ein Lehrinstitut, sondern um einen Zirkel von Intellektuellen aus verschiedenen Bereichen der Wissenschaften und der Kunst, in dem man über die Schriften der Platoniker und die Lehre Ficinos diskutierte. Der junge Graf gehört hier allerdings zum intimen Kreis der Auserlesenen und war, wie Ficino es ausdrückte, feierlich ins Innere des Heiligtums eingeführt worden. In der Tat trug die Verehrung Platons in der Akademie auch religiöse Züge. Vor einer Büste des antiken Philosophen brannte ständig eine Kerze, und an Platons Geburtstag, jedes Jahr am 7. November, wurde aus Platons *Symposion* wie aus einer Heiligen Schrift vorgelesen. Daß in der Akademie auch über Astrologie gesprochen wurde, war für die Gelehrten der damaligen Zeit selbstverständlich. Astrologie und Astronomie waren noch nicht voneinander getrennt. Auch Ficino war ein leidenschaftlicher Anhänger der Sternenkunde. So bezeichnete er den Tag, an dem Pico della Mirandola in die Akademie aufgenommen worden war, als ein von den Sternen begünstigtes Datum. Vermutlich hatte er damals die Absicht, den jungen, gelehrten Adeligen zu seinem Meisterschüler heranzuziehen.

Das Modell Cicero

In Florenz blieb auch das politische Leben von Ficinos neuplatonischem Humanismus nicht unberührt. Noch Anfang des 15. Jahrhunderts hatte ein politischer Bürgerhumanismus das Leben in der Stadt geprägt. Humanisten wie Coluccio Salutati und Leonardo Bruni waren mit ihrer republikanischen Gesinnung für die Volkssouveränität eingetreten und hatten Florenz mit den klassischen antiken Republiken in Rom und Athen verglichen. Nach Vorstellung dieser politischen Humanisten sollten sich alle Bürger an der Verantwortung für das Gemeinwesen beteiligen und zum Nutzen der Republik beitragen. Cicero, als Philosoph und aktiver republikanischer Politiker, wurde zu ihrem großen Vorbild. Philosophie und politisches Engagement gehörten deshalb zusammen.

Durch diesen neuen republikanischen Geist war es auch zu einer Aufbruchstimmung in der Kunst gekommen. Über Jahrhunderte hatten die Gelehrten im Mittelalter auf die bildenden Künstler herabgeschaut und sie verächtlich als Handwerker bezeichnet. Inzwischen gab es aber eine spürbare Auflockerung der traditionellen Gesellschaftsordnung. Denn für das republikanisch gesinnte Bürgertum bestimmte nicht mehr ausschließlich die Geburt, welchen Rang man in einer

Gesellschaft einnahm, sondern vor allem die Leistung, die jemand erbrachte. Daher traten nun auch Künstler hervor, die durch ihre Arbeit hohes gesellschaftliches Ansehen errangen. Viele von ihnen trugen zu einer Wiederbelebung der Antike bei. Denn wie die Humanisten in der Literatur, zeigten nun auch Architekten, Maler und Bilderhauer ein wachsendes Interesse für ihre Vorgänger in der Antike.

Donatello wurde zum Beispiel durch seine Begeisterung für altrömische Skulpturen zu seinem berühmten David inspiriert, der ersten nackten Statue seit der Antike. Die öffentliche Förderung solcher Kunstwerke war seit dem frühen 15. Jahrhundert in Florenz selbstverständlich, weil diese Kunst zu einer eigenen Ausdrucksform des stadtstaatlichen Patriotismus geworden war. David zum Beispiel, als Motiv später auch von Michelangelo aufgegriffen, war ein Symbol für die Stadt Florenz, während Goliath für die Feinde der florentinischen Republik stand. Doch unter der Herrschaft der Medici waren die republikanischen Ideale eines politischen Humanismus immer weiter in den Hintergrund geraten. Die Kunst der Renaissance blühte zwar weiter; aber während politisch gesinnte Humanisten wie Coluccio Salutati und Leonardo Bruni noch das aktive Leben im Dienst des Gemeinwesens als wichtigste Aufgabe aller Bürger gepriesen hatten, bevorzugten die platonischen Humanisten elitäre Zirkel, in denen sie ein eher kontemplatives Leben führten.

In der Politik tendierten die Anhänger der Akademie zu Platons Idee eines Weisheitsstaates mit einem Philosophenherrscher an der Spitze. Diesen Titel übertrug man gern auf Lorenzo de' Medici. Vermutlich hat Marsilio Ficino dazu beigetragen, diese Vorstellung unter die Leute zu bringen, um so selbst in der Rolle des großen Mentors eines Philosophenherrschers zu glänzen. Diese gesamte Entwicklung betrachteten die Vertreter des republikanischen Modells Cicero mit großen Mißtrauen, da unter der Herrschaft der Medici zunehmend die Volkssouveränität mißachtet wurde. Daß die Medici den platonischen Humanismus gezielt als politische Ideologie gegen den Republikanimus eingesetzt hätten, bleibt allerdings bis heute reine Spekulation. Doch zweifellos sahen die politischen Bürgerhumanisten ihre republikanischen Ideale durch die Medici bedroht, und die Gelehrten der Platonischen Akademie waren in ihren Augen nur eine Clique von abhängigen Hofschranzen. Ebenso beobachteten die Republikaner mit Skepsis, daß sich inzwischen auch viele Maler und Bildhauer ausschließlich für die politische Propaganda einiger Oberschichtfamilien in Dienst nehmen ließen. Nicht wenige Bürgerhumanisten träumten deshalb davon, das System Medici aushebeln zu können. Doch gegen alle Putschversuche ging Lorenzo gnadenlos an.

Auf den Spuren der Urweisheit

Die Philosophie Ficinos hat allerdings nicht uneingeschränkt das gesamte Leben der Mitglieder der Platonischen Akademie und ihrer Sympathisanten bestimmt. Sicherlich war das Modell Cicero nicht Lorenzos Sache, denn es lief natürlich den Interessen der Medici zuwider. Aber Lorenzo de' Medici war alles andere als ein ergebener Schüler der Lehre Ficinos. In seinen Gedichten greift er zum Beispiel eher auf Horaz und Ovid zurück als auf die antiken Platoniker oder Ficino. Der asketische, schulmeisterliche Nestor der Akademie und der pragmatisch denkende und allen Facetten des Lebens zugewandte Genußmensch Lorenzo waren zwei völlig unterschiedliche Charaktere. So hatte Lorenzo keinerlei Berührungsangst mit der Sinnlichkeit der antiken Autoren und wurde wegen seiner erotischen und auch obszönen Nachdichtungen von strengen Männern der Kirche als gottlos bezeichnet. Als Lorenzo von dieser Kritik der Kleriker erfuhr, die auch an die Adresse seines engsten Freundes und Vertrauten, den Dichter Angelo Poliziano gerichtet war, wandte er sich an seine Kritiker und dichtete: »Wen es gelüstet, schlecht von uns zu reden, dem möge nur das Herz vor Neid zerspringen.«[6] Ficino wird angesichts dieser heftigen Zurückweisung der kirchlichen Kritik das Herz in die Hose gerutscht sein.

Auch ein radikaler Geist wie der junge Giovanni Pico della Mirandola, der sich wie kaum ein anderer mit den Gedanken Ficinos beschäftigt hatte, war keineswegs völlig auf dessen Philosophie eingeschworen. Pico hat im Gegenteil immer an dem festgehalten, was er Aristoteles und Averroës verdankte, deren Schriften damals von vielen humanistischen Platonikern verteufelt wurden. Im Gegensatz zu den meisten seiner humanistischen Kollegen verteidigte Pico durchaus die Philosophie der mittelalterlichen Scholastik. 1485 hatte Pico seinen Aufenthalt in Florenz sogar unterbrochen, um für mehrere Monate in Paris an der Sorbonne, der Hochburg der Scholastik, zu studieren. In einem Brief an Ermolao Barbaro, einen humanistischen Freund in Venedig, bekannte er sich ausdrücklich zum Logikstudium der Pariser, das ihm wichtiger sei als das Nacheifern der antiken Rhetorik vieler Humanisten. Das Studium an der Pariser Universität hatte Pico in seiner Meinung bestätigt, nicht nur einer bestimmten philosophischen Schulrichtung angehören zu wollen. Nach seiner Rückkehr im März 1486 nach Florenz schreibt er: »Ich habe mir vorgenommen, auf keines Philosophen Wort zu schwören, sondern mich über alle Lehren der Philosophie gründlich zu unterrichten, alle Fetzen Papier zu untersuchen, alle philosophischen Gemeinschaften gelten zu lassen.«[7] Pico plante eine Neuordnung des gesamten philosophischen Lebens. Wenige Tage, nachdem er angekündet hatte, daß er sich dringend voll und ganz diesem Vorhaben widmen wolle, ist es zu dem eingangs beschriebenen Ereignis mit Margherita in Arezzo gekommen. Wenn man Picos leidenschaftlichen Einsatz für sein wissenschaftliches Vorhaben berücksichtigt, scheint wenig dafür zu sprechen, daß er ausgerechnet zu diesem Zeitpunkt als liebestoller Abenteurer aufgetreten sei, zumal auch sonst keine derartigen Eskapaden von ihm bekannt sind. Das paßte nicht zu ihm. Es spricht also einiges dafür, daß Margherita ihn gebeten hatte, ihr bei der Flucht zu helfen. Daß die Angelegenheit dann zu einem Politikum zwischen Arezzo und Florenz wurde, hatte niemand vorausgesehen. Und anders als viele vermuteten, war Pico anschließend nicht aus der Öffentlichkeit verschwunden, weil er den Nachstellungen der Stadtherren von Arezzo entgehen wollte, sondern er hatte sich nach Umbrien zurückgezogen, um sich in aller Ruhe seinen Studien zu widmen. Dort hatte er unerkannt abwechselnd in Perugia und in Fratta gelebt und bei dem jüdischen Gelehrten Flavius Mithridates seine Hebräisch-Kenntnisse vertieft und sich in die Tradition der Kabbala einführen lassen. Das war für einen Nichtjuden in der damaligen Zeit eigentlich nicht üblich. Aber Pico blieb seiner Maxime treu, für alles Wissen offen zu sein. Denn er teilte mit Marsilio Ficino die Vorstellung, daß es eine Urphilosophie, eine *philosophia perennis*, geben müsse, die die gesamte Menschheitsgeschichte durchziehe. Doch im Unterschied zu Ficino, der sich damit zufrieden gab, diese Urphilosophie in der Einheit der Hermetik, des Platonismus und des Christentums zu beweisen, suchte Pico die Spuren dieser göttlichen Weisheit auch in den Philosophien und Religionen der anderer Kulturen. Die Perser und Inder wurden für ihn ebenso wichtig wie die Ägypter, Griechen und Römer. Moses hatte für ihn die gleiche Bedeutung wie Orpheus, Pythagoras und Platon. Er studierte Origenes und Aristoteles, Averroës und Thomas von Aquin, ohne irgendeiner Richtung den Vorzug zu geben.

Die Vernunft als Prüfstein

Angeregt durch die Schriften der jüdischen Kabbalisten, die ihre Erkenntnisse auf eine Geheimlehre zurückführten, die Moses nur wenigen Eingeweihten mitgeteilt haben solle, kristallisiert sich bei Pico immer stärker die Vorstellung heraus, daß die Wahrheit in den vielfältigen religiösen und philosophischen Schriften letztlich in geheimen Chiffren verborgen sei: »Die Sphinx-Statuen, die für die Tempel der Ägypter in Stein gehauen wurden, forderten dazu auf, die geheimen Lehren durch Verschlüsselung in Rätsel vor der Entehrung durch die nicht eingeweihte Menge zu bewahren.«[8] Um zu diesen Geheimnissen vorzudringen, war es nach Picos Meinung notwendig, die geheimen Chiffren zu entschlüsseln, um von der Oberfläche sozusagen zur Tiefenstruktur des Wissens vordringen. Der Mystizismus, der dabei in Picos Sprache immer wieder anklingt, darf nicht darüber hinwegtäuschen, daß es ihm um wissenschaftliche Ergebnisse ging. »Gerade die Philosophie hat mich gelehrt, mehr meinem eigenen Gewissen als fremden Urteilen zu folgen.«[9] Pico unterscheidet radikal zwischen der überlieferten Mythologie und deren rationaler Erklärung. Deshalb will er alle Wissensgebiete einer Prüfung durch die Vernunft unterziehen und sie von den reinen Glaubensbekenntnissen reinigen. Empirisch nicht verifizierbare Ursachen sollen ausgeschaltet werden. Pico gehört zu den ersten, die bereits im 15. Jahrhundert den Anspruch einer durch die Vernunft überprüfbaren empirischen Forschung formulieren.

Nach mehreren Monaten intensiven Studiums in Umbrien veröffentlichte er am 7. Dezember 1486 in Rom das Ergebnis seiner Forschungsarbeit in 900 Thesen *(Conclusiones)*. Es ist eine eindrucksvolle Zusammenstellung aller philosophischen und religiösen Lehren, die ihm bekannt waren. Er greift dazu ebenso auf die Logik wie die Physik und Mathematik und auch immer wieder auf die Kabbalistik zurück. Von 900 Thesen sind allein 72 der jüdischen Kabbala gewidmet. Pico hat die verschieden Lehren auf seine Art entziffert und miteinander verbunden, um so den verborgenen Archetypus einer Urweisheit aufzuzeigen, der die gesamte Menschheitsgeschichte durchzieht. Dabei kommt er nicht selten zu überraschenden Resultaten, etwa wenn er den aristotelischen *intellectus agens* mit dem »Engel Metatron« der Kabbala gleichsetzt. Es geht ihm darum, mit seinen Thesen zu demonstrieren, daß alle Lehrstreitigkeiten zwischen den verschiedenen philosophischen Schulen und Religionen letztlich überflüssig seien, wenn man erkannt habe, daß sie durch eine Urweisheit verbunden seien, die allen gemeinsam zu Grunde liege. Der Streit zwischen den Religionen und verschiedenen Philosophien entstehe letztlich also nur aus Unwissenheit und durch Fehlinterpretationen. Pico hatte somit das Rätsel der Sphinx gelöst. Sein Programm erinnert ein wenig an die Arbeit der interreligiösen Theologie und interkulturellen Philosophie in unserer Zeit. Schon dieser Vergleich läßt erahnen, wie revolutionär das Vorhaben des jungen Grafen Mirandola im 15. Jahrhundert war.

Die Pax Philosophica

Nach der Veröffentlichung seiner 900 Thesen hat Pico alle bedeutenden Gelehrten seiner Zeit zu einem Philosophenkonzil nach Rom eingeladen, um mit ihnen über sein Programm zu diskutieren. Da er es sich finanziell erlauben konnte, fügte er sogar das Angebot hinzu, die anfallenden Reisekosten zu übernehmen. Pico wollte, daß die Vertreter möglichst vieler unterschiedlicher Denkrichtungen zusammenkämen, um mit ihm gemeinsam am Zustandekommen einer *pax philosophica*, also einem »philosophischen Frieden«, zu arbeiten. Er war davon überzeugt, daß die Menschheit durch die Wissenschaften, vor allem aber durch die Philosophie, zur Humanität befreit werden könne, wenn man das Verbindende in allen philosophischen Schulrichtungen und Religionen herausarbeitete, das immer schon durch die *philosophia perennis* vorgegeben sei.

Sein Ziel war es, auf diese Weise die Konflikte und den Fanatismus zu überwinden, der gerade durch die Meinungsverschiedenheiten zwischen den verschiedenen Denkrichtungen immer wieder in die Welt getragen wurden.

Pico scheint tatsächlich sehr optimistisch an dieses Projekt herangegangen zu sein. Doch zu seiner Überraschung hagelte es von vielen Seiten Kritik. Man beschimpfte ihn maßloser Eitelkeit und warf ihm vor, er verfolge nur die Absicht, seine Bildung zur Schau stellen zu wollen. In kirchlichen Kreisen stieß man sich besonders an der Vorstellung, daß die unterschiedlichen Religionen und Kulturen etwas Gemeinsames und Verbindendes haben sollten. Denn für alle, die meinten, daß sie bereits die absolute religiöse und philosophische Wahrheit besäßen, war Picos *pax philosophica* ein Affront und ein gefährlicher Relativismus. Schnell fanden sich deshalb einige besonders hart gesottene Gegner und denunzierten die Thesen Picos als Ketzerei bei der Kurie. Papst Innozenz VIII. ließ umgehend eine päpstliche Kommission einsetzen, die sieben von Picos Thesen, darunter vor allem die Forderung nach Glaubensfreiheit, als häretisch verurteilte. Jeder Versuch Picos, sich zu verteidigen, wurde anschließend als weiteres Beharren auf häretischen Positionen ausgelegt. Schließlich verurteilte der Papst alle 900 Thesen und die von Pico dazu verfaßten Verteidigungsschriften.

Da dem Grafen nun ein Inquisitionsverfahren drohte, verließ er Rom und floh nach Frankreich. Er hoffte auf die Unterstützung seiner Freunde an der Sorbonne in Paris. Doch die päpstliche Überwachungsmaschinerie lief bereits auf Hochtouren. Pico wurde unterwegs, in der Gegend von Lyon, aufgegriffen und ins Gefängnis nach Vincennes gebracht. Der päpstliche Nuntius in Frankreich, Lionello Chierigato, forderte umgehend seine Auslieferung, damit man ihm in

Rom den Prozeß machen könne. Nachdem sich aber mehrere Gelehrte der Universität Sorbonne für Pico ausgesprochen hatten, lehnte der französische König, Karl VIII., eine Auslieferung ab. Jetzt schaltete sich auch Lorenzo de' Medici ein. In geheimen Verhandlungen erreichte er Picos Freilassung. Es ging wohl auch auf Lorenzos Einfluß zurück, daß überraschenderweise sogar der Nuntius einlenkte und nach Rom schrieb, man solle in dieser Angelegenheit doch auf jeden Fall einen Skandal vermeiden.

Die besondere Würde des Menschen

Da Pico nun aber trotz seiner Freiheit mit dem Kirchenbann belegt war, brachte ihn Lorenzo de' Medici in Querceto bei Fiesole in unmittelbarer Nähe von Florenz unter. Der Ort wurde zunächst geheimgehalten, bis sich der Sturm etwas gelegt hatte. Pico lebte bis auf die Kontakte zu seinen engsten Freunden sehr zurückgezogen und widmete sich wieder dem Studium. Sein philosophisches Hauptwerk *Oratio de hominis dignitate* – »Rede über die Würde des Menschen« war ursprünglich als Vorwort zur Diskussion seiner 900 Thesen gedacht gewesen und mußte jetzt in der Schublade bleiben. Wegen des Kirchenbannes war eine Veröffentlichung unmöglich. Pico konnte also seinen Traum begraben, mit dem er die Menschheit aus den Irrtümern der Vergangenheit in ein neues Zeitalter der Vernunft und des Wissens führen wollte. Die *Oratio* konnte tatsächlich erst nach seinem Tod veröffentlicht werden und sorgte dann allerdings für großes Aufsehen. Denn Pico hatte in dem Vorwort zur Diskussion über seine Idee einer *pax philosophica* auch ein neues Menschenbild entworfen. Da er selbst nicht mehr erlebt hat, daß man diese Schrift gerade wegen dieses neuen Bildes vom Menschen später als Manifest der Renaissance feierte, blieb ihm in der Abgeschiedenheit von Querceto nur die Möglichkeit, sich mit seinen engsten Freunden darüber auszutauschen. Es waren neben Lorenzo wohl vor allem Angelo Poliziano und Girolamo Benivieni, die er mit seinen neuen Gedanken bekannt machte.

Für Pico stellt der Mensch in der Schöpfung ein ontologisches

Wunder dar. Denn während alle anderen Lebewesen vom Schöpfer in ihrem Wesen und ihrer Art bereits festgelegt sind, hat der Mensch die Freiheit, sich selbst zu erschaffen. Pico läßt den Schöpfer zum Menschen sagen: »Du wirst nach deinem eigenen Willen dir selbst deine Natur bestimmen. Du kannst wie ein Bildner und Former deiner selbst nach eigenem Belieben und aus eigener Macht zu der Gestalt dich ausbilden, die du bevorzugst.«[10] Der Mensch ist für Pico also das einzige Lebewesen, das letztlich selbst für sein Schicksal verantwortlich ist. Der Wert und die Würde jedes einzelnen Menschen liegen in seiner eigenen Entscheidung. Er kann zum Niedrigen und Tierischen entarten, oder aber zum Höheren und Göttlichen aufsteigen. Picos Vorstellung von der radikalen Freiheit, die allen Menschen von Geburt an zukommt, ist ein beispielloser Bruch mit dem gesamten mittelalterlichen Denken. Denn mit dieser Definition katapultiert er das menschliche Individuum in den Mittelpunkt der Welt. Pico liefert hier die Charakteristik für das Bild des modernen Menschen mit seiner Selbstermächtigung, deren Möglichkeiten und Grenzen bis heute, etwa im Zusammenhang der Bioethik-Debatte, diskutiert werden.

Doch zu seinen Lebzeiten blieb Picos neues Menschenbild in der Öffentlichkeit unbekannt. Der Graf sah alle seine Bemühungen inzwischen als gescheitert an. Gelegentlich veröffentlichte er zwar unerlaubterweise einige neue Schriften, aber alles, was eindeutig mit seiner Idee einer *pax philosophia* zusammenhing, durfte er nicht mehr ansprechen. Dann hätte ihm die Kirche einen Ketzerprozeß gemacht. Lorenzo de' Medici, dem nicht entging, wie sehr sein Freund darunter litt, daß man ihm für sein Hauptanliegen ein Schweigeverbot erteilt hatte, versuchte immer wieder sich für ihn einzusetzen. An den florentinischen Gesandten in Rom, Giovanni Lanfredini, schrieb er im Juni 1489: »Mir liegt viel an seiner Rehabilitierung, weil nur wenige Menschen leben, die ich mehr liebe und höher schätze.«[11] Doch in Rom war man nicht bereit, dieser Bitte nachzugeben. Lorenzo reagiert schließlich ungehalten: »Selbst wenn Pico das Credo spräche, würden diese Böswilligen sagen, es sei eine Ketzerei. Fast glaube ich, daß man es darauf anlegt, den Grafen zur Verzweiflung zu treiben.«[12] Auch als der Medici sich an den Papst persönlich wandte, der schließlich der

Schwiegervater seiner Tochter Maddalena war, also sozusagen zur Verwandtschaft gehörte, erteilte ihm Innozenz VIII. ein Abfuhr. Der Papst ließ ihn wissen, daß er Pico auf freiem Fuß lasse und ihm keinen Prozeß mache, aber dem Häretiker die Absolution zu erteilen, sei ausgeschlossen. Trotz des zurückgezogenen Lebens hatte sich inzwischen jedoch Picos Ruf als vielseitiger Gelehrter in den europäischen Humanistenkreisen herumgesprochen. Er korrespondierte mit Intellektuellen im In- und im Ausland. 1490 klopfte überraschend auch ein Mann aus Deutschland an seine Tür, der sich für das Studium der Kabbala interessierte. Abgesehen von den jüdischen Gelehrten galt Pico als einzige Kapazität auf diesem Gebiet.

Der fremde Besucher war der bekannte Humanist Johannes Reuchlin, der später in der Reformationszeit zum bedeutendsten Vertreter der Kabbalistik und der Hebräisch-Studien in Deutschland wurde.

Ein neuer Lehrer für San Marco

Seit 1489 war auch Girolamo Savonarola in Florenz. Lorenzo hatte ihn in das Medici-Hauskloster S. Marco geholt und war dabei dem Vorschlag Picos gefolgt, der den Dominikaner erstmals in Ferrara und dann einige Jahre später noch einmal in Reggio Emilia als Prediger erlebt hatte. Pico war jedes Mal von der theologischen Gelehrsamkeit dieses Mannes tief beeindruckt gewesen war. Als dann die Stelle des theologischen Lehrers im Dominikanerkloster S. Marco frei geworden war, hielt er Savonarola für eine geeignete Neubesetzung. Der Graf war Savonarola allerdings 1482 das letzte Mal begegnet, deshalb scheint er nicht darüber informiert gewesen zu sein, daß der Dominikanermönch sich inzwischen etwas verändert hatte. Im Leben des ehemaligen Verfechters der Theologie des Thomas von Aquin war nämlich nach eigenen Aussagen eine Wende eingetreten. 1484 soll der Dominikaner bei einer Meditation ein Offenbarungserlebnis gehabt haben, in dem ihn Gott zu seinem Propheten berief. Von diesem Zeitpunkt an beherrschten zunehmend apokalyptische Vorstellungen sein Denken. Savonarola sah nun überall Unzucht, Gotteslästerungen und heidnische Sterndeuterei. Er klagte über den Verfall der Welt und schimpfte auf den Vatikan, den die Päpste zu einem Bordell gemacht hätten. Er predigte mit drohender Gebärde und kündigte an, daß angesichts der Sünden der Menschen schon bald das Ende der Welt bevorstehe. Predigten dieser Art waren damals in Italien nichts Außergewöhnliches. Savonarola traf damit den Geschmack einer religiösen Erneuerungsbewegung, die vor allem von den Dominikaner und Franziskaner ausging, die die Menschen unter Androhung apokalyptischer Schrecken zur Buße bekehren wollten.

Als er 1489 in Florenz eintraf, merkte Savonarola, daß er bei den lebenslustigen Florentinern mit seinen apokalyptischen Schreckensvision nicht besonders gut ankam. Aber er scharte dennoch schnell einen kleinen und treuen Anhängerkreis um sich. Auch Lorenzo fand keinen Gefallen an den Auftritten des Dominikaners und ging einer Begegnung mit ihm aus dem Weg. Doch Savonarola enthielt sich klugerweise jeglicher Kritik bezüglich der Medici, obwohl er sonst grundsätzlich keinen Hehl daraus machte, daß die Oberschicht für das lasterhafte Leben in der Stadt verantwortlich sei. Es schien fast so, als ob es ein unausgesprochenes Abkommen zwischen dem Weltuntergangsprediger und dem Medici gegeben habe, sich gegenseitig nicht in die Quere zu kommen. Im Kreis seiner getreuen Predigthörer nahm der Dominikaner allerdings kein Blatt vor den Mund. Er prangerte den freien Geist der humanistischen Gelehrten an, die Homer, Platon und Vergil höher schätzten als die Heiligen der Kirche. Er wetterte gegen die nackten Statuen, die man in der Stadt zur Schau stellte und sah darin eine Beleidigung Gottes.

Denn was die Renaissancekünstler als die Abbildung der von Gott geschenkten natürlichen Schönheit des Körpers priesen, war für den Dominikaner nur Ausdruck der Begierde und Sünde. Auch Pico, auf dessen Empfehlung Savonarola nach Florenz gekommen war, scheint ihm nun aus dem Weg gegangen zu sein. Zu einer persönlichen Begegnung zwischen den beiden sollte es erst viel später kommen.

Die Stimme des Propheten

Nachdem am 8. April 1492 Lorenzo de' Medici im Alter von 43 Jahren gestorben war, rückte dessen ältester Sohn Piero an die Spitze der Republik auf. Doch schon nach kurzer Zeit stellte sich heraus, daß er nicht einmal annähernd das Format des Magnifico besaß.

Der 22jährige Piero demonstrierte mit seinem selbstherrlichen Auftreten, daß er nicht mehr bereit war, wie sein Vater nur ein *primus inter pares,* also ein Erster unter Gleichen, innerhalb der florentinischen Führungsschicht zu sein.

Er forderte die Alleinherrschaft über Florenz. Damit eröffnete er allerdings ein gefährliches Spiel. Denn im politischen Gleichgewicht der Republik, die im Grunde von einer Oligarchie beherrscht wurde, war kein dynastischer Erbanspruch einer Familie vorgesehen. Außerdem mißachtete Piero das von seinen Vorfahren aufgebaute System Medici, das auf dem Prinzip des Gebens und Nehmens beruhte. Piero stellte nur Forderungen und stieß auch die alte Klientel der Medici mit seiner grenzenlosen Arroganz vor den Kopf.

Indem sich immer mehr ehemals Getreue von ihm abwandten, zerstörte er die Basis der politischen Macht seiner Familie. In dieser spannungsgeladenen Situation meldeten sich nun auch wieder einige politische Bürgerhumanisten aus dem Untergrund zu Wort, die für eine grundlegende republikanische Reform eintraten. Sie hatten bemerkt, daß die Stabilität des herrschenden Systems immer mehr aus den Fugen geriet.

Auch Savonarola versuchte nun, die Gunst der Stunde für sich zu nutzen. Er beschimpfte öffentlich die Medici, auch den verstorben Lorenzo, als Tyrannen, die die Republik zugrunde gerichtet hätten. Was ihm natürlich den Applaus der aufrechten Republikaner einbrachte. Der Dominikaner schwang sich aber auch zum Rächer der Unterprivilegierten auf und warf der Oberschicht vor, die unteren Schichten der Stadt ausgebeutet zu haben. Mit bildreichen, sozialkritischen Predigten zog er die Ärmsten der Armen auf seine Seite. Immer wieder hob er hervor, ein von Gott beauftragter Prophet zu sein und kündigte eine Generalabrechnung an, die über die Stadt am Arno hinausgehen werde: »O Florenz deine Sünden, O ihr Kleriker eure Schandtaten, O Italien dein Luxus. Dafür kommt nun die gerechte göttliche Strafe über euch.«[13] Ständig berief er sich auf neue Visionen, die überraschenderweise nicht selten in direkter Beziehung zu aktuellen politischen Ereignissen standen. So kündigte Savonarola zum Beispiel an, daß Karl VIII. von Frankreich, der in Italien eingefallen war, um das Königreich Neapel zu erobern, das von Gott gesandte Schwert sei, um Italien für seine Sünden zu bestrafen. Der französische König werde im Auftrag Gottes alle Tyrannen von ihren Thronen stürzen. Auch den Lüstling in Rom, gemeint war Papst Alexander VI., werde Karl VIII. aus dem Vatikan vertreiben. Da der französische König tatsächlich weiter in Italien vorrückte, sahen immer mehr Menschen in dem Dominikaner die wahre Stimme Gottes. Viele sprachen von einem göttlichen Wunder, aber gleichzeitig wuchs die Angst vor dem Strafgericht, das der Welt ein Ende setzen würde. Das einfache Volk befand sich in einer religiös aufgeheizten Stimmung, die von Savonarola gezielt gegen die Oberschicht gelenkt wurde. Der Druck auf die Stadtherren in Florenz wuchs von Tag zu Tag. Schließlich beschlossen sie, den untragbar gewordenen Piero und den gesamten Medici-Clan aus der Stadt zu jagen. Doch das Volk gab sich mit dem Bauernopfer, das man ihm in Gestalt der Medici angeboten hatte, nicht mehr zufrieden. Der Protest richtet sich auch gegen die anderen einflußreichen Familien, die gemeinsame Sache mit den Medici gemacht hatten. Die alte Oligarchie zerbrach, und die Karten im Machtpoker der Stadt mußten neu gemischt werden. Savonarola zögerte nun keinen Moment, sich selbst auf der politischen Bühne zu präsentieren. Er forderte eine neue Verfassung, durch die möglichst viele Bürger an der Verantwortung des Gemeinwesens beteiligt werden sollten. Vor allem diejenigen, die unter den Medici zu kurz gekommen waren, standen dabei voll auf der Seite des Dominikaners. Der Prophet Gottes verstand es, diesen Rückhalt zu nutzen, um mitzubestimmen, wie der Kuchen künftig neu aufgeteilt werden sollte. Denn alle politischen Posten sollten möglichst mit neuen Leuten besetzt werden. Savonarola hielt aber zudem eine Überraschung bereit. Denn er sprach plötzlich nicht mehr von dem bevorstehenden Ende der Welt, sondern kündigte den Florentinern nach der göttlichen Strafaktion durch Karl VIII. in Italien eine besondere Rolle im göttlichen Heilsplan an: »Höre Florenz, ich sage dir, was Gott mich wissen ließ. Von dir soll eine Erneuerung von ganz Italien ausgehen.«[14] Savonarola präsentierte Florenz als das von Gott auserwählte neue Jerusalem. Die Florentiner könnten diese Aufgabe jedoch nur erfüllen, wenn sie ihre Stadt restlos von allen Spuren der früheren Laster reinigten. Das hieß auch, daß künftig für die Literatur der heidnischen Schriftsteller der Antike und die Kunstwerke mit heidnischen Motiven kein Platz mehr sein sollte. Savonarola hatte also den Plan, in Florenz einen Gottesstaat zu errichten.

Der Überraschungsgast im Elfenbeinturm

Der Sturz der Medici-Herrschaft hatte auch das Ende der Platonischen Akademie bedeutet. Der frühere Kreis um Lorenzo blieb aber weiterhin den alten Idealen treu und zog sich immer mehr auf sich selbst zurück. Giovanni Pico della Mirandola half Angelo Poliziano zum Beispiel bei der Übersetzung des Handbuchs Epiktets und schwärmte begeistert: »Wir sind jetzt zu Stoikern geworden und haben uns die stoische Apatheia angeeignet. Die Meinung der anderen über uns lassen wir unbeachtet.«[15] Von dem Elan, mit dem sich Pico in früheren Jahren für seine philosophischen Gedanken eingesetzt hatte, war nichts mehr übriggeblieben: »So viel ich kann, bleibe ich zu Hause bei meinen Büchern, und nichts außerhalb von mir ersehne und erbitte ich.«[16] Auch die Tatsache, daß der neue Papst Alexander VI. 1493 alle gegen Pico verhängten kirchlichen Sanktionen aufgehoben hatte, konnte daran nichts mehr ändern. Er hatte mit seinem Projekt eines philosophischen Friedens auch ein erneuertes, offeneres Christentums angestrebt, doch er wußte längst, daß er zu viele Gegner hatte, die ihn an diesem Vorhaben hindern würden. Pico setzte kein Vertrauen mehr in die kirchliche Hierarchie.

Es war deshalb auch kein Zufall, daß Savonarola diese resignierte Stimmung zu nutzen versuchte, um in Picos Elfenbeinturm einzudringen. Da der Dominikaner wußte, daß Pico auf die hohen Prälaten in

Rom ebenso schlecht zu sprechen war wie er, versuchte er ihn auf seine Seite zu ziehen. Ein wichtiger Anknüpfungspunkt war für den Dominikaner Picos Abrechnung mit der Astrologie. Der Graf hatte nämlich inzwischen in einem Traktat den Horoskopen der Astrologen jegliche wissenschaftliche Grundlage abgestrittenen. Denn die Natur, so Pico, dürfe nicht, wie die Astrologen es tun, nach okkulten Qualitäten und Kräften gedeutet werden, sondern allein nach empirisch verifizierbaren Gesetzmäßigkeiten, die der menschlichen Vernunft zugänglich sein müßten. Indem Pico den Tierkreiszeichen eine physisch-reale Qualität abspricht und in gewisser Weise bereits eine Trennung zwischen Astrologie und Astronomie vorwegnimmt, denkt er im Gegensatz zu vielen seiner Zeitgenossen weit über das 15. Jahrhundert hinaus: »Die Intelligenz, die unkörperlich ist, kommt nicht von den Sternen, sondern von Gott, so wie man den Körper vom Vater und nicht vom Himmel erhält.«[17] Die Argumentation gegen die Horoskope war natürlich auch eine folgerichtige Konsequenz aus Picos Philosophie und der von ihm postulierten Freiheit des Menschen. Denn wenn der Mensch frei war, sein Schicksal selbst in die Hand zu nehmen, konnte dies nicht in den Sternen vorherbestimmt sein. Savonarola sah allerdings in Picos Schrift gegen die Astrologen *Disputationes adversus astrologus* vor allem eine Abrechnung mit dem heidnischen Brauch der Sterndeuterei, die vielen Renaissance-Humanisten, wie etwa auch Marsilio Ficino, so sehr am Herzen lag. Da dem Dominikaner nicht entgangen war, daß sich wegen Picos Kritik an den Astrologen auch dessen Verhältnis zu Ficino deutlich abgekühlt hatte, deutete er dies als zunehmende Distanz Picos zu seinen ehemaligen Gefährten der Platonischen Akademie.

Es ist viel darüber spekuliert worden, wie die Gespräche zwischen Savonarola und Pico wohl abgelaufen sein könnten. Picos Neffe, Gian Francesco della Mirandola, behauptet in der von ihm später verfaßten Biographie seines Onkels, daß Pico sich damals von allen philosophischen Ideen losgesagt hätte. Er sei sogar entschlossen gewesen, in den Dominikanerorden einzutreten. Doch der Neffe ist kein zuverlässiger Zeuge. Als er die Biographie schrieb, war er selbst bereits ein radikaler Anhänger Savonarolas und wollte seinen Onkel ebenfalls unbedingt an die Seite seines eigenen Vorbilds stellen. Tatsächlich liegen zwischen den Anschauungen Picos und seines Neffen Gian Francesco Welten. Während der Onkel die verschiedenen Philosophien und Religionen harmonisieren wollte, kämpfte sein Neffe an der Seite Savonarolas sogar dafür, jegliche Philosophie aus der Theologie zu verbannen. Wenn Pico tatsächlich zu einem Anhänger Savonarolas geworden wäre, hätte er alles, wofür er sich in seinem Leben eingesetzt hatte, widerrufen müssen. Doch das war nicht der Fall. Giovanni Pico della Mirandola hat nie ein einziges Wort, das er vorher geschrieben hatte, zurückgenommen. Deshalb war auch Picos Vorstellung eines erneuerten und offeneren Christentums mit Savonarolas Idee eines rigiden Gottesstaates in keiner Weise vereinbar. Der Plan des Dominikaners, den Grafen als international anerkannten Gelehrten sozusagen als Zugpferd vor den Karren der eigenen religiös-politischen Bewegung zu spannen, konnte also nicht aufgehen. Im Gegensatz zu einigen anderen ehemaligen Freunden aus dem Umfeld Lorenzo de' Medicis, wie etwa dem Maler Sandro Botticelli, der durch den Einfluß Savonarolas plötzlich auf alle heidnischen Motive in seinen Werken verzichtete und sogar frühere Bilder vernichtete, ist Pico sich bis zuletzt treu geblieben.

Die Scheiterhaufen der Eitelkeiten

Das »goldene, laurentinische Zeitalter«, wie man die Epoche Lorenzo de' Medicis auch genannt hat, war im letzten Jahrzehnt des 15. Jahrhunderts endgültig vorüber. Um die ehemaligen Mitglieder der Platonischen Akademie war es still geworden. Angelo Poliziano, den man als den größten Dichter des Jahrhunderts feierte, schrieb kurz vor seinem Tod am 29. September 1494 aus seinem Landhaus in Fiesole in der Nähe von Florenz an Marsilio Ficino: »Ich habe hier die unverfälschte Einsamkeit. Oft kommt Pico aus seinem Querceto zu mir herüber, überfällt mich unvorhergesehen und entführt mich aus meinem Schlupfwinkel zu einem Spaziergang.«[18] Aber trotz dieses Rückzugs ins Private, entging den ehemaligen Gefährten Lorenzo de' Medicis nicht, daß sich um sie herum eine neue religiöse Stimmung breit machte. Das ausgelassene und experimentierfreudige Renaissanceleben früherer Tage wurde zunehmend von religiöser Engstirnigkeit verdrängt. Die Zeit, in der Christus einträchtig neben Apollo stehen konnte, war vorbei.

Das bekam auch Poliziano zu spüren. Man warf ihm jetzt viel schärfer als früher vor, daß seine Dichtungen schlüpfrig und voller Gotteslästerungen seien. Poliziano erkannte, daß eine Ära der religiösen Fanatiker anbrach. Er notierte: »Es ist eine finstere Brut, die ein düsteres Heiligsein zur Schau trägt, sich eine wahre Alleinherrschaft anmaßt und mit ihren Drohungen das furchtsame Volk einschüchtert.«[19] Den Gottesstaat Savonarolas in der einstigen Metropole der Renaissance hat Angelo Poliziano aber nicht mehr erlebt. Auch Pico ist dieses neue Regime einer theokratischen Republik erspart geblieben. Denn kaum zwei Monate nach seinem Freund Poliziano ist er am 17. November 1494 plötzlich im Alter von 31 Jahren gestorben. Er soll einige Tage an einem schmerzhaften Fieber gelitten haben. Man sprach auch davon, daß bei Pico die gleichen Symptome wie bei Poliziano aufgetreten seien und es sich in beiden Fällen um die Syphilis gehandelt habe. Später kam dann das Gerücht auf, Pico sei wegen seiner Sympathien für Savonarola von seinem Sekretär, Cristoforo di Castelmaggiore, vergiftet worden. Diese Version, die noch heute Anlaß zu vielen Spekulationen gibt, könnte im Umfeld von Gian Francesco della Mirandola entstanden sein, der seinen Onkel um jeden Preis für die Nachwelt zum treuen Gefährten Savonarolas machen wollte. Daß aber Savonarola selbst diese angebliche Gefolgschaft Picos völlig anders beurteilte als Gian Francesco, wird aus einer Predigt deutlich, die der Dominikaner nach Picos Tod gehalten hat. Darin macht er deutlich, daß er von Pico enttäuscht sei. Er habe ihm sogar eine Strafe Gottes gewünscht, jedoch nicht den Tod. Aber Pico bleibe es jetzt nicht erspart, daß er erst nach langem Leiden im Fegefeuer zur Seligkeit gelangen könne.[18] Den Gottesstaat, den Girolamo Savonarola dann tatsächlich in Florenz für fast vier Jahre errichtete, hat mit seinen berüchtigten Scheiterhaufen der Eitelkeiten dazu beitragen, daß viele Kunstwerke der florentinischen Renaissance und kostbare Schriften der Antike dem Feuer zum Opfer fielen. Picos alter Lehrer Marsilio Ficino, der Savonarola und sein radikales Christentum von Anfang an verabscheut hatte, mußte zu seinem Erschrecken feststellen, wie schnell es einem selbsternannten Propheten Gottes gelingen konnte, mit seinen religiösen Ideen die Massen zu fanatisieren. Er fühlte sich daher um so mehr in seinem Anliegen bestätigt, daß eine Religion ohne Philosophie sehr schnell zu Aberglauben und Ignoranz entartet. Ficino hat selbst noch mit ansehen können, wie Savonarola als Ketzer verurteilt am 23. Mai 1498 auf einem Scheiterhaufen vor der Signoria in Florenz verbrannt wurde. Papst Alexander VI. hatte dem Gottesstaat letztlich ein Ende bereitet und ihn buchstäblich in Rauch aufgehen lassen.

Der Ganges und die Antipoden

Die Verehrer Giovanni Pico della Mirandolas aus aller Welt, die heute noch das Grab des berühmten Renaissancephilosophen in der Kirche von S. Marco in Florenz besuchen, finden dort eine Grabinschrift, die der Renaissance-Dichter Ercole Strozzi verfaßt hat:

Joannes iacet hic Mirandola. Caetera norunt et Targus et Ganges Foran et Antipodes. (»Hier ruht Giovanni Mirandola. Das Übrige wissen der Tajo, der Ganges und vielleicht die Antipoden.«)

Diese Widmung erinnert an den universalen Geist Picos, der das Wissen aller Kulturen in sich aufnehmen wollte. Man hat ihn deshalb auch einen Vorläufer des Enzyklopädismus der Aufklärungszeit genannt.

Er nimmt in der abendländischen Philosophie den ersten Platz unter den Erfindern einer *Philosophia perennis* ein und wurde einer der Initiatoren der Hebräisch-Studien im Abendland.

Der Pfaffenkrieg

Ulrich von Hutten (1488–1523) und der deutsche Freiheitskampf

Mord im Böblinger Wald

Am 9. Mai 1515 fanden Bauern in einem Waldstück in der Nähe von Böblingen einen jungen Mann, der mit einem Lederriemen um den Hals am Knauf eines Schwertes hing, das in einen Baum gerammt war. Das Opfer war vorher mit dem Schwert mehrfach durchbohrt worden. Der Kleidung nach zu urteilen, konnte es sich bei dem Toten nur um jemanden handeln, der am Vortag an der Jagdgesellschaft des Herzogs in dieser Gegend teilgenommen hatte. Noch während dann die Bauern den Leichnam in ihrer Dorfkapelle aufbahrten, kamen einige Reiter ins Dorf, die den Toten abholten, um ihn seinen Angehörigen zu übergeben. Inzwischen hatte der fürstliche Hof eine offizielle Erklärung herausgegeben. Das Opfer aus dem Böblinger Wald war Hans von Hutten zu Stolzenberg, der Stallmeister des Herzogs Ulrich von Württemberg. Der Hof ließ mitteilen, daß der Stallmeister während der Jagd vom Herzog getötet worden sei, weil man ihn als Verräter entlarvt hätte. Es habe sich also um eine standrechtliche Hinrichtung gehandelt.

Doch angesichts der zahlreichen Augenzeugen, die an der Jagd teilgenommen hatten, sickerte schon bald durch, was sich tatsächlich im Böblinger Wald zugetragen hatte. Der Herzog hatte seinen Stallmeister aufgefordert, ihm seine Ehefrau als Konkubine zu überlassen. Hans von Hutten hatte dies aber verweigert. Er hatte nicht gewußt, daß er sich damit einer längst abgesprochenen Vereinbarung in den Weg stellte. Denn seine attraktive Ehefrau Ursula war durchaus an einer

Liason mit dem Herzog interessiert. Auch ihr Vater, der herzogliche Hofmarschall Konrad Thumb von Neuburg, begrüßte eine Verbindung seiner Tochter mit dem Regenten. Nur der herzogliche Stallmeister wollte nicht mitspielen und mußte dies mit seinem Leben bezahlen. Mit der Bluttat an Hans von Hutten hatte der Herzog allerdings die Lunte an ein Pulverfaß gelegt. Denn wer sich mit dem alten Rittergeschlecht von Hutten anlegte, der hatte es gleichzeitig auch mit der deutschen Reichsritterschaft zu tun.

Die Schule der Tyrannen

Durch die aufstrebende Macht der Städte und der Landesfürstentümer im späten Mittelalter hatte sich der niedere Adel des Reichsrittertums militärisch, wirtschaftlich und politisch eigentlich überlebt. Es war den Rittern zum Beispiel nicht gelungen, als eigene Reichsstandschaft anerkannt zu werden, und deshalb blieben sie auch vom Reichstag ausgeschlossen. Der drohende soziale Abstieg hatte die einzelnen Rittergeschlechter näher zusammenrücken lassen. Sie schlossen sich zu Bündnissen zusammen, um gemeinsam ihre Privilegien zu verteidigen. Für ihre schwierige Situation machten sie vor allem die Landesfürsten verantwortlich, weil diese zunehmend wie souveräne Herrscher in ihren Territorien auftraten und die Zentralgewalt des Kaisers schwächten. Auf diese Weise gerieten auch ehemals freie Reichsritter, die eigentlich nur unmittelbar dem Kaiser unterstellt waren, immer häufiger in die Abhängigkeit von Landesfürsten. In einem Brief an seinen Freund Willibald Pirckheimer in der freien Reichstadt Nürnberg schildert Ulrich von Hutten zu Steckelberg, ein Vetter von Hans von Hutten, die schwierige Situation der Reichsritter: »Ihr Bürger lebt in den Städten nicht nur angenehm, sondern auch bequem. Vergleiche nicht Dein Leben mit dem meinen, denn es steht um uns Ritter so, daß uns bettelarme Bauern ernähren, denen wir unsere Äcker, Wiesen und Wälder verpachten. Der Erwerb, der daraus eingeht, ist im Verhältnis zur Arbeit schmal. Sodann müssen wir uns in den Dienst eines Fürsten stellen, von dem wir Schutz erhoffen. Stehe ich aber im Dienste, so muß ich fürchten, daß ich auf Leute stoße, mit denen der Fürst, einer-

Ulrich von Hutten

lei wer er ist, Fehde und Krieg hat, und sie mich wegschleppen. So geht die Hälfte meines Erbgutes darauf, mich wieder loszukaufen, und so droht gerade da ein Angriff, wo ich Schutz erhofft hatte. Daher müssen wir uns Pferde und eine Wehr bereithalten und uns mit zahlreicher Begleitung umgeben – alles unter schweren Kosten.«[1]

Das Verhältnis vieler Reichsritter zu den Landesfürsten war äußerst gespannt. Denn sie mußten zusehen, wie ihr Stand in die Bedeutungslosigkeit absank, während der landesfürstliche Adel seine Herrschaft und Kompetenzen immer weiter ausdehnen konnte. In dieser Situation bot der Mord im Böblinger Wald einen willkommen Anlaß für die Reichsritter, einem der verhaßten Landesfürsten einen Denkzettel zu verpassen. Der Herzog von Württemberg sollte mit seiner Version einer standrechtlichen Hinrichtung eines angeblichen Verräters nicht durchkommen, sondern einer gerechten Strafe zugeführt werden.

Der Vetter des Ermordeten, der Reichsritter Ulrich von Hutten, ein bekannter humanistischer Schriftsteller, übernahm federführend die Publizistik in diesem Rachefeldzug. Der Siebenundzwanzigjährige orientierte sich in seinen Schmähschriften an der Tyrannenliteratur der Antike. Er tritt vor Kaiser und Reich als Ankläger auf und sammelt Indizien für eine Verurteilung des württembergischen Landesherrn. In seinem poetischen Dialog »Phalarismus« läßt er zum Beispiel Ulrich von Württemberg in der Unterwelt bei Phalaris, dem Tyrannen von Agrigent aus dem 6. Jahrhundert v. Chr., in die Schule gehen, der dem Herzog Unterricht in weiteren Bosheiten für seine Willkürherrschaft gibt. Hutten setzt auf die Waffe der Satire. Gleichzeitig liefert er aber auch die ersten Entwürfe seines politischen Programms. Er forderte eine grundsätzliche Reichsreform. Alles lief bei ihm darauf hinaus, die Macht der Landesfürsten zu beschränken und die Zentralgewalt des Kaisers zu stärken.

Vagantenjahre und eine Dichterkrönung

Ulrich von Hutten war am 21. April 1488 auf der väterlichen Burg Steckelberg bei Fulda geboren worden. Seine Eltern hatten ihn zwar ursprünglich für das Klosterleben vorgesehen, doch er hatte es vorgezogen, das intensive Wanderleben eines wißbegierigen Studenten zu führen. Er hatte in Köln, Erfurt und Frankfurt an der Oder studiert und 1506 den akademischen Grad eines Baccalaureus erworben. Neben dem damals offiziellen Lehrprogramm an der Artistenfakultät interessierte er sich vor allem für die humanistischen Studien. Der deutsche Humanismus war eine Sonderform der allgemeinen Kulturbewegung, die als Renaissance-Humanismus von Italien über die Alpen gekommen war. Kennzeichen der humanistischen Studien, der *Humaniora*, war die intensive Beschäftigung mit der antiken Literatur, aus der man Impulse für ein neues Welt- und Menschenbild aufnahm. Viele Humanisten lebten in dem Gefühl, inmitten großer Umwälzungen zu stehen. Auch Ulrich von Hutten schreibt an seinen humanistischen Freund Willibald Pirckheimer: »O Jahrhundert! O Wissenschaften! Es ist eine Lust zu leben. Die Studien blühen, die Geister regen sich. Horch auf, nimm den Strick, Barbarei, deine Vertreibung steht bevor.«[2] Huttens Humanismus ist voll und ganz der Welt zugewandt. Die metaphysischen Spekulationen eines Marsilio Ficino und eines Giovanni Pico della Mirandola liegen ihm fern. Aber auch mit dem politischen Bürgerhumanismus der italienischen Republikaner kann er nichts anfangen. Hutten versteht sich als ein dem Kaiser verpflichteter Reichritter und ist stolz auf seinen Adelsstand: »Ich habe keinen geringen Hunger nach dem Ruhm, ein Adeliger zu sein, soviel in meinem Charakter liegt, aber Weh über mich, wenn ich mich als adlig erachten würde, ohne diesen Namen durch meine eigene Leistung zu verdienen.«[3] Er fühlt sich durch den Adel seines Geschlechts verpflichtet, auch in der Wissenschaft Ruhm zu erlangen. Da Ulrich von Hutten durch die Veröffentlichung seiner Epigramme im Stil Juvenals und Martials zu einem geschätzten Poeten geworden war, ehrte ihn Kaiser Maximilian I., der ein Förderer des Humanismus war, am 12. Juli 1517 in Augsburg durch eine feierliche Dichterkrönung. Der damit verliehene Titel *Poeta laureatus* kam dem akademischen Doktortitel gleich.

Nach dieser Auszeichnung war Ulrich von Hutten bei Fürstbischof Albrecht von Brandenburg in Mainz als Hofrat angestellt worden. Der Brandenburger liebte es, als Renaissance-Fürst aufzutreten und humanistische Gelehrte um sich zu versammeln. Ulrich von Hutten war er besonders zugetan, weil der bereits 1515 auf ihn einen vielbeachteten Panegyrikus, also eine jener damals üblichen Lobreden auf einen Landesherrn, verfaßt hatte. Aus Dankbarkeit hatte er Hutten sogar einen Studienaufenthalt in Italien finanziert. Wegen dieses Panegyrikus war Hutten auch von dem berühmtesten Gelehrten jener Zeit, Erasmus von Rotterdam, in den höchsten Tönen gelobt worden: »Wie könnte Attika mehr Witz und Eleganz erzeugen als dieser eine besitzt. Ist seine Sprache nicht die göttliche Schönheit selbst und lautere Anmut.«[4]

Ulrich von Hutten hat Erasmus von Rotterdam dann in Mainz auch persönlich kennengelernt. Er bewunderte diesen gebildeten Mann und sah zu ihm auf wie ein Schüler zu einem über alles geschätzten Lehrer. Er bedauerte, daß er nicht immer in der Umgebung des Niederländers sein konnte: »Wenn Fortuna es erlaubt hätte, dann hätte ich mich näher an Erasmus angehängt als jener Alkibiades an Sokrates. Warum sollte ich Dich nicht Sokrates nennen, Erasmus? Die Götter mögen Dich erhalten, Licht von Deutschland.«[5]

Der Fürst der Humanisten

Erasmus von Rotterdam galt überall in Europa als die herausragende geistige Autorität und genoß besonders unter den Humanisten aller Nationen höchstes Ansehen. Der niederländische Gelehrte war der erste Schriftsteller, der durch das neue Medium Buch international populär geworden war. Seine Schriften zirkulierten nicht nur in Gelehrtenkreisen, sondern wurden auch von weltlichen und geistlichen Fürsten gelesen. Aufgrund seiner Herkunft war der Ruhm des Erasmus keineswegs selbstverständlich. Der uneheliche Sohn eines Priesters und einer Bürgertochter, der um 1466 in Rotterdam geboren wurde, war nach dem frühen Tod der Eltern von seinem Vormund zu den Augustiner-Chorherren ins Kloster Steyn bei Gouda gebracht worden. 1488 hatte er das Mönchsgelübde abgelegt und 1492 vom Bischof von Utrecht die Priesterweihe empfangen. Mit der Theologie hatte er sich in Paris vertraut gemacht und zusätzlich Studienreisen in verschiedene Länder unternommen. Bei mehreren Aufenthalten in England war er, durch seine Freunde John Colet und Thomas Morus, mit den humanistischen Wissenschaften in Kontakt gekommen, die von da an zum beherrschenden Thema seines Lebens wurden.

Durch das Studium der antiken Literatur hatte Erasmus den Weg zu einer neuen Theologie gefunden. Für ihn bestand grundsätzlich kein moralischer Unterschied mehr zwischen der Weisheitslehre der Antike und der christliche Lehre. Er sah die göttliche Kraft auch in den Gelehrten der Antike wirksam. Deshalb lehnte er eine Unterscheidung in christliche oder heidnische Wahrheiten ab. Für Erasmus galt die griffige und einfache Formel, wo immer im Menschlichen die Wahrheit ist, da ist sie auch christlich. Er lehnte die mittelalterliche Theologie der Scholastik ab, da sie sich nach seiner Meinung nur in dogmatischen Spitzfindigkeiten verfing. Erasmus wollte eine *Philosophia Christi*, die sich von den Dogmen der Christologie lossagte. Christus war für ihn eher ein Lehrer wie Sokrates. Erasmus verstand seine Philosophie Christi ebenso wie die antiken Philosophen als eine *ars vivendi*, eine »Lebenskunst«. Der wahre christliche Glaube entscheidet sich für den Niederländer allein im Inneren des Menschen. Jede Form

Desiderius Erasmus

der äußeren Religiosität ist ihm suspekt. Rituale und Zeremonien lehnt er als religiösen Materialismus ab. Als Christ zu leben, bedeutet für Erasmus vor allem eine offene, humane Lebenshaltung einzunehmen und nicht engstirnig auf dogmatischen Glaubensformeln zu beharren. Auch mit dem traditionellen Sündenverständnis der Kirche kann er nichts anfangen. Denn für Erasmus tritt die Sünde überall dort in Erscheinung, wo die menschliche Vernunft verdunkelt wird. Deshalb ist das Ziel seines christlichen Humanismus eine Erneuerung der Menschheit durch Bildung und Erziehung. Die Vernunft soll dabei Richtschnur zur Kultivierung der menschlichen Persönlichkeit werden. Die Vorstellung, daß der Mensch durch seine Anlagen bereits zum Guten oder zum Schlechten determiniert sei, weist der Niederländer zurück. Er ist überzeugt, daß jede Persönlichkeit durch eine angemessene Bildung positiv beeinflußt werden kann.

Mit diesem optimistischen Erziehungsdenken nimmt Erasmus von Rotterdam schon Gedanken der Aufklärungszeit vorweg, wie sie mehr als hundert Jahre später etwa der Engländer John Locke ausformulieren wird. Ulrich von Hutten, der die Schriften des Erasmus mit Eifer verschlang, schrieb voller Begeisterung an seinen Freund Crotus Rubeanus: »Hast du in unserer Zeit etwas Christlicheres gelesen als bei Erasmus?«[6]

Die Affäre Pfefferkorn

Für Hutten war Erasmus aber nicht nur der große Lehrer, sondern auch ein Verbündeter im Reuchlin-Streit, der schon seit mehreren Jahren ausgetragen wurde und viele Humanisten in Deutschland auf die Barrikaden trieb. Dieser Konflikt war durch den Kölner Juden Johannes Pfefferkorn ausgelöst worden. Pfefferkorn war zum Christentum konvertiert und hatte es sich zum Ziel gesetzt, auch seine ehemaligen Glaubensgenossen für die christliche Religion zu gewinnen. Was allerdings für viele Juden auch schon deswegen wenig verlockend war, weil sie beim Übertritt zum Christentum auf ihr Vermögen verzichten mußten. Trotzdem ließ Johannes Pfefferkorn nicht locker. Er wollte den Starrsinn der Juden brechen. In seiner Schrift »Der Judenfeind« von 1509 hatte er gefordert, den Juden ihre religiösen Schriften wegzunehmen. Denn diese verwerflichen Bücher seien der Grund für die Verstocktheit jenes Volkes. Unterstützt wurde Pfefferkorn von den Kölner Dominikanern. Durch die Vermittlung von Kunigunde, der Schwester Kaiser Maximilians I., erreichte Pfefferkorn es schließlich, ein kaiserliches Mandat zu erwirken, das anordnete, daß die Juden in Deutschland bis auf die hebräische Bibel alle ihre religiösen Schriften an den treuen Diener des Reiches, Johann Pfefferkorn, auszuliefern hätten.

Da diese Aktion auch heftigen Widerstand hervorrief, ließ der Kaiser mehrere Gutachten erstellen. Der Kölner Dominikaner und Inquisitor Jakob van Hoogstraeten und verschiedene deutsche Universitäten sprachen sich unmißverständlich für das Einziehen der jüdischen Religionsbücher aus. Die Mainzer Universität forderte sogar, den Juden auch die Hebräische Bibel wegzunehmen. Allein der Humanist und Hebräischgelehrte Johannes Reuchlin setzte sich dafür ein, daß die Juden ihre religiösen Schriften behalten sollten. Außerdem lehnte

Reuchlin es ab, daß man die Juden als Ketzer behandelte, denn schließlich seien sie ja nicht vom Christentum abgefallen. Er verlangte zudem, daß künftig alle Theologen die hebräische Sprache erlernen sollten. Denn es erschien ihm äußerst fragwürdig, daß Leute über das Verbot von Schriften urteilten, die diese nicht lesen konnten. Letztlich sei nur die Unwissenheit der Theologen für die Ablehnung jüdischer Literatur verantwortlich.

Johannes Reuchlin hatte bei Pico della Mirandola in Florenz den Umgang mit der jüdischen Kabbala erlernt und inzwischen eine eigene neuplatonisch-kabbalistisch-christliche Theologie entwickelt. Es war im Grunde eine christlich ausgerichtet Kabbalistik, die, ähnlich wie bei Pico della Mirandola, den Christen den Weg zu einer freieren religiösen Philosophie öffnen sollte. Doch gerade diese Vorstellung, die über die dogmatischen Grenzen der traditionellen christlichen Theologie hinausging, war für die Gegner Reuchlins ein Stein des Anstoßes. Als er auch noch dafür eintrat, den Juden ihre Schriften zu lassen, setzten sie alles daran, ihn endlich als Häretiker zu Fall zu bringen. Der Dominikaner Jakob van Hoogstraeten zitierte ihn vors Inquisitionsgericht. Die Sache wäre in der Tat schlecht für Reuchlin ausgegangen, wenn sich nicht im letzten Moment der Bischof von Speyer eingeschaltet hätte, der alle Anklagen gegen Reuchlin als unbegründet zurückwies.

Doch der Streit war damit nicht beendet. In Deutschland standen sich inzwischen Scholastiker und Humanisten als unversöhnliche Lager gegenüber. Vielen Humanisten war zwar der Streit über die Schriften der Juden gleichgültig. Auch für Reuchlins kabbalistische Theologie interessierte sich kaum jemand. Doch die Humanisten hatten erkannt, daß in diesem Konflikt mehr auf dem Spiel stand. Denn es ging letztlich nicht nur um Pfefferkorn und Reuchlin, sondern um die Freiheit der neuen Wissenschaften. Durch eine Verurteilung Reuchlins schienen die Scholastiker dem Humanismus den Todesstoß versetzen zu wollen.

Die Dunkelmännerbriefe

Auch Erasmus legte an höchster Stelle ein Wort für Reuchlin ein. In einem Brief an Papst Leo X., in dem er diesem seine neue textkritische

Ausgabe des Kirchenvaters Hieronymus ankündigt, läßt er ganz nebenbei seine Meinung über den umstrittenen Humanisten einfließen: »Der berühmte Mann Johannes Reuchlin, des Lateinischen, des Griechischen und Hebräischen gleich gut kundig, ist dazu in jeder Art von Wissen beschlagen. Mit Recht achtet und verehrt daher ganz Deutschland diesen Mann wie einen Phönix und wie seine einzige Zier.«[7] Erasmus schätzte zwar Reuchlin als humanistischen Philologen, aber keineswegs dessen kabbalistisch-christliche Theologie: »Kabbala und Talmud, was sie auch sein mögen, haben mir niemals Freude gemacht.«[8]

Ulrich von Huttens Engagement für Reuchlin war dagegen viel weniger differenziert als das seines großen Vorbilds. Er kannte sich in theologischen Fragen nicht aus. Er hat die Philosophie Christi des Erasmus ebenso wenig verstanden wie Reuchlins christliche Kabbalistik. Hutten interessierte bei diesem Streit nur der Angriff auf einen humanistischen Weggefährten. Deshalb spitzte er seine Feder, um auf seine Weise mit den Scholastikern abzurechnen. Zusammen mit seinem Freund Crotus Rubeanus und anderen Erfurter Humanisten veröffentlichte er anonym 1515 den ersten Band der *Epistolae obscurorum virorum*, »der Dunkelmännerbriefe«. Es handelt sich dabei um fingierte Briefe, die in absichtlich grauenhaftem Latein auf derbe Art die Gegner Reuchlins karikieren, um sie in ihrer Beschränktheit und Arroganz der Lächerlichkeit preiszugeben. Die Wirkung war enorm. Vor allem aus den eigenen humanistischen Kreisen kam Applaus. Besonders die Abrechnung mit den Kölner Dominikanern trug zur allgemeinen Belustigung bei. Den deftigen Tonfall in dieser Auseinandersetzung greift dann auch Agrippa von Nettesheim, ein Freund Reuchlins, in seinem Schreiben über die Kölner Dominikaner auf: »Diese Ferkel, diese unflätigen Schweine, haben die Gewohnheit, immer dann, wenn ihnen etwas mißfällt oder wenn sie es nicht verstehen, etwas von Ketzerei, Aberglauben und Hexerei vor sich hin zu grunzen und die gesamte Philosophie der Antike mit Ausnahme des Aristoteles, diesem alten Stinker, als heidnische Hinterlist zu verdammen. Sie maßen sich an, nicht nur mich, sondern Giovanni Pico aus Mirandola, Marsilio Ficino aus Florenz und Johannes Reuchlin aus Pforzheim zu verurteilen und zu verdammen«.[9]

Über die kräftige Sprache und die Spottlust, mit der die Auseinandersetzung um Reuchlin nun geführt wurde, rümpfte allerdings ein Feingeist wie Erasmus von Rotterdam die Nase. Er mochte diese Grobheiten nicht und notierte: »Auch ich habe Gefallen an Scherzen, aber es darf niemand dadurch beleidigt werden.«[10] Daß Erasmus besonders die Beschimpfung der Ordensleute als degoutant empfand, hing auch damit zusammen, daß er selbst einem Orden angehörte. Auch wenn er dieses Kapitel für sich persönlich längst abgeschlossen hatte, warteten die Augustiner Chorherren in Steyn auf seine Rückkehr ins Kloster. Schließlich war Erasmus durch sein Gelübde gebunden. Er hat deshalb nichts unversucht gelassen, um von den Verpflichtungen des Mönchstandes, zu denen ihn einst sein Vormund gezwungen hatte, befreit zu werden. Doch erst auf dem Laterankonzil 1516, auf dem sich einflußreiche Freunde des Niederländers, wie der Bischof von Worcester, beim Papst für ihn eingesetzt hatten, sprach Leo X. ihn dann endlich mit lebenslanger Gültigkeit von allen Pflichten eines Mönches und dem Tragen des Ordenskleides frei.

Als dann 1517 der zweite Band der Dunkelmännerbriefe erschien, reagierte Erasmus auch schon weniger zurückhaltend und schrieb: »Die Dominikaner hätten schon noch größeren Schimpf verdient.«[11] Der Reuchlin-Streit sollte aber noch einige Jahre andauern. Erst 1520 wurde die Angelegenheit durch einen Prozeß in Rom beendet, in dem der Papst Reuchlins Schriften gegen die Kölner Dominikaner und ihre Fakultät verurteilte. Durch Martin Luthers Auftreten war inzwischen im Vatikan alles verdächtig geworden, was nördlich der Alpen an Kritik gegenüber kirchlichen Einrichtungen bekannt wurde. Nach der Entscheidung gegen Reuchlin schrieb Erasmus am 9. September 1520: »Sie werden nicht ruhen, bis sie alle Sprachen und Wissenschaften zerstört haben. Schon greifen sie Reuchlin wieder an, nur aus Haß gegen Luther.«[12] Johannes Reuchlin fühlte sich durch das Urteil des Papstes mißverstanden. Denn er war durchaus kein Freund von Luthers Theologie. Um zu demonstrieren, daß er im Gegensatz zu seinem Großneffen Philipp Melanchthon nichts mit der reformatorischen Bewegung zu tun hatte, ließ er sich 1521 noch im Alter von 66 Jahren zum Priester weihen.

Zum Zeitpunkt, als die Dunkelmännerbriefe erschienen, waren die politischen Konsequenzen, die sich aus der Reformationsbewegung ergeben sollten, noch nicht vorauszusehen. Ulrich von Hutten und seinen Freunden war es allein um einen Kampf für die humanistischen Wissenschaften gegangen. Aber da der Reichsritter auch ein aufmerksamer politischer Beobachter war, war ihm nicht entgangen, daß das Verhältnis zwischen einem Teil der Reichsstände und Rom zunehmend atmosphärischen Störungen ausgesetzt war. Von Seiten der Stände gab es heftigen Protest gegen die vielen Taxen und Annaten, die an den Papst gezahlt werden mußten. Diese *Gravamina nationis germanicae*, »Beschwerden der Deutschen Nation«, wurden auch offiziell auf den Reichstagen vorgetragen. Es machte sich also eine offene antirömische Stimmung breit, die aber nicht religiös motiviert war. Der Ärger bezog sich besonders auf den Handel mit kirchlichen Ämtern, Dispensen und Pfründen, für die gewaltige Gold- und Silbermengen aus Deutschland in den Vatikan geschafft wurden. In dieser allgemeinen Proteststimmung setzte auch Ulrich von Hutten wieder die Waffe der Satire ein. In seiner Schrift »Fieber« nimmt er vor allem den päpstlichen Legaten, Kardinal Cajetan, aufs Korn, der in seinen Augen ein Prototyp für alle war, die sich im Namen Roms bereicherten. In einem Wortspiel Huttens, das an Cajetan anklingen soll, heißt es nun: »Herr Curtisan ich wünsch euch Gruß, in eurem Haus herrscht Überfluß.«[13]

Natürlich war Hutten bekannt, daß es auch im deutschen Adel zahlreiche Nutznießer des römischen Pfründesystems gab. Huttens eigener Dienstherr, Kurfürst Albrecht von Brandenburg, der sich insgesamt drei Bistümer angeeignet hatte, war geradezu ein Musterbeispiel für diese besonderen Geschäfte mit Rom. Aber Hutten hat ihn in seinen Satiren mit keinem Wort erwähnt. Bei aller moralischen Entrüstung konnte er bei dem Brandenburger durchaus ein Auge zudrücken, weil er selbst von dessen Gunst profitierte. Außerdem ging es Hutten weniger darum, einzelne Personen anzuklagen, sondern er wollte das Problem grundsätzlich angehen. Daß es in Deutschland –

anders als in Frankreich und England – keine nationale Einheit gab, hing für Hutten unzweifelhaft damit zusammen, daß die Gegner dieser Einheit, die Territorialfürsten und die Kurie in Rom sich gegenseitig in die Hände spielten, um die Position des Kaisers zu schwächen. Diese unheilvolle Allianz der Landesfürsten mit dem Papst konnte nach Huttens Meinung nur mit einem deutschen Freiheitskampf beendet werden, der jeder politischen Einmischung aus Rom endgültig einen Riegel vorschob.

Als Symbolfigur für die deutsche Freiheit eignete sich für Hutten besonders Arminius, der Cherusker, der Varus und die Römer im Jahr 9 n. Chr. im Teutoburgerwald besiegt und sein Land vom römischen Joch befreit hatte. Hutten hatte Arminius in den »Annalen« des römischen Historikers Tacitus entdeckt. Mit seiner Schrift »Arminius« weckte er nun ein besonderes Verständnis für die deutsche Geschichte und vollzog als erster Schriftsteller in der deutschen Literatur eine Synthese von Humanismus und Nationalismus. Für Hutten bedeutete Nationalismus die deutsche Einheit in der Freiheit von Rom. Er wollte das Papsttum nicht beseitigen, sondern sprach den Päpsten und allen Geistlichen grundsätzlich jeden politischen Machtanspruch ab. Aus Bologna hatte Hutten eine Schrift des italienischen Humanisten Lorenzo Valla mitgebracht, in der dieser bereits mit detektivischem Gespür und philologischer Akribie nachgewiesen hatte, daß die vielzitierte »Konstantinische Schenkung«, nach der Kaiser Konstantin einst den Päpsten die politische Macht im Westen des römischen Reiches übertragen haben sollte, eine Fälschung war. Hutten hatte deshalb für einen Papst wie Julius II., der in der Rüstung eines Ritters an der Spitze seiner Soldaten als Oberbefehlshaber in den Krieg zog, nur Verachtung übrig. Denn nach seiner Überzeugung war dies eine Übergriff des Papstes auf das ureigenste Gebiet des Kaisers. Für den Reichsreformer und Humanisten Hutten waren die Kompetenzen klar aufgeteilt: »Christus gehört der Himmel und hier unten hat der Kaiser über alles zu bestimmen.«[14]

1519 hat Hutten dann den Dienst als Hofrat bei Kurfürst Albrecht von Brandenburg in Mainz aufgegeben, um sich am Feldzug des Schwäbischen Bundes gegen Herzog Ulrich von Württemberg zu beteiligen. Der Herzog hatte durch sein despotisches Regiment für die Untertanen das Faß zum Überlaufen gebracht. Für Hutten war es eine Genugtuung, daß der Mörder seines Vetters, gegen den er jahrelang mit seinen Schriften gekämpft hatte, endlich entmachtet und außer Landes vertrieben wurde. Ulrich von Württembergs Territorium kam anschließend unter österreichische Verwaltung.

In diesem Feldzug lernte Hutten den Reichsritter Franz von Sickingen kennen, der aus dem kurpfälzischen Kleinadel stammte. Sickingen war kein gebildeter Mann, aber ein geschickter Praktiker. Entgegen vielen anderen Angehörigen des Ritterstandes war Sickingen flexibel genug, um sich auf die neue Zeit einzustellen. Durch Erzabbau war es ihm gelungen, zu einem beachtlichen Vermögen zu kommen und außerdem war er ein anerkannter Söldnerführer. Hutten sah in ihm einen geeigneten Gefährten für die Durchsetzung seiner politischen Reformideen. Das Ende der Willkürherrschaft Ulrichs von Württemberg war für Hutten ein gelungenes Beispiel, wie man die Territorialfürsten in ihre Schranken weisen konnte.

Doch Huttens aktive Teilnahme am Schwäbischen Feldzug löste unter den humanistischen Gelehrten nicht nur Begeisterung aus. Erasmus von Rotterdam war entsetzt und hatte versucht, Hutten von diesem Weg abzuhalten: »Was höre ich? Hutten will vom Kopf bis zu den Füßen gepanzert in Reih und Glied kämpfen? Ich lobe das tapfere Herz, doch, wenn Du auf mich hörst, so erhalte Hutten den Musen. Denn wenn Dir etwas zustieße, wer gäbe uns wieder ein solches Genie?«[15] Der große Mentor zählte Hutten zweifellos zu den talentiertesten Hoffnungen unter den humanistischen Schriftstellern, außerdem sah er in ihm einen mutigen Verteidiger der humanistischen Wissenschaften. Dem englischen Kardinal Thomas Wolsey teilte Erasmus mit, daß Hutten zu denen gehöre, »die mit allen Mitteln gegen die Feinde der Sprachen und der Wissenschaften kämpfen.«[16] Erasmus erschien es deshalb grotesk, wenn Hutten nun sein Talent auf dem Schlachtfeld vergeuden wollte.

Die Hure Vernunft

Im selben Jahr, in dem Hutten sich als Kämpfer an dem Feldzug gegen den Herzog von Württemberg beteiligt hatte, erreichten die Aktivitäten Martin Luthers in der Öffentlichkeit die größte Aufmerksamkeit.

Im Juni 1519 hatte Luther bei der berühmten Leipziger Disputation die päpstliche Lehrautorität bestritten und behauptet, daß auch kirchliche Konzilien irren könnten. Die Gegner des Reformators triumphierten, denn jetzt mußte Rom endlich gegen den aufrührerischen Mönch in Wittenberg und seine Anhänger vorgehen. Bis zur Wahl des neuen Kaisers Karl V. hatte Papst Leo X. jegliche Maßnahmen gegen den Wittenberger Reformator aus politischen Gründen herausgezögert, da er mit Hilfe von Luthers Landesherrn, dem sächsischen Kurfürsten Friedrich dem Weisen, die Wahl des Habsburgers verhindern wollte. Doch da inzwischen Karl V. gewählt worden war, mußte Rom auf Wittenberg keine Rücksicht mehr nehmen. Auch Luther wußte, daß man ihm im Vatikan jetzt keine Schonfrist mehr zubilligte. Eine ernsthafte Konfrontation mit der kirchlichen Hierarchie war nicht mehr aufzuhalten.

In dieser Situation wandte Luther sich erstmals persönlich an Erasmus von Rotterdam. Der Niederländer hatte die Ereignisse um Luther bisher mit größter Zurückhaltung beobachtet. Aber er hatte dem Wittenberger durchaus Beifall gespendet, als der das Ablaßgeschäft der Kirche angegriffen hatte: »Über die Ablässe reden sie so, daß es selbst für Idioten unerträglich ist.«[17] Direkten Kontakt zu Luthers Umgebung hatte Erasmus nur in der Gestalt von Philipp Melanchthon, dem Großneffen Reuchlins, der inzwischen in Wittenberg an der Universität als Griechischprofessor lehrte. Ihn hatte er wissen lassen: »Martin Luthers Leben billigt bei uns jeder, über seine Lehre gehen die Meinungen auseinander. Ich selbst habe seine Bücher noch nicht gelesen.«[18] Ob er zu diesem Zeitpunkt wirklich noch nichts von Luther gelesen hatte, mag man bezweifeln. Aber es kam Erasmus darauf an, die Rolle eines distanzierten Beobachters einzunehmen. Und gerade deshalb wollte Luther ihn aus der Reserve locken. Er wollte wissen, ob diese angesehene geistige Autorität, wenn es darauf ankam, an seiner Seite stehen würde.

Luther schmeichelt Erasmus und wirbt um Anerkennung. Doch Erasmus hält sich bedeckt. Er läßt Luther aber wissen, daß er dessen Vorgehensweise nicht schätzt. Er gibt zu bedenken: »Ob es gut sei, vor dem gewöhnlichen Volk Dinge preiszugeben, die besser in Büchern widerlegt oder zwischen Gebildeten verhandelt würden.«[19] Luther hingegen will dem Volk aufs Maul schauen, um zu sehen, wie er auch die einfachen Leute zu sich ziehen kann. Und er ist damit erfolgreich. Für Erasmus ist das reine Anbiederung, bei der die Leute für Dinge benutzt werden, von denen sie nichts verstehen. Etwas angewidert stellt er fest: »Es ist schier unglaublich, wie das Volk für Luther empfindet, von den Gelehrten ganz zu schweigen.«[20] Der Niederländer ist ein Skeptiker und traut dem angeblich gesunden Volksverstand der ungebildeten Masse genauso wenig wie den Machtworten der Autoritäten. Außerdem ärgern ihn Luthers abfällige Bemerkungen über die Philosophie und er schreibt nach Wittenberg: »Doch wenn Du alle Philosophie schlechthin verwirfst, wirst Du es nicht nur mit allen Universitäten zu tun bekommen; sondern auch mit den Alten insgesamt, und auch mit Deinem Augustinus, dem Du so gerne folgst.«[21] Erasmus erinnerte Luther daran, daß auch der Kirchenvater Augustinus nicht ohne Philosophie ausgekommen war. Doch Luther hatte vor allem die scholastischen Aristoteliker im Blick und tobte und schimpfte gegen die »Hure Vernunft«, die das Wort Gottes verderbe. Der Niederländer konnte sich jedoch ohne die Philosophie keine Erziehung der Menschheit zur Humanität vorstellen. Für ihn stand daher unumstößlich fest: »Die Vernunft macht den Menschen.«[22]

Hier trafen zwei völlig gegensätzliche Persönlichkeiten aufeinander, die auch ein unterschiedliches Verständnis von der christlichen Religion hatten. Auf der einen Seite der schmächtige, immer etwas kränkelnde Stubengelehrte, der für eine Philosophie Christi eintrat und alle Grobheiten in einer Diskussion verabscheute. Auf der anderen Seite der bäuerlich deftige und polternde Luther, der mit unduldsamer Bekennerwut auf die Heilige Schrift pochte. Aber gerade dieser Umgang Luthers mit der Bibel versetzte Erasmus immer wieder in Rage. Deshalb versucht er ihm zu erklären, daß zwischen Gott und der menschlichen Erkenntnis Gottes ein ebenso großer Graben liege wie zwischen der idealen Aussageabsicht und den menschlichen Interpretationsversuchen der Heiligen Schrift. Doch Luther hielt seine eigene Interpretation der Bibel für das wahre Christentum. Für Erasmus war Luther letztlich ein ebenso starrsinniger Dogmatiker wie dessen theologische Gegner. Deshalb reagierte er auch ausgesprochen empfindlich, wenn die Scholastiker Luther als einen Vertreter des Humanismus bezeichneten: »Gegen Luther gehen sie vor, weil sie von ihm glauben, er sei ein Schüler unserer Wissenschaft, während er doch nur leise von ihr berührt ist. Luther hat vieles mehr unklug als unfromm geschrieben.«[23]

Doch bei allen Vorbehalten, die Erasmus gegen Luther hatte, trat er trotzdem beim neuen Kaiser Karl V. und dem päpstlichen Nuntius Aleander für eine friedliche Beilegung der Auseinandersetzung mit dem Wittenberger ein. Er machte allerdings unmißverständlich deutlich, daß er Luthers Auffassung nicht teilte: »Ich rede um so freier, weil ich in jeder Beziehung der Sache Luthers vollkommen fern stehe.«[24]

Erasmus legte wie immer größten Wert darauf, unabhängig zu bleiben. Ein Humanist, davon ist er überzeugt, darf sich an keine Partei binden. Denn der humanistisch Gebildete akzeptiert die Welt gerade in ihrer Vielfalt. Wer aber die Gegensätze aufheben will und anderen seine Denk- und Lebensformen aufzwingt, ist ein Fanatiker und damit ein erklärter Feind des Humanismus, wie Erasmus ihn versteht. Auch Luther kann er von diesem Fanatismus nicht freisprechen.

Ein Bündnispartner gegen Rom

Als Martin Luther den Papst in Rom angegriffen hatte, war auch Ulrich von Hutten hellhörig geworden. Vermutlich hatte er sogar etwas von der Kontroverse zwischen Erasmus und Luther mitbekommen.

Doch der Argumentation der Theologen konnte er nicht folgen. Hutten sah in Luther vor allem einen erklärten Gegner Roms. Voller Enthusiasmus schrieb er ihm deshalb nach Wittenberg: »Wir wollen für die allgemeine Freiheit kämpfen, befreien wir das so lange unterjochte Vaterland.«[25] Luthers Antwort an Hutten ist nicht erhalten. Er scheint aber sofort gemerkt zu haben, daß Hutten und er auf einer völlig anderen Ebene kämpften. Später haben dann lutherische Theologen Ulrich von Hutten als einen Vorkämpfer der Sache Luthers dargestellt. Inzwischen hat die historische Forschung Hutten aber von solchen konfessionellen Überzeichnungen befreit. Er kämpfte zwar gegen das weltliche Papsttum und die Einmischungen der Kurie in die Politik des Reiches, aber eine grundlegende Reformation der Kirche hat Hutten nicht angestrebt. Ein Papst, der nur das geistliche Oberhaupt der Kirche war und keine weltlichen Ansprüche erhob, stellte für Hutten kein Problem dar. Bezeichnend ist auch, daß Huttens politischer Reformbewegung viele altgläubige Katholiken angehörten, die eine theologische Reformation ablehnten. Auch Hutten hat aus seinem Standpunkt nie ein Geheimnis gemacht: »Ein Lutherischer bin ich nicht, aber dem gottlosen Rom bin ich feindlicher gesinnt als Luther.«[26]

Die verweigerte Audienz

Der engste Verbündete für seine politischen Ziele war für Hutten Franz von Sickingen, der gute Beziehungen zum kaiserlichen Hof unterhielt. Denn Kaiser Karl V. war auf die Söldnertruppen des kurpfälzischen Reichsritters angewiesen. Sickingen gelang es durch seine guten Kontakte, für Hutten eine Anstellung beim Bruder des Kaisers, Erzherzog Ferdinand, zu erwirken. Als Hutten davon erfuhr, zögerte er keinen Moment und brach sofort nach Brüssel auf.

Er hoffte, nun endlich seine Reformideen auch am kaiserlichen Hof publik machen zu können. Auf dem Weg nach Brüssel nahm er die Gelegenheit war, Erasmus in Löwen einen Besuch abzustatten. In einem Brief vom 20. Juni 1520 an Philipp Melanchthon in Wittenberg schreibt Erasmus: »Über Luther kommen allerlei Nachrichten. Ich sehe, daß die Sache auf einen Aufruhr hinaus will. Hutten ist hier und will demnächst an den Hof Karls V., aber an jedem Hof sind Bettelmönchtyrannen.«[27] Erasmus schien zu ahnen, daß etwas Bedrohliches in der Luft lag. Denn ihm war bekannt geworden, daß er an der Universität Löwen seit einiger Zeit bespitzelt wurde. Er hatte auch schon einen Verdacht, wer dahinter steckte. Wenn seine Vermutung zutraf, mußte auch Hutten sich vorsehen. Er wird ihn entsprechend vor seiner Abreise nach Brüssel gewarnt haben.

Doch der Reichsritter wurde am kaiserlichen Hof sehr freundlich empfangen und fühlte sich sicher. Man bot ihm ein angenehmes Quartier an und behandelte ihn zuvorkommend. Nur das vereinbarte Gespräch mit Erzherzog Ferdinand verzögerte sich von einem Tag auf den anderen. Als man Hutten dann eine anonyme Warnung zusteckte, wurde ihm klar, daß es keine Begegnung mit dem Erzherzog mehr geben werde. Denn der Vatikan hatte zu seinem ersten Schlag ausgeholt und den Reichsritter wegen seiner antirömischen Agitationen angeklagt. Rom hatte angeordnet, daß die weltliche Macht ihn verhaften solle, damit man ihn anschließend vor ein geistliches Gericht stellen könne. Hutten ergriff sofort die Flucht. Er versteckte sich bei Franz von Sickingen auf der Ebernburg bei Kreuznach.

Der Bullentöter

Kurze Zeit nach Huttens Flucht aus Brüssel erließ Papst Leo X. eine Bannandrohungsbulle gegen Martin Luther und einige andere Personen aus dessen Umfeld, die aufgefordert wurden, innerhalb von 60 Tagen ihre Häresien öffentlich zu widerrufen. In diesem Schreiben wurde überraschenderweise auch Ulrich von Huttens Name aufgeführt. Für Erasmus von Rotterdam war sofort klar, wer dies eingefädelt hatte: der päpstliche Nuntius Aleander. Der Mann, der auch den Niederländer an der Universität Löwen bespitzeln ließ. Aleander war längst dazu übergegangen, jegliche Äußerung gegen die römische Kirche und den Papst zu verfolgen. Dabei störte es ihn nicht, Luthers theologische Reformbewegung mit Huttens politischer antirömischer

Propaganda in einen Topf zu werfen. Alles, was sich irgendwie gegen Rom richtete, war für Aleander Ketzerei.

Obwohl Hutten sich also nie zu einem theologischen Thema geäußert hatte, wurde er nun angeklagt, ein Häretiker zu sein. Da Hutten aber guten Gewissens von sich behaupten konnte, daß er kein Glaubensdogma verletzt hatte, konnte er auch keine Verfehlung dieser Art widerrufen. Seine Kritik an der politischen Rolle des Papstes berührte schließlich keine Glaubensfragen. Wenn überhaupt, dann wollte er sich nur vor dem Kaiser rechtfertigen. In Richtung Rom erteilte er deshalb eine deutliche Absage: »Was habe ich als deutscher Edelmann mit einem römischen Bischof zu tun?«[28]

Um seinen Ärger über die römische Bulle abzureagieren, schrieb Hutten seinen satirischen Dialog »Die Bulle oder der Bullentöter«. Darin läßt er die Bulle des Papstes als römische Hure auftreten, die in Deutschland Unheil stiftet. Hutten selbst und die deutsche Freiheit, die ebenfalls als Person auftritt, rufen dazu auf, sich endlich gegen die römische Bulle zur Wehr zu setzen: »Hört, Deutsche, hört die ungeheure Schande. Diese Bulle rühmt sich, daß ihr ihr dient. Schlagt sie tot! Zertretet sie!«[29] Hutten denkt nicht daran, vor den »gottlosen Römlingen« zu Kreuze zu kriechen. Auch wenn er nun immer häufiger unter der Syphilis litt, mit der er sich seit seinem zwanzigsten Lebensjahr herumschlug, war seine Tatkraft ungebrochen. Da die Therapieversuche mit Guajakholz, das die Spanier aus der neuen Welt importierten, erfolglos geblieben waren, hatte Hutten gelernt, mit dieser Krankheit zu leben. Außerdem gab ihm sein Kampf für die deutsche Freiheit immer wieder neue Kraft: »Stets gedachte ich der Freiheit, und nichts beschäftigte meinen Sinn mehr, als wie ich bei günstiger Gelegenheit meinem Vaterland helfen könnte. Solange jedoch mein Volk die Knechtschaft ertrug und ich nicht zur Tat schreiten konnte, mußte ich also mein Vorhaben verbergen und die Sorge um die Freiheit in mir verschlossen halten.«[30]

Geheime Verhandlungen auf der Ebernburg

Da Hutten sein Vorhaben schon lange nicht mehr verborgen hielt, war er entschlossen, sich konsequenter als bisher an die Öffentlichkeit zu wenden. Er verfaßte auf der Ebernburg Flugblätter in deutscher Sprache, um auch die breite Masse für den deutschen Freiheitskampf zu mobilisieren. Außerdem richtete er eine Klageschrift an Kaiser Karl V., in der er die Anklage aus Rom, ein Häretiker zu sein, als Verleumdung zurückwies. Doch alle Bemühungen, ein klärendes Gespräch mit dem Kaiser führen zu können, scheiterten.

Auch als Karl V. am 28. Januar 1521 den Reichstag in Worms eröffnete, war die Angelegenheit Luther und Hutten nur eine Marginalie der Tagesordnung. Karl V., der gerade aus Spanien angereist war, wo es politische Unruhen gab, stand vor einem Krieg mit Frankreich. Der Kaiser brauchte die Unterstützung der Reichsstände und außenpolitisch eine Koalition mit dem Papst. Wegen irgendwelcher deutschen Querelen wollte er sich nicht mit Rom anlegen. Auch Luther wurde nur deshalb vorgeladen, weil der sächsische Kurfürst, Friedrich der Weise, auf eine Anhörung bestanden hatte.

Hutten wurde nicht benachrichtigt. Die kaiserliche Regierung war froh, wenigstens ihn von Worms fernhalten zu können. Anders sah es mit Erasmus von Rotterdam aus. Der Kaiser wünschte, daß er als einer seiner Berater nach Worms kommen sollte. Doch der Niederländer entschuldigte sein Fernbleiben mit seinem schlechten Gesundheitszustand. Tatsächlich wollte Erasmus vermeiden, mit dem päpstlichen Nuntius Aleander zusammentreffen, der seit geraumer Zeit Belastungsmaterial gegen ihn sammelte. Aleander war es ein Dorn im Auge, daß die kaiserliche Regierung Erasmus überhaupt als Berater in Betracht zog. Der Nuntius meldete deshalb verstimmt nach Rom: »Ich bedauere sehr, daß man einem Erasmus, der schlimmere Dinge gegen unseren Glauben geschrieben hat als Luther, mehr Vertrauen schenkt als mir.«[31] Doch für Aleander sollte es noch dicker kommen. Denn als er erfuhr, daß die kaiserliche Regierung in der Angelegenheit Hutten auf eine Verständigung setzte, faßte er dies als persönliche Beleidigung und einen Affront gegen den Papst auf. Immerhin hatte Leo X. den Reichsritter inzwischen sogar exkommuniziert. Verbittert teilte Aleander der Kurie mit, daß sich bei den Deutschen wohl die Überzeugung durchsetze, man könne auch im Widerspruch zum Papst ein guter Christ sein. Im letzten Moment versuchte Aleander die geplanten Gespräche mit Hutten noch zu verhindern. Aber der Kämmerer des kaiserlichen Großkanzlers Gattinara, Ritter Paul von Armstorff, ein Bekannter Huttens aus der Mainzer Zeit, setzte sich gegen den Nuntius durch. Aleander wurde sogar aufgefordert, alle kirchenrechtlichen Maßnahmen gegen Hutten auszusetzen.

Am 6. April 1521 trafen dann Paul von Armstorff und der Franziskaner Jean Glapion, der Beichtvater des Kaisers, als inoffizielle Gesandtschaft auf der Ebernburg ein. Die Verhandlungen mit Hutten, der von dem ehemaligen Dominikaner und späteren Reformator Martin Bucer beraten wurde, dauerten zwei Tage. Es wurde festgehalten, daß Hutten in keinerlei Beziehung zur religiösen Reformbewegung Luthers stand. Um zu zeigen, wie sehr man auf kaiserlicher Seite von Huttens Unschuld überzeugt war, wurde ihm sogar die Aufnahme in den kaiserlichen Dienst angeboten. Scheinbar ganz nebenbei regte dann Jean Glapion an, auch Luther zu den Verhandlungen auf die Ebernburg einzuladen, um ihm ein Verhör in Worms zu ersparen. Der Franziskaner wollte verhindern, daß Luther während des Reichstags in Worms erschien. Auf diese Weise sollte vermieden werden, einen rechtskräftigen Bannspruch des Papstes vor einem weltlichen Gremium zu verhandeln. Doch Luther, dem Bucer diesen Vorschlag auf seinem Weg zum Reichstag unterbreitete, lehnte ab. Er wußte, daß man ihn in Worms nicht gerne sah, doch er wollte um keinen Preis auf die Möglichkeit verzichten, seine Position vor dem Kaiser und den Reichsständen zu rechtfertigen.

Der politische Treuetest

Doch es kam anders. Ein Verfahren in einer offiziellen Sitzung des Reichstags wurde Luther verweigert, um den rechtliches Status des Verfahrens offen zu halten. Der Wittenberger erhielt lediglich die Gelegenheit, vor einem ausgewählten Kreis in Gegenwart des Kaisers im Wormser Bischofshof seine Häresien zu widerrufen. Da er dazu nicht bereit war, konnte er anschließend Worms unbehelligt wieder verlassen. Etwa einen Monat später, als der größte Teil der Reichstagsteilnehmer schon abgereist war, verhängte der Kaiser am 25. Mai 1521 per Edikt die Reichsacht über Luther. Außerdem wurde angeordnet, alle Schriften des Reformators und seiner Anhänger zu verbrennen. Zu diesen Anhängern zählte man nach der Namensliste in der päpstlichen Bulle auch immer noch Ulrich von Hutten. Die geheimen Verhandlungen auf der Ebernburg waren damit gegenstandslos geworden. Huttens alter Bekannter, der Kämmerer des kaiserlichen Großkanzlers, Paul von Armstorff, hatte seinen Plan, Hutten zu rehabilitieren, aufgeben müssen. Das Wort des päpstlichen Nuntius hatte schließlich doch mehr Gewicht gehabt. Denn der Kaiser, der sich als Verteidiger des katholischen Glaubens verstand, hatte inzwischen entschieden, mit seiner Religionspolitik die Solidarität der Reichsstände einzufordern. Die Luthersache war damit für ihn gewissermaßen zu einem politischen Treuetest für die Mitglieder des Reichstags geworden. Die Unterscheidung zwischen Luthers Reformation und Huttens politischem Freiheitskampf blieb dabei unbeachtet.

Ich hab's gewagt

Nach dem Edikt von Worms fand sich in Deutschland kein einziger Drucker, der es noch gewagt hätte, Huttens Schriften zu veröffentlichen. Die Publizistik schied damit für ihn als politische Waffe im Kampf für eine Reichsreform aus. Auch in den Kaiser setzte Hutten jetzt keine Hoffnung mehr. Tief verletzt verließ er Ende Mai 1521 die Ebernburg, um im Untergrund seinen Kampf für die deutsche Freiheit vorzubreiten. Hutten dichtete jetzt auch sein berühmt gewordenes Lied, mit dem er den Pfaffenkrieg ankündigte:

»Ich hab's gewagt mit sinnen und
trag des doch kain rew
Mag ich nit dran gewinnen
noch muß man spüren trew.«[32]

Der Anfang dieses Liedes »Ich hab's gewagt« war die Übersetzung eines damals allgemein bekannten Spruches aus Burgund: *Je l'ay emprins.* Er galt Hutten ebenso als Devise für seinen Kampf wie Caesars Ausspruch *alea iacta est,* »der Würfel ist gefallen«, der zum Titel einer seiner Kampfschriften wurde.

Etwa ein Jahr nachdem Hutten die Ebernburg verlassen hatte, setzten er und seine Gefährten dann die Theorie in die Praxis um. Auch Sickingen, der inzwischen wieder aus dem kaiserlichen Dienst entlassen worden war, beteiligte sich daran. Im Kampf gegen das Territorialfürstentum wollten sie zunächst die Vorherrschaft der geistlichen Machthaber im Reich beenden. Das säkularisierte Kirchengut aus den eroberten Territorien sollte anschließend dabei helfen, die anderen Landesfürstentümer zu beseitigen. Als erstes Opfer hatte man sich das Kurfürstentum Trier ausgeguckt. Hutten sah in der Aktion keinen Raubzug. Für ihn war die Beseitigung eines Fürstbischofs, also einer jener Kurtisanen Roms, eine legitime Vorstufe zur Reichsreform. Daher sprach er auch von einem *bellum sacerdotale*, einem »Pfaffenkrieg«, der sich nicht gegen die Priester im allgemeinen, sondern gegen alle Bischöfe richtete, die als Reichsfürsten auftraten und mit weltlicher Macht ausgestattet waren.

Die Beteiligung der deutschen Ritterschaft an diesem Pfaffenkrieg war beachtlich. Aber auch auf der Gegenseite formierte sich eine schlagkräftige Front. Da die Landesfürsten inzwischen von Huttens geplanter Reichsreform erfahren hatten, waren sie schnell bereit, sich zu solidarisieren. Landgraf Philipp von Hessen und Pfalzgraf Ludwig V. kamen ihrem Nachbarn, dem Trierer Bischof Greifenklau, eiligst zur Hilfe. Gegen das gemeinsame Heer der drei Landesfürsten hatten Sickingen und die anderen Ritter mit ihren Truppen von Anfang an keine Chance. Als die Niederlage abzusehen war, ergriffen viele Teilnehmer an Huttens Pfaffenkrieg die Flucht.

Auch Sickingen gab auf und versteckte sich auf seiner Burg Landstuhl.

Nach ihrem Sieg führten die Landesfürsten eine gnadenlose Racheaktion gegen die Aufrührer durch. Die Burgen der Gegner wurden entweder zerstört oder beschlagnahmt. Schließlich verhängte das Nürnberger Reichsregiment über Hutten und Sickingen wegen Landfriedensbruchs die Reichsacht. Sickingen ist kurz darauf bei der Verteidigung seiner Burg Landstuhl ums Leben gekommen. Ulrich von Hutten, der wegen seiner Krankheit an den Kämpfen nicht teilgenommen hatte, war aber plötzlich wie vom Erdboden verschwunden.

Kosmopolitische Planspiele

Erasmus von Rotterdam, der inzwischen von den Niederlanden nach Basel umgezogen war, wo er mit Hilfe seines Freundes, dem Drucker Johannes Froben, Schriften griechischer und lateinischer Kirchenväter herausgab, hatte Huttens Bereitschaft zur Gewalt mit Entsetzen verfolgt. Er lehnte jede Form der kriegerischen Auseinandersetzung ab. Mit seiner Schrift *Querela pacis*, »Klage des Friedens«, wurde Erasmus sogar zum ersten Theoretiker des Pazifismus. Auch die traditionelle Vorstellung von einem gerechten Krieg war für ihn kein Thema mehr. Für Erasmus stand jeder Krieg, außer dem Verteidigungsfall in einer Notsituation, grundsätzlich im Gegensatz zur Lehre Christi: »Wenn irgendwelche Rechte den Krieg gestatten, so sind sie plump und schmecken nach entartetem, weltverdorbenem Christus.«[33] Erasmus weigerte sich sogar, die Kreuzzugskampagnen gegen die Türken publizistisch zu unterstützen, weil es sich dabei nicht um eine Verteidigungssituation, sondern um einen Präventivkrieg handelte. Entsprechend wenig Verständnis brachte er für Huttens Idee auf, mit kriegerischer Gewalt eine politische Reichsreform durchzusetzen. Außerdem war er zutiefst enttäuscht, daß Hutten immer noch mit seiner Vorstellung *noblesse oblige* die Adelsprivilegien des Reichsritterstandes verteidigte. Zum wahren Adel gehörte für Erasmus nur der, der sich für ein grenzen- und vorurteilsloses Zusammenleben der Menschen einsetzte. Erasmus wollte mit seinem humanistischen Bildungsideal jede nationalistische und konfessionelle Ideologie überwinden. Er dachte kosmopolitisch: »Ich wünsche Weltbürger zu sein, allen zu gehören, oder besser noch Nichtbürger zu sein.«[34]

Eine zwielichtige Gestalt

Am 25. November 1522 tauchte Ulrich von Hutten plötzlich in Basel auf und mietete ein Zimmer im Gasthof zur Blume. Der Rat der Stadt ließ den bekannten humanistischen Schriftsteller offiziell willkommen heißen und schickte ihm den üblichen Begrüßungswein in seine Herberge. Einige Basler Humanisten und Emigranten aus Deutschland, die mit ihren Landesfürsten aneinander geraten waren, erwiesen dem Reichsritter ihre Reverenz. Unter ihnen befand sich auch der adlige Schriftsteller Heinrich von Eppendorf, der Hutten bei dieser Gelegenheit Grüße von Erasmus von Rotterdam ausrichtete. Zu Huttens großer Überraschung bat Erasmus seinen Freund von einem Besuch bei ihm abzusehen. Er ließ ihm durch Eppendorf mitteilen, daß er an einer Allergie leide, die ihm Ofenrauch unerträglich mache. Deshalb müsse er auch im Winter in einem ungeheizten Haus sitzen. Diese ungemütlichen Temperaturen wolle er Hutten wegen dessen schwacher Gesundheit nicht zumuten. Auch wenn es zutraf, daß Erasmus tatsächlich in Pelze gehüllt in seinem Haus saß, hatte Hutten diesen Wink mit dem Zaunpfahl sofort verstanden. Erasmus wollte ihn nicht sehen. Vermutlich befürchtete der Fürst der Humanisten mit Hutten und seinem politischen Aufruhr in Verbindung gebracht zu werden. Als kurz darauf auch der Rat der Stadt Basel, der Hutten kurz zuvor noch so freundlich willkommen geheißen hatte, dem Reichsritter nahe legte, die Stadt zu verlassen, weil man nicht in politische Agitationen verwickelt werden wollte, zweifelte Hutten nicht daran, daß er diesen Rausschmiß Erasmus zu verdanken hatte.

Hutten mußte sich mit der Tatsache abfinden, daß Erasmus ihm die Freundschaft aufgekündigt hatte. Da sein Gesundheitszustand sich zunehmend verschlechterte, suchte der Reichsritter Zuflucht bei den reformgesinnten Augustinermönchen im nahegelegenen Mülhausen. Erstaunlicherweise bot sich ihm ausgerechnet der Schriftsteller Heinrich von Eppendorf als Begleiter an, der in Basel zum engeren Erasmus-Kreis zählte. Der Niederländer wußte aber ebensowenig wie Hutten, daß Eppendorf in Basel insgeheim einem Sympathisantenkreis Luthers angehörte. Er hatte sich nur in Erasmus' Nähe gedrängt, um auszuspionieren, ob Erasmus nicht doch noch dazu zu gewinnen sei, sich offen auf Luthers Seite zu stellen. Da Erasmus aber seinem Grundsatz treu blieb, sich keiner Partei anzuschließen und da er sich um jeden Preis seine geistige Unabhängigkeit bewahren wollte, fühlte sich Eppendorf herausgefordert, zu anderen Mitteln zu greifen.

Der Erpressungsversuch

Ulrich von Hutten hoffte, sich in der Stille und Abgeschiedenheit des Klosters etwas zu erholen. Für das kommende Frühjahr plante er den Aufenthalt in einem Heilbad. Fast rührend kümmerte sich jetzt Heinrich von Eppendorf um ihn, der regelmäßig von Basel nach Mülhausen herüberkam. Er war für Hutten die einzige Kontaktperson, die ihn über die Ereignisse außerhalb der Klostermauern unterrichtete. Daß er dabei nicht gerade Gutes über Erasmus berichtete, bleibt zu vermuten. Denn es gelang Eppendorf, Hutten zu überreden, mit Erasmus öffentlich abzurechnen. In maßloser Enttäuschung über seinen alten Lehrer griff Hutten tatsächlich zur Feder. Eppendorf riet Hutten wohl vor allem auf den Verrat des Erasmus an Luther einzugehen. Der kranke Hutten holte kräftig aus und warf Erasmus ein doppeltes Spiel vor. Niemand könne leugnen, daß der Niederländer anfangs sogar Luther bei seinen Ideen einer Reformation unterstützt habe. Schließlich sei Erasmus selbst ein Befürworter von Reformen. Allerdings hätten dann des Niederländers Furchtsamkeit und Kleinmut gesiegt. Denn in seiner unersättlichen Sucht nach Ruhm fürchte Erasmus nichts mehr, als sein Ansehen bei den hohen Herren zu verlieren. Aus diesem Grund habe er auch Luther im Stich gelassen.

Der Hutten-Forscher Heinrich Grimm hat diese Schrift Huttens mit dem Titel *Expostulatio cum Erasmo*, also »Beschwerde bei Erasmus«, genau untersucht. Grimm hat herausgefunden, daß ganze Passagen stilistisch nicht von Hutten stammen. Sie können eigentlich nur auf Eppendorf zurückgehen, der dem kranken Hutten bei der Ausarbeitung zur Seite stand. Außerdem belegt Huttens Handschrift aus dieser Zeit, daß sein körperlicher Verfall ziemlich weit fortgeschritten war. Es handelte sich wohl um ein Stadium der Syphilis, in dem er nur noch zeitweise klar denken und handeln konnte.

Jedenfalls war er nicht in der Lage, die gesamte Schrift allein zu verfassen. Eppendorf hat also Huttens körperlichen und geistigen Verfall ausgenutzt, um den Reichsritter ungewollt in eine Intrige gegen Erasmus und den Streit der Konfessionen hineinzuziehen. Die *Expostulatio* vermittelt letztlich den Eindruck, als sei Hutten ein leidenschaftlicher

Parteigänger Luthers, der nun den Verrat des Erasmus an der ehemals gemeinsamen Sache aufdecke.

Als Erasmus von Eppendorf zugespielt bekam, was Hutten zu veröffentlichen beabsichtigte, schrieb er dem Reichsritter am 25. März 1523 einen Brief, in dem er ihn ausdrücklich bat, von seinem Vorhaben abzulassen. Denn schon sehe er die feixenden lutherischen Theologen darüber lachen, obwohl er doch wisse, daß auch Hutten kein *Luthericus* sei. Eppendorf konnte aber verhindern, daß Hutten dieses Schreiben zu sehen bekam. Er ging sogar noch weiter und ließ Erasmus mitteilen, daß er gegen die Zahlung einer entsprechenden Summe die Veröffentlichung von Huttens Schmähschrift verhindern könne. Da Eppendorf, wie in Basel bekannt war, hohe Schulden hatte und dringend Geld brauchte, schreckte er also selbst vor einer Erpressung nicht zurück. Doch Erasmus ließ sich nicht darauf ein. Als der Erpressungsversuch mißlang, ließ Eppendorf die *Expostulatio* Huttens in Straßburg bei Johann Schott drucken und steckte das Honorar dafür in die eigene Tasche.

Der kranke Ulrich von Hutten hat das gesamte Intrigenspiel Eppendorfs nicht mehr durchschaut. Auch Erasmus von Rotterdam hat die zwielichtigen Machenschaften Eppendorfs wohl erst erkannt, als der ihn zu erpressen versuchte. Erasmus schrieb an einen Freund: »Heinrich Eppendorf, den Du kennst, ein Windbeutel, der zu jedem Schwindel und jeder Bosheit aufgelegt ist, führt uns hier eine seltsame Tragödie auf. Er heuchelt enge Freundschaft, während er etwas Schlimmes im Schilde führt.«[35]

Erasmus war also bekannt, daß Eppendorf ihn Hutten gegenüber verleumdet hatte. Er wußte auch um Huttens schlechten Gesundheitszustand. Dennoch trieb ihn die kleinmütige Sorge um sein eigenes öffentliches Prestige dazu, Huttens Schmähschrift mit einer Gegenschrift zu erwidern. Für den Kulturhistoriker Johan Huizinga kommt hier eine peinliche charakterliche Schwachstelle des großen Humanisten zum Vorschein: »In dem Mann, der die bitteren Vorwürfe Huttens zu hören bekam, lebte ein kleiner Erasmus, der sie verdiente, der sie übel, aber nicht zu Herzen nahm, der fortfuhr, Rücksicht auf seine Stellung zu nehmen.«[36] Der Titel von Erasmus' Antwortschreiben ist bezeichnend: *Spongia adversus aspergines Hutteni,* »Schwamm gegen die Bespritzungen Huttens«. Wie die *Expostulatio* Huttens ist auch die Gegenschrift des Erasmus alles andere als ein literarisches Meisterwerk.

Die ungerechte Fortuna

Am 21. Juli 1523 schrieb Hutten dann einen Brief an Eobanus Hessus, den Freund und Verbündeten im Kampf für politische Reformen in Erfurt: »Ich habe lange nicht mehr in die Heimat schreiben können, da die Tyrannen alles besetzt halten und neulich zu meinem großen Schaden Briefe aufgefangen worden sind.«[37] Hutten war zu diesem Zeitpunkt in Zürich, wo ihn der Schweizer Reformator Huldrych Zwingli aufgenommen hatte. Der Reichsritter war inzwischen völlig mittellos und auf Unterstützung angewiesen. Die Erbschaft des kürzlich in Deutschland verstorbenen Vaters konnte er wegen der über ihn verhängten Reichsacht nicht antreten. Hutten fühlte sich vom Glück im Stich gelassen: »Wird die ungerechte Fortuna, die so bitter uns verfolgt, denn einmal Maß und Ziel finden, o Eoban? Ich glaube das von ihr nicht, aber wir, so denk' ich, haben Mut genug, ihren Anwürfen zu widerstehen. Auf der Flucht kam ich zu den Schweizern, und ich fürchte noch weiteres Exil. Denn Deutschland kann mich in seinem gegenwärtigen Zustand nicht dulden, den ich jedoch durch die Vertreibung der Tyrannen geändert zu sehen hoffe.«[38] Wie realistisch Hutten mit seiner angeschlagenen Gesundheit die Situation in Deutschland noch einschätzen konnte, ist fraglich. Aber er schien keineswegs desillusioniert zu sein. Trotz der Niederlage im Krieg gegen den Trierer Fürstbischof wollte er, daß der deutsche Freiheitskampf fortgesetzt werden solle. Er ermunterte deshalb den Freund in Erfurt, den Pfaffenkrieg auch mit der Schreibfeder zu führen, um die Untaten der Landesfürsten bekannt zu machen: »Sehen und erkennen sollen künftige Jahrhunderte, was für Menschen diejenigen gewesen sind, die sich wider Ehrbarkeit, Gesetz und Recht, Treue und Frömmigkeit, mit Frevel und Verwegenheit gesetzt haben.«[39]

Das verschwundene Grab

Huldrych Zwingli, Huttens Gastgeber in Zürich, brachte den Kranken Anfang August 1523 auf die Insel Ufenau im Zürichsee zu Hans Klarer, einem Priester, der sich auf die Anwendung von Heilkräutern verstand. Doch jede Hilfe kam zu spät. Nur zwei Wochen später, am 29. August, ist Ulrich von Hutten auf der Insel Ufenau im Alter von 35 Jahren gestorben. Unbemerkt von der Öffentlichkeit wurde er in der Nähe der kleinen Inselkirche beigesetzt. Etwa zehn Jahre später errichteten ihm dort deutsche Reichsritter ein steinernes Grabmal. Aber Ende des 16. Jahrhunderts war Huttens Grab schon nicht mehr auffindbar. Es ist unklar, ob die Grabstelle in Vergessenheit geriet und verfiel, oder ob sie vielleicht beseitigt wurde. Huttens politische Ideen fanden für lange Zeit keine Beachtung mehr. Sie paßten nicht in die Jahrhunderte des landesherrlichen Absolutismus. Auch der weltliche Anspruch der römischen Kirche setzte sich weiterhin durch. Geistliche Fürstentümer gab es in Deutschland noch bis zum Reichsdeputationshauptschluß 1803. Erst mit dem Aufkommen eines gesamtdeutschen-nationalen Enthusiasmus im 19. Jahrhundert wurde Hutten mit seinen politischen Theorien dann plötzlich als Gallionsfigur eines einheitlichen deutschen Nationalstaates gefeiert. Den der Reichsritter schon 300 Jahre zuvor gefordert hatte.

Mehr Anerkennung als in der Politik hat Hutten in der Literaturgeschichte erfahren. Er gilt als einer der bedeutendsten Schriftsteller des deutschen Humanismus. Als Satiriker und Pamphletist hat er sich an eine Devise gehalten, die er auch seinem Arminius in den Mund legte: »Nie war ich im Geiste irgend jemand untertan.«[40] Heute bezeichnet man Ulrich von Hutten deshalb auch als einen Vorläufer des modernen Journalismus.

Der Inszenierung der Macht

Niccolò Machiavelli (1469–1527) und die Akte Borgia

Ein mysteriöser Zettel

Anfang Februar 1513 wurde im Palazzo Vecchio, im Regierungsgebäude in Florenz, eine Liste mit den Namen von achtzehn Männern abgegeben, die einen Umsturz in der Stadt planten. Angeblich war dieser Zettel von einem Passanten zufällig auf der Straße gefunden worden. Der kurze Inhalt dieses Schreibens war eindeutig. Giuliano de' Medici, ein Sohn Lorenzos des Prächtigen, und sein Neffe Lorenzo, der Sohn des 1494 vertriebenen Piero de' Medici, sollten ermordet werden. Beide waren vom Medici-Clan an die Spitze der Stadt gestellt worden, um mit der Unterstützung des einflußreichen Kardinals Giovanni de' Medici, einem Bruder Giulianos, das frühere politische *System Medici* neu zu etablieren.

Daß die überzeugten Republikaner in der Stadt dagegen opponierten, war vorauszusehen gewesen. Für die Medici kam deshalb alles darauf an, so schnell wie möglich ein Exempel zu statuieren, um klarzustellen, wer künftig in der Arnostadt wieder den Ton angeben würde. Als Anführer der geplanten Verschwörung wurde schon bald der junge Pietro Paolo aus der angesehenen Familie Boscoli ausgemacht und festgenommen. Er war schon mehrfach öffentlich mit Parolen gegen die Medici aufgefallen. Er sollte die Liste mit den achtzehn Namen unvorsichtigerweise verloren haben.

Da der Name des Passanten, der diesen Zettel angeblich zufällig gefunden hatte, nicht bekannt gegeben wurde, blieb die Herkunft der Namenliste fragwürdig. Wahrscheinlich ist, daß dieser mysteriöse Zettel von einem Verräter aus dem Umfeld der republikanischen Verschwörer verfaßt und an die Medici übergeben wurde. Dafür spricht auch, daß etwa gleichzeitig zur Festnahme Boscolis die Florentiner Agostino Capponi, Niccolò Valori und Giovanni Folci als weitere Hauptakteure des geplanten Mordanschlags verhaftet wurden. Ohne zusätzlichen Informationen wäre dies allein anhand der Liste nicht herauszufinden gewesen.

Eine dilettantische Verschwörung

Die Medici setzten ihre Häscher natürlich genauso auf die anderen Personen an, die auf dem besagten Zettel verzeichnet waren. Unter diesen tauchte auch der Name Niccolò Machiavelli auf. Er war Kanzleisekretär in der gestürzten Republik gewesen und deshalb von den Medici sofort nach ihrer Machtübernahme aus allen seinen Funktionen entlassen worden. Obwohl man ihm verboten hatte, das florentinische Herrschaftsgebiet zu verlassen, schien er aber plötzlich nirgendwo aufzufinden zu sein. Vermutlich hatte er sich nach dem Wirbel um die aufgeflogene Verschwörung versteckt, um zu überlegen, wie er reagieren sollte. Als man aber dann in der Stadt sogar einen Steckbrief von Machiavelli aushängen ließ, stellte er sich einige Tage später den Ordnungskräften. Niccolò Machiavelli wurde sofort ins Gefängnis geworfen und mehrmals gefoltert. Aber er bestritt vehement, an der Verschwörung beteiligt gewesen zu sein.

Am 23. Februar 1513 konnte Machiavelli kurz vor Sonnenaufgang von seiner Gefängniszelle aus zusehen, wie Pietro Paolo Boscoli und Agostino Capponi dem Henker übergeben und geköpft wurden. Beide hatten den geplanten Mordanschlag zugegeben. Machiavelli wußte, daß sein Leben nur an einem seidenen Faden hing.

Trotzdem läßt er in seinen Aufzeichnungen über die Hinrichtung der beiden jungen Männer keinerlei Mitgefühl erkennen. Im Gegenteil. Er beklagt sich vielmehr über die Ruhestörung durch die Trauergesänge der schwarzen Laienbrüder, die die Verurteilten mit Gebeten zur ihrer Hinrichtung führten:

»Am ärgsten belästigt mich, daß ich in der Nacht, noch vor der

Morgenröte, diesen Gesang ertragen muß.«[1] In seinen Augen waren die beiden Hingerichteten Narren gewesen, weil sie leichtfertig und unüberlegt gehandelt hatten und sich dabei auch noch als republikanische Tyrannenmörder feiern lassen wollten. Aus Machiavelli Äußerungen geht hervor, daß er tatsächlich nichts mit der Verschwörung zu tun hatte. An einem solchen Dilettantismus hätte sich der erfahrene Politiker niemals beteiligt. Sein Name war wohl nur auf den Zettel geraten, weil die Verschwörer auch Personen notiert hatten, die als mögliche Sympathisanten ihrer Umsturzpläne in Frage kamen.

Tatsächlich konnten die Ankläger Machiavelli nichts nachweisen. Dennoch wäre er, wie er selbst schreibt, wohl unter Läusen und Wanzen im Gefängnis elend zugrunde gegangen, wenn man nicht am 11. März 1513 Giovanni de' Medici zum Papst gewählt hätte. Denn anläßlich dieses freudigen Ereignisses erließ die Familie Medici in Florenz eine Amnestie. Auch Niccolò Machiavelli und einige andere, deren Namen auf der berüchtigten Liste gestanden hatten, wurden aus der Haft entlassen. Da die Medici aber Machiavelli nicht über den Weg trauten, entzogen sie ihm die Vollbürgerschaft und schlossen ihn damit von den Wahlen aus.

Außerdem machten sie ihm zur Auflage, seinen Wohnsitz außerhalb der Stadt zu nehmen.

In der Säulenhalle der Antike

Fast jeden Nachmittag wiederholte sich in einem Gasthof in der Nähe des kleinen Ortes San Casciano in der Toskana das gleiche Ritual. Der Metzger, der Müller, der Totengräber und einige Ziegelbrenner saßen zusammen, der Wirt schenkte kräftig Wein in die Becher, und man vergnügte sich mit dem Brettspiel *tricche tracche*, einer Art Backgammon. Regelmäßiger Gast in dieser Runde war auch ein kleiner zierlicher Herr aus Florenz, vor dem hier alle ehrfürchtig den Hut zogen, ohne wirklich genau zu wissen, wer er war und warum es diesen gebildeten Stadtmenschen hier draußen aufs Land verschlagen hatte.

Seinem Freund Francesco Vettori schrieb der Florentiner am 10. Dezember 1513 nach Rom, daß er mit dem Leben auf dem Land überhaupt nicht zurecht komme. Noch ein Jahr zuvor war Niccolò Machiavelli einflußreicher Sekretär der Republik Florenz gewesen und hatte mit Königen und Fürsten verhandelt. Jetzt kümmerte er sich nur noch um das Brennholz für den Kamin und half gelegentlich beim Schlachten eines Schweins. Seit Machiavelli Florenz verlassen mußte, lebte er völlig abgeschnitten von der Welt mit seiner Ehefrau Marietta und den sechs Kindern auf seinem kleinen Landgut Albergaccio bei San Casciano in der Nähe von Florenz. Als Stadtmensch, der zudem gewohnt war, in fremde Länder zu reisen, litt er unter dem Exil, das man ihm auferlegt hatte.

Trost könne er nur am Abend finden, teilte er Vettori mit: »Ich gehe nach Hause, betrete mein Arbeitszimmer, werfe an der Schwelle das schmutzige Bauerngewand ab, lege eine prächtige Hoftracht an und begebe mich in die Säulenhalle der Großen des Altertums.«[2] Hier konnte Machiavelli in eine Welt flüchten, in der er sich zu Hause fühlte. In den Büchern seiner Bibliothek traf er auf die großen Staatsmänner und Historiker der Antike:

»Von ihnen werde ich freundlich aufgenommen, hier nehme ich die Nahrung zu mir, die mir angemessen ist und für die ich geboren bin.«[3]

Machiavelli vertiefte sich in das Leben und in die Taten der großen Staatsmänner der klassischen griechischen und römischen Zeit und trat sozusagen mit ihnen in einen Dialog. Er verglich das politische Handeln seiner antiken Vorbilder mit den Erfahrungen und Beobachtungen, die er selbst in seiner aktiven politischen Zeit gemacht hatte.

Ein unbescholtenes Nachwuchstalent

Begonnen hatte Machiavellis politische Karriere 1498. Am 28. Mai, fünf Tage nach der Hinrichtung Savonarolas, hatte der Rat der Achtzig in der Republik Florenz Niccolò als Kanzleisekretär vorgeschlagen. Am 19. Juni 1498 war seine Nominierung vom Großen Rat der Stadt, dem *consiglio grande*, bestätigt worden. Der damals 29jährige Machiavelli stand damit an der Spitze der Kanzlei für die Außen- und Verteidigungspolitik der Republik. Da alle höheren Ämter im Wechsel von

Niccolò Machiavelli

wenigen Monaten immer wieder neu besetzt wurden, war die Funktion eines Kanzleisekretärs, der oft viele Jahre im Amt blieb, eine durchaus einflußreiche Position im florentinischen Regierungsbetrieb. Warum ausgerechnet Machiavelli, der bis dahin im politischen Leben von Florenz nirgendwo in Erscheinung getreten war, in dieses Amt berufen wurde, ist nicht bekannt. Aber es gehörte wohl zum politischen Neuanfang nach der Tragödie mit Savonarolas Gottesstaat, daß man nach jungen Talenten Ausschau hielt, die unbelastet waren und nicht zu den Anhängern des Dominikanermönches gehört hatten.

Das traf auf Niccolò Machiavelli zu. Noch im März 1498 hatte er in einem Brief über Savonarola an den Florentiner Ricciardo Becchi nach Rom geschrieben: »Er benutzt die politischen Umstände, wie er sie gebrauchen kann, und malt sie dann ganz nach Bedarf mit Lügen aus.«[3] Machiavelli hatte früh erkannt, daß der theokratische Republikanismus Savonarolas zum Scheitern verurteilt war. Denn Savonarola hatte sich zunehmend in seinen religiösen Fanatismus verrannt und dabei die Wertvorstellungen einer bürgerlichen Republik völlig aus den Augen verloren.

Machiavellis Distanz zur jüngsten politischen Vergangenheit der Stadt scheint ihn ebenso als Hoffnungsträger einer neuen Generation von Republikanern qualifiziert zu haben, wie die Tatsache, daß seine

Familie niemals zu den Klienten der Medici gehört hatte, die vor Savonarolas Aufstieg die Herrscher über Florenz gewesen waren. Machiavelli stammte aus dem verarmten Zweig einer angesehen florentinischen Familie, die für die alten republikanischen Traditionen in der Stadt stand. Ein Mitglied der Familie, Girolamo Machiavelli, war sogar dem politischen Regime Cosimo de' Medicis, dem »Vater des Vaterlandes«, zum Opfer gefallen. Niccolò hatte also von Kindheit an erfahren, daß das so genannte Goldene Zeitalter der Medici auch eine Zeit der Überwachung und des Gesinnungsterrors gewesen war. Deshalb hielt er allen, die immer noch verzückt von der Medici-Ära schwärmten, nüchtern und mit republikanischer Gesinnung entgegen: »Von einem goldenen Zeitalter kann nur dort die Rede sein, wo jeder eine eigene Meinung haben und vertreten kann.«[4] Aber gerade das war unter den Medici nicht der Fall gewesen.

Die Geschichte als Lehrmeisterin des Lebens

Niccolò war zusammen mit seinem Bruder Totto im Geiste des politischen Humanismus erzogen worden. Vor allem Ciceros Plädoyers für die Republik hatten im Hause Machiavelli zur Grundausbildung gehört. Aus den Tagebuchaufzeichnungen des Vaters, des Notars Bernardo Machiavelli, läßt sich die Erziehung und Ausbildung Niccolòs größtenteils rekonstruieren. Nachdem der Sohn Niccolò bei dem stadtbekannten Maestro Matteo in Latein, Rhetorik und Literatur unterrichtet worden war, hatte er schon früh ein besonderes Interesse für die antiken Geschichtsschreiber entwickelt. Er las vor allem immer wieder Titus Livius. Die Leidenschaft für die Beschäftigung mit antiken Staatsmännern, Heerführern und Gesetzgebern hat er bis zu seinem Lebensende beibehalten. Von ihnen lernte er, die Welt mit den Augen des Pragmatikers zu sehen. Niccolò waren die philosophischen Ideen eines Marsilio Ficino und eines Giovanni Pico della Mirandola fremd. Picos Loblied auf die Würde des Menschen, der als besonderes Freiheitswesen aus der übrigen Natur herausragte, war für ihn mystisch verklärt und unrealistisch. Seine oberste Prämisse ist *Historia magistra vitae*, »die Geschichte ist die Lehrmeisterin des Lebens«. Er orientiert sich dabei an den Vorstellungen der Antike, nach denen die Geschichte von den Menschen gemacht wird. Deshalb will er auch die menschlichen Aktivitäten genauer unter die Lupe nehmen, um zu erkennen, wie dieses oder jenes geschichtliche Ereignis zustande gekommen ist. Die christliche Interpretation der Geschichte, die nach einem Heilsplan Gottes verläuft, lehnt Machiavelli ab. Solche Ideen gehören nach seiner Meinung in eine Predigt, aber sie haben nichts mit dem Studium der historischen Fakten zu tun. Machiavelli trennt bereits, wie dies später die Aufklärer tun, die Betrachtung der Geschichte konsequent von der Theologie.

Wie für die antiken Historiker ist für ihn die Geschichte ausschließlich auf das Diesseits ausgerichtet: »Wer sich mit der gegenwärtigen und antiken Geschichte beschäftigt, erkennt leicht, daß alle Staaten und alle Völker von jeher die gleichen Wünsche und die gleichen Launen hatten.«[5] Daher begegnet man in der Geschichte auch immer wieder ähnlichen Problemen und Situationen. Machiavelli hat aber, im Gegensatz zu vielen Philosophen der Aufklärungszeit späterer Jahrhunderte, ein eher pessimistisches Menschenbild. Er schließt ein Fortschrittsdenken, nach dem die Menschheitsgeschichte sich angeblich zu einem Besseren hin entwickelt, grundsätzlich aus. Er will sich allein auf die Erfahrung stützen und das Vergangene und das Gegenwärtige miteinander vergleichen. Die dabei von ihm aufgestellte Regel lautet: »Wer die Vergangenheit untersucht, kann leichter das zukünftige Geschehen vorhersehen. Denn alle Geschehnisse in der Welt haben Entsprechungen in früheren Ereignissen.«[6]

Sein Interesse ist eher historisch-politisch und weniger philosophisch ausgerichtet. Er will menschliche Handlungsmuster in der Politik nach ihrem Zusammenhang von Ursache und Wirkung beurteilen. Auch wenn er keine reflektierte wissenschaftstheoretische Begründung liefert, wird in seiner Vorgehensweise die Denkart des damals beginnenden empirisch-wissenschaftlichen Zeitalters deutlich. Er lehnt es ab, die Geschichte aus dem Blickwinkel vorgegebener Ideale zu interpretieren, sondern er will ergebnisoffen und pragmatisch an das Studium der Geschichte herangehen: »Es scheint mir angemessener, der Wirklichkeit der Dinge nachzugehen als den bloßen Vorstellungen über sie.«[7]

Bevor Machiavelli aber seine politischen Theorien genauer ausarbeiten konnte, hatte er die Gelegenheit, eigene praktische Erfahrungen in der Politik zu sammeln.

Erste Gehversuche auf dem diplomatischen Parkett

Als Niccolò Machiavelli in Florenz Kanzleisekretär wurde, steckte Italien in einer politischen Krise. Das Gleichgewicht der fünf großen italienischen Staaten, der *Pentokratie*, die aus Venedig, Mailand, Florenz, dem Königreich Neapel und dem päpstlichen Kirchenstaat bestand, war außer Balance geraten. Durch diese instabile politische Situation stand die italienische Halbinsel wieder einmal in der Gefahr, zum Spielball ausländischer Mächte zu werden. Ludwig XII. von Frankreich, ein Urenkel Gian Galeazzo Viscontis, des ehemaligen Herzogs von Mailand, hatte bereits das norditalienische Herzogtum besetzt und Frankreich angeschlossen. Außerdem beanspruchte er, wie sein Vorgänger König Karl VIII., das Königreich Neapel als französisches Anjou-Erbe.

In Florenz, das zu den Bündnispartnern Frankreichs in Italien zählte, hatte man Ludwigs Italienfeldzug nutzen wollen, um die Stadt Pisa, die seit Jahren von der Republik abgefallen war, zurückzuerobern. Daher hatten die Stadtherren mit dem französischen König ausgehandelt, sich an der Finanzierung seines Krieges zur Eroberung Neapels zu beteiligen, wenn Ludwig XII. die Florentiner als Gegenleistung mit einigen seiner Truppen bei der Einnahme Pisas unterstütze. Doch dieser Plan war gründlich daneben gegangen. Denn die unter französischem Kommando stehenden Truppen, die Florenz beim Angriff auf Pisa zur Hilfe kommen sollten, hatten die Florentiner im letzten Moment im Stich gelassen. Die Stadtherren von Florenz lehnten es deshalb ab, die angebotene Summe für die Eroberung Neapels an den französischen König zu bezahlen. Doch in Frankreich legte man die Sachlage anders aus. Man warf den Florentinern vor, die französischen Truppen für den Pisa-Krieg so schlecht verpflegt zu haben, daß diese notgedrungen hätten wieder abziehen müssen.

Ludwig XII. verlangte, daß Florenz, wenn es schon bei der Betreuung der französischen Truppen versagt habe, nun wenigstens den vereinbarten Zahlungsverpflichtungen nachkommen solle. Da die Stadtherren von Florenz diese einseitige Auslegung Ludwigs XII. nicht einfach akzeptieren wollten, schickten sie ihren Kanzleisekretär nach Frankreich, um mit dem französischen König zu verhandeln.

Diese heikle Angelegenheit war für Niccolò Machiavellis nach zwei Jahren Amtszeit die erste große diplomatische Mission. Am 26. Juli 1500 traf er zusammen mit seinem Begleiter Francesco della Casa am Hof des französischen Königs in Lyon ein. Zu seinem Leidwesen mußte Machiavelli sehr bald feststellen, daß er als Gesandter eines kleinen italienischen Staates von den Vertretern der Großmacht Frankreich völlig ignoriert wurde. Tagelang versuchten er und della Casa in Kontakt mit einem zuständigen Gesprächspartner zu kommen. Doch alle Bemühungen waren vergeblich.

Machiavelli beobachtete aber, daß die anderen Gesandten aus kleineren Staaten sich über einflußreiche Freunde am Hof eine Audienz beim König verschafften. Natürlich verlangten diese Freunde für ihre Vermittlungstätigkeit eine angemessene Belohnung.

Unglücklicherweise hatte die Signoria in Florenz ihren Gesandten aber nicht mit den entsprechenden Mitteln ausgestattet, um die Dienste eines solchen Tutors in Anspruch nehmen zu können. Also blieb dem Florentiner nichts anderes übrig, als auf seine Beharrlichkeit zu setzen. Da er kein Geld hatte, mußte er Zeit investieren. Nach einigen Wochen gelang es Machiavelli dann endlich, ein kurzes Gespräch mit dem König zu führen. Doch das Ergebnis war alles andere als erfreulich. Denn Ludwig XII. diktierte kurz und bündig, daß die Herren von Florenz den vereinbarten finanziellen Verpflichtungen nachzukommen hätten. Andernfalls müsse er seine Freundschaft mit Florenz noch einmal überdenken und wenn nötig, das Bündnis mit Florenz aufkündigen. Aber gezahlt werden müsse in jedem Fall.

Als Machiavelli das Ergebnis dieser Audienz nach Florenz meldete, bekam er von den Stadtherren die Antwort, er solle noch in Lyon bleiben, um wenigstens einen Aufschub der Zahlung zu erreichen. Doch dieses Unternehmen erschien ihm von vorneherein als aussichtslos. Denn Ludwig XII. hatte seine Entscheidung längst getroffen. Er hatte einen Vertrag mit Ferdinand von Spanien geschlossen, um sich mit ihm über die Politik auf der italienischen Halbinsel abzustimmen. Das Bündnis mit den kleinen italienischen Staaten wie Florenz war deshalb für den französischen König unbedeutend geworden.

Machiavelli nutzte aber die Zeit, um die Mechanismen der Ränkespiele am französischen Hof zu studieren. Er sprach mit den Gesandten aus verschiedenen Ländern und spionierte königliche Beamte aus. Sehr schnell erkannte er, daß oft diejenigen politisch erfolgreich waren, die überzeugend vermitteln konnten, alle Fäden in der Hand zu halten. Dabei kam es weniger darauf an, ob dies auch der realen Situation entsprach, sondern entscheidend war, daß der Betreffende seine scheinbare Position angemessen demonstrieren konnte. Die Politik, daß wurde nun zu Machiavellis Überzeugung, kommt letztlich nicht ohne Inszenierung aus. Dabei dient der Schein immer dem Zweck, vorhandene Mängel auszugleichen. Machiavelli hat diese Erkenntnis auch in seinen Notizen festgehalten: »Ein jeder sieht den, der du scheinst, wenige erfassen den, der du bist.«[8]

Als der Kanzleisekretär Anfang Dezember 1500 nach Florenz zurückberufen wurde, war seine politische Mission gescheitert. Er hatte weder eine Zahlung an den König verhindern noch einen längeren Aufschub aushandeln können. Aber im Rückblick war für ihn der Aufenthalt am französischen Hof eine gute Schule für seine künftigen diplomatischen Einsätze gewesen. Denn von nun an hat er in seinen Briefen und Notizen alle Details seiner Umgebung akribisch genau festgehalten. Er registrierte sogar die Gestik und Mimik, die Rhetorik und die Charaktereigenschaften seiner Gesprächspartner. Machiavelli entwickelte geradezu eine Meisterschaft im Erstellen psychologischer Protokolle, um das, was er die Macht und ihre Inszenierung nennt, bis ins Kleinste zu durchschauen.

Im Zeichen des Stiers

In Italien überschlugen sich inzwischen die Nachrichten über skandalöse Ereignisse im Vatikan. Der Spanier Rodrigo Borgia, der seit 1492 als Alexander VI. auf dem Stuhl Petri saß, hatte nie ein Geheimnis daraus gemacht, daß er mit einer gewissen Vanozza Catanei vier Kinder hatte, die mit ihm zeitweise im Vatikan zusammen lebten. Außerdem machte er, wie andere Päpste vor ihm, auch keinen Hehl daraus, daß er seine Familie mit einträglichen Titeln und Pfründen versah. Während sein Sohn Juan, Herzog von Gandia in Spanien und von Benevent wurde, das der Papst für ihn aus dem Kirchenstaat herausgelöst hatte, war sein Sohn Cesare von ihm für die geistliche Laufbahn bestimmt worden. Mit 18 Jahren wurde Cesare bereits zum Kardinal ernannt. Der junge geistliche Würdenträger soll besonderes Aufsehen damit erregt haben, daß er im Vatikan Stierkämpfe aufführen ließ. Der Stier war das Wappentier der Borgia, das nach der Familienideologie auf ihren Stammvater, den ägyptischen Gott Osiris zurückging. Der Maler Pinturicchio hat diesen mythologischen Stammbaum in einem Dekkengemälde in der Sala dei Santi im Vatikan festgehalten. Kein anderes Familienmitglied der Borgia scheint sich jedoch so sehr mit der kraftvollen Stiergestalt aus der Familienlegende identifiziert zu haben wie Cesare. Allerdings waren ihm in seinem geistlichen Amt Grenzen gesetzt, um seine physischen Kräfte und seinen Hunger nach politischer Macht voll ausleben zu können. Erst als sein älterer Bruder Juan auf tragische Weise ums Leben kam, konnte Cesare seinen Vater dazu überreden, den Kardinalspurpur wieder ablegen zu dürfen.

Doch als dann bekannt wurde, daß man Juan Borgia von mehreren Dolchstichen durchbohrt aus dem Tiber gezogen und er noch seine Geldbörse mit 30 Dukaten bei sich getragen hatte, glaubten viele kritische Beobachter nicht mehr an die offizielle Verlautbarung aus dem Vatikan, nach der Juan auf tragische Weise einem Raubmord zum Opfer gefallen sei. Man verdächtige Cesare, seinen Bruder umgebracht zu haben, um sich auf diese Weise aus seinem ungeliebten geistlichen Amt verabschieden zu können. Denn als Zweitgeborener wurde er nach Juans Tod automatisch Familienoberhaupt.

Da man Cesare Schandtaten jeglicher Couleur zutraute, machten auch schon bald Gerüchte die Runde, nach denen er in einem inzestuösen Verhältnis mit seiner Schwester Lukrezia lebe und auch die Ermordung seines Schwagers, des jungen Herzogs Alfonso von Bisceglie, auf dem Gewissen habe. Doch die historische Forschung geht mit diesen überlieferten Skandalen aus dem Hause Borgia heute viel vorsichtiger um, als man dies in den vergangenen Jahrhunderten getan hat. Vieles hält einer quellenkritischen Überprüfung nicht stand. Der Historiker und Renaissance-Experte Volker Reinhardt vermutet hinter diesen Meldungen sogar eine Art Nachrichtenagentur, die von den Feinden der Borgia betrieben wurde: »Offenbar gab es eine Leitzentrale, welche die Öffentlichkeit mit Neuigkeiten zum Thema »sex and crime« der Borgia versorgte.«[9]

Dennoch hat die weitere Karriere Cesare Borgias sicherlich dazu beigetragen, auch die erfundenen Skandale für durchaus glaubhaft zu halten.

Denn sobald er sein geistliches Amt abgelegt hatte, setzte er alles daran, seiner Familie eine eigene territoriale Machtbasis zu verschaffen und dabei verfuhr der Borgia-Stier keineswegs zimperlich.

Alexander VI. hatte dafür gesorgt, daß Cesare für seine Aktionen auch einen mächtigen Bundesgenossen an seiner Seite hatte. Der Papst hatte nämlich die kinderlose Ehe Ludwigs XII. von Frankreich mit Jeanne de France, der Tochter Ludwigs XI. annulliert, damit der König die von ihm gewünschte Ehe mit Anne de Bretagne eingehen konnte. Ludwig XII. revanchierte sich dafür bei den Borgia, indem er Cesare Borgia das französische Herzogtum Valentinois übertrug und den Papstsohn mit Charlotte d'Albret, der Tochter des Königs von Navarra, verheiratete. Cesare Borgia, der in Italien jetzt auch wegen seines französischen Herzogtums Valentino genannt wurde, war außerdem von Ludwig XII. adoptiert worden. Als Mitglied der königlichen Familie Frankreichs durfte er nun sogar den Namen *de France* tragen und in seinem Wappen neben den Borgia-Stier die drei goldenen königlichen Lilien setzen.

Ein eigener Staat für die Familie

Durch das Herzogtum Valentinois hatten die Borgias sich ein Refugium jenseits der Alpen geschaffen. Allerdings blieben ihre machtpolitischen Interessen auf Italien konzentriert. Cesare Borgia vertrieb mit der Unterstützung des französischen Königs in der Romagna eine Reihe von mehr oder weniger legitimen Lehnsherren des Kirchenstaates und faßte seine Eroberungen zu einem einheitlichen Herrschaftsgebiet zusammen, für das er sich von Alexander VI. den Titel eines Herzogs der Romagna verleihen ließ. Schließlich stieß Cesare mit seinen Truppen, die von seinem Vater auf dem Papstthron finanziert wurden, bis an die Adria vor und besetzte Rimini, Camerino und das Herzogtum Urbino. Alexander VI. versäumte deshalb nicht, bei jeder sich bietenden Gelegenheit immer wieder zu betonen, daß sein Sohn alle diese Aktionen nur im Interesse und zur Sicherung des Kirchenstaates durchführe. Aber es war kaum noch zu übersehen, daß die Borgia den Verfall des Kirchenstaates einleiteten, um große Teile davon in ihren Familienbesitz zu bringen. Girolamo Donato, der Botschafter Venedigs am päpstlichen Hof in Rom, meldete in seine Heimatstadt: »Alexander VI. ist mit Leib und Seele darauf bedacht, seinem Sohn einen Staat zu verschaffen.«[10] Ludwig XII. von Frankreich spielte dabei mit, denn er brauchte die Borgia, um seine eigenen Ansprüche auf Mailand und Neapel durchzusetzen.

Der Gesandte aus Florenz

Die Republik Florenz, die nach dem politischen Zwischenspiel mit Savonarola dabei war, ihre politische Position neu zu konsolidieren, sah sich von der territorialen Machtgier Cesare Borgias zunehmend eingekreist. Die Stadtherren, die Signoria, boten Cesare daher in ihrer Verzweiflung den Posten des Condottiere, also eines Feldherrn ihrer Republik, an und versprachen ihm dafür eine Zahlung von 36 000 Dukaten, ohne jedoch zu beabsichtigen, seine Dienste tatsächlich jemals in Anspruch zu nehmen.

Die Florentiner versuchten, sich auf diese Weise freizukaufen. Doch Cesare Borgia durchschaute den Plan und unterließ nichts, um Florenz zu demonstrieren, wer der Herr in der Toskana sei. Er entriß Jacopo d'Appiano, einem Protegé von Florenz, Piombino und die Insel Elba und gliederte diese in sein eigenes Herrschaftsgebiet ein. In Arezzo, das zum direkten Machtbereich der florentinischen Republik gehörte, inszenierte Cesare einen Aufstand in der Bevölkerung gegen die florentinische Signoria.

Wenn man also Schlimmeres vermeiden wollte, mußte Florenz in irgendeiner Weise mit Cesare Borgia Verhandlungen aufnehmen. Die Stadtherren beschlossen, eine Gesandtschaft zu ihm zu schicken. Auch diesmal entschied man sich als Unterhändler für den Kanzleisekretär Machiavelli. Begleitet wurde er von Bischof Francesco Soderini, dem Bruder des Gonfaloniere, also des obersten Repräsentanten der Republik.

Niccolò Machiavelli kannte natürlich die zahlreichen Geschichten, die über die Borgia und speziell über Cesare im Umlauf waren. Aber er war entschlossen, sich möglichst unvoreingenommen ein eigenes Bild von seinem Verhandlungspartner zu machen.

Zuckerbrot und Peitsche

Am 22. Juni 1502 trafen die Gesandten der Republik Florenz in Urbino ein. Cesare hatte dort wenige Tage zuvor den Herzog Guidobaldo von Montefeltro vertrieben und sich in dem prächtigen Palast des Besiegten einquartiert. Er empfing die Florentiner zu der ungewöhnlichen Zeit nachts um 2 Uhr. Die Halle war mit zahlreichen Fackeln erleuchtet, an allen Türen standen bewaffnete Wachen. Niccolò Machiavelli und Francesco Soderini waren überwältigt von den kostbaren Dingen, mit denen Herzog von Montefeltro seinen Palast eingerichtet hatte. Als Cesare Borgia auffiel, mit welcher Bewunderung die Gesandten aus Florenz diese schönen Dinge betrachteten, ließ er sie wissen, daß er bereits alle Gegenstände im Palast habe inventarisieren und schätzen lassen. Es handle sich um einen Wert von etwa 150 000 Dukaten. Die Kisten für den Abtransport nach Rom, wo er die kostbare Einrichtung verkaufen werde, stünden schon bereit.

Die Botschaft, mit der Cesare gleich zu Beginn des Gesprächs klarstellte, mit wem die Florentiner es zu tun hatten, war nicht zu überhören.

Montefeltro war besiegt und geflohen. Seine Reichtümer waren jetzt nichts anderes als Beutestücke für den Sieger, und der hieß Cesare Borgia.

Machiavelli verstand sich inzwischen darauf, die Auftritte seiner

Verhandlungspartner zu analysieren. Der Borgia signalisierte mit Mimik und Gestik absolute Überlegenheit. Fragen, die ihm nicht gefielen, überhörte er. Manchmal lockte er mit Zuckerbrot, etwa wenn er hervorhob, wie wichtig für ihn die Freundschaft mit Florenz sei. Doch dann schlug er sofort mit der Peitsche zu und drohte der Republik Strafaktionen an, wenn sie ihm nicht endlich die versprochene Stelle als Condottiere übertrage. Es hätte Cesare in der Tat nichts Günstigeres geschehen können, denn als Feldherr von Florenz wäre es für ihn ein leichtes Spiel gewesen, die Republik in seine Gewalt zu bringen. Doch gerade in diesem Punkt war es Machiavellis Aufgabe, Cesare zu vertrösten. Also zog der Kanzleisekretär den einzigen Trumpf aus dem Ärmel, den die Florentiner überhaupt in diesem Gespräch hatten, und verwies darauf, daß die Republik bereits ein Schutzbündnis mit dem französischen König geschlossen hätte und zur Zeit, da keine akute Gefahr bestehe, keinen Condottiere benötige.

Cesare hörte sich das freundlich an und sprach plötzlich, ohne auf die Ausführungen Machiavellis einzugehen, von seiner Freundschaft zu den Medici. Der Liebhaber von Stierkämpfen verstand sich natürlich darauf, im passenden Moment ein rotes Tuch in die Arena zu halten. Er wollte provozieren. Natürlich wußte er, daß die aus Florenz vertriebenen Medici für die Republik immer noch eine Bedrohung darstellten. Die Medici machten schließlich kein Geheimnis daraus, Florenz wieder unter die Herrschaft ihrer Familie bringen zu wollen, sobald es ihnen gelänge, mächtige Verbündete für diesen Plan zu finden. Doch daß dieser Partner ausgerechnet Cesare Borgia sein sollte, glaubte Machiavelli keinen Augenblick. Niemals hätte dieser anderen ein Gebiet überlassen, an dem er selbst so sehr interessiert war. Cesare bluffte.

Auch wenn Machiavelli die Drohung mit den Medici nicht ernst nahm, entging ihm während der Unterhaltung nicht, daß Cesare ausgesprochen gefährlich war. Die Eroberung von Urbino war dafür das beste Beispiel. Über lange Zeit hatte sich Cesare Borgia als Freund des Herzogs von Montefeltro ausgegeben. Der Herzog hatte ihm für seine Eroberungsfeldzüge sogar seine Artillerie und einen Teil seiner Kanonen ausgeliehen, um dann am Ende selbst ein Opfer der Eroberungs-

Cesare Borgia

lust Cesares zu werden. Machiavelli betrachtete sein Gegenüber und konnte sich vorstellen, wie dieser den Herzog von Montefeltro mit einem gewissen Charme und vertrauenserweckenden Worten eingewickelt hatte, um ihn anschließend ins offene Messer laufen zu lassen. Der Borgia war bereit, sich mit allen Mitteln zu holen, was er haben wollte. Selbst bei der Eroberung von Urbino hatte er sich nicht allein auf seine Soldaten verlassen, sondern zusätzlich auch noch innerhalb der Stadtmauern Verräter gefunden, die im entscheidenden Moment die Stadttore geöffnet hatten.

Als Cesare dann die Unterredung mit den Florentinern abbrach, weil er alles für ihn Notwendige gesagt hatte, gab er ihnen noch eine Warnung an die Stadtherren in Florenz mit auf den Weg. Die Gesandten sollten den Mitgliedern der Signoria ausrichten, daß man einem Cesare Borgia keine Versprechungen machen sollte, die man nicht zu halten beabsichtige. Das hätte bisher noch jeder bereut, drohte er, indem er dabei sein bekanntes süffisant überlegenes Lächeln aufsetzte.

Nachdem Machiavelli und Francesco Soderini den Palast verlassen hatten, schickten sie umgehend eine Eilbotschaft in ihre Heimatstadt, in der sie die Stadtherren eindringlich warnten, Cesare Borgia auf keinen Fall zu unterschätzen. Es sei vielmehr ratsam, ihn wohlwollend zu behandeln. Denn von ihm gehe eine große Gefahr aus: »Um sich den Ruhm bei der Eroberung eines Staates zu erwerben, scheut er weder Mühe noch Gefahren. Er taucht plötzlich auf, bevor man noch begriffen hat, was er vorhat. Er versteht sich bei seinen Soldaten beliebt zu machen. Er hat die besten Männer Italiens angeworben. Dies alles macht ihn siegreich und stark, und außerdem hat er das Glück auf seiner Seite.«[11]

Aus den Aufzeichnungen Machiavellis geht hervor, daß er vom ersten Augenblick an von Cesare fasziniert gewesen sein muß. Es imponierte ihm, wie jener zu einer Zeit, in der Italien in einer politischen Krise steckte, es wie kein anderer geschafft hatte, politische Macht an sich zu ziehen und ein großes Territorium auf der Halbinsel unter seine Herrschaft zu bringen. Da die Einheit Italiens seit langem Machiavellis Traum war, konnte er sich vorstellen, daß es einem Mann vom Kaliber eines Cesare Borgia gelingen könnte, Italien einmal zu vereinen und von den Einmischungen der fremden Herrscher zu befreien. Denn bei Cesare Borgia nahm er Eigenschaften wahr, die nach seiner Meinung für einen erfolgreichen und tüchtigen Herrscher unabdingbar waren: die politische Durchsetzungskraft, das notwendige Glück und das richtige Gespür für die passende Gelegenheit. Außerdem verstand der Borgia es, Macht zu inszenieren. Die Drohung mit den angeblich befreundeten Medici war zwar in Machiavellis Augen ein Bluff, aber in Florenz setzte er damit viele in Angst und Schrecken. Genau das hatte er beabsichtigt.

Mit dem Christentum ist kein Staat zu machen

In Rom gab es inzwischen eine eingeschworene Front gegen den Borgia-Papst und seine Familie. Vor allem die alten römischen Adelsfamilien wie die Colonna, Orsini und Savelli fühlten sich zunehmend von der Machtgier des Familien-Clans bedroht. Denn dieser hatte es inzwischen auch auf die Besitzungen des römischen Adels außerhalb der Stadt, die *castelli*, abgesehen. Diesem Verdrängungskampf setzten die römischen Adelsfamilien zunehmend gezielte Propagandakampagnen entgegen. Als beispielsweise einmal an einem Peter-und-Paul-Tag ein Sturm über Rom fegte und im Vatikan der Baldachin über dem päpstlichen Thron zusammenbrach, wurde dies sofort als Warnung des Himmels gedeutet. Die Gegner der Borgia ließen im Volk verbreiten, daß der eingestützte Baldachin ein Zeichen dafür sei, daß mit Alexander VI. der Antichrist auf dem Stuhl Petri säße. In der Tat haben nicht viele Päpste schon zu ihren Lebzeiten ein so schlechtes Image wie Rodrigo Borgia gehabt, der auch große Teile des Klerus gegen sich hatte. Es waren vor allem Geistliche, die Alexander VI. immer wieder mit dem leibhaftigen Teufel in Verbindung brachten.

Machiavelli hat diesen Geschichten grundsätzlich keine Beachtung geschenkt. Er hielt nichts von dieser frommen Mimikry der aristokratischen Kleriker, hinter der sich letztlich nur Neid und Mißgunst verbargen. Denn schließlich verhielten sich auch die anderen einflußreichen, adligen Familien mit ihren Bischöfen und Kardinälen nicht viel anders als die Borgia, wenn sie über das Papstamt verfügen konnten. Für Machiavelli stand ohnehin fest, daß die Päpste mit ihrem Kirchenstaat die Hauptursache für die Zersplitterung Italiens waren. Während in anderen Ländern Nationalstaaten entstanden, holten die Päpste ausländische Herrscher auf die Halbinsel und machten diesen sogar territoriale Versprechungen, nur um ihre eigene politische Macht im Kirchenstaat zu sichern. Auf diese Weise spielten die Päpste durch immer neue Bündnisse auch die italienischen Staaten gegeneinander aus, um sie zu schwächen und eine Einheit Italiens zu verhindern.

Ähnlich wie Ulrich von Hutten in Deutschland gehört Machiavelli in Italien zu den Vordenkern einer italienischen Einheit, die dann tatsächlich erst im 19. Jahrhundert nach der Auflösung des päpstlichen Kirchenstaates möglich wurde. Und ebenso wie Hutten sieht Machiavelli, wenn auch aus einer anderen Perspektive, das Hauptübel für die Mißstände seiner Zeit in Rom. Machiavelli geht sogar so weit, daß er dem Klerus die Schuld dafür gibt, daß Italien ein Land ohne Religion geworden sei: »Wir Italiener verdanken es in erster Linie der Kirche und den Priestern, daß wir religionslos und schlecht geworden sind.«[12] Männer wie Franzikus von Assisi hätten zwar versucht, durch ihre Armut vorbildhaft die christliche Botschaft im Sinne ihres Stifters wieder neu zu beleben, aber alle diese Bemühungen wären wegen des korrupten Klerus immer wieder gescheitert. Denn die Geistlichen verstünden es, der Masse der Gläubigen einzureden, daß es für das Seelenheil unerläßlich sei, der Kirche Gehorsam zu leisten.

Für Machiavelli sind daher die meisten Kleriker Heuchler: »Und so treiben es jene so schlecht, wie sie nur können, denn sie selbst fürchten die göttliche Strafe nicht, da sie nicht glauben, was sie nicht sehen.«[13]

Der Florentiner steht mit seiner Kirchenkritik damals keineswegs allein. Nur hält er im Gegensatz zu vielen anderen Kritikern nichts von Reformen in der Kirche. Denn das Christentum hat nach seiner Ansicht schon längst die Qualitäten einer Religion verloren. Ein Beleg dafür sind für Machiavelli besonders die ständigen Spaltungen und Sektenbildungen unter Christen, bei der sich einzelne Gruppen gegenseitig vorwerfen, daß jeweils die anderen ein falsches Verständnis vom christlichen Gott und seinen Geboten hätten. Das größte Problem der christlichen Religion sieht er allerdings in der Jenseitsorientierung und der Verachtung alles Irdischen.

Mit dieser Ideologie habe die christliche Kirche es geschafft, die republikanische Lebensform völlig aus der Geschichte zu drängen. Indem man den Menschen eingeredet habe, sie müßten sich vor allen anderen Dingen um ihr Seelenheil bemühen, habe man den tatkräftigen Einsatz der Bürger für das Gemeinwesen verhindert. Die Sorge um die Rettung der Seele vor die Pflichten eines Bürgers zu setzen, ist für einen eingefleischten Republikaner wie Niccolò Machiavelli unverzeihlich und hatte fatale Folgen: »Diese Regel hat, wie mir scheint, die Weltgeschichte den Bösewichtern ausgeliefert, die nun ungefährdet ihr Unwesen treiben.«[14] Machiavelli kommt daher zu dem Schluß, daß mit dem Christentum kein Staat zu machen sei.

Die Religion als Werkzeug der Politik

Daß die christliche Religion sich für eine Politik nach seinen republikanischen Maßstäben als untauglich erwiesen hat, ist für Machiavelli ein durchaus beklagenswerter Zustand. Denn bei den antiken Schriftstellern hatte er gelernt, daß die Religion für die Politik von eminenter Bedeutung ist. Mit der Religion können die Machthaber das Volk manipulieren und zu Handlungen bewegen, die man sonst niemals erreichen würde. Zum Beispiel läßt sich mit der Gottesfurcht die Bereitschaft der Massen zum Gehorsam erhöhen und in der Armee die militärische Disziplin der Soldaten steigern. Deshalb hätten die Römer in der Antike keine Schlacht geführt, ohne vorher religiöse Vorzeichen der Götter für einen Sieg zu erfragen. So habe man die Siegeszuversicht der Soldaten mit dem Beistand der Götter psychologisch gestärkt. Wie wenig allerdings die Feldherren selbst an diese Vorzeichen geglaubt hätten, könne man schon daran erkennen, daß sie diese Zeichen ganz nach ihrem Belieben und den jeweiligen Umständen auslegen ließen. Nach Machiavellis Meinung ist der Staatsraison schon genüge getan, wenn ein Machthaber vor dem gemeinen Volk wenigsten den bloßen Schein der Religionstreue wahrt. Auch hier ist das »so tun, als ob« politisch durchaus opportun. An der Frage nach der Wahrheit in einer Religion ist Machiavelli nicht interessiert. Er sieht die Religion ausschließlich als ein politisches Werkzeug. Damit knüpft er an den antiken Schriftsteller Polybios an, der in seinen »Historien« feststellte, daß man die Masse vor allem mit gut erfundenen religiösen Mythen im Zaum halten könne. Machiavellis Zeitgenosse Pietro Pomponazzi aus Mantua war sogar davon überzeugt, daß die Unsterblichkeit der Seele letztlich nur eine fromme Fiktion sei, um das gemeine Volk mit himmlischen Belohnungen und höllischen Strafen besser lenken zu können. Sowohl Machiavelli wie auch Pomponazzi haben mit ihrem Verständnis der Religion als politisches Mittel Gedanken angesprochen, die dann von der Religionskritik in der Aufklärungszeit wieder aufgegriffen worden sind.

Aber Machiavelli wollte – anders als die religionskritischen Aufklärer – die Religion nicht überwinden, sondern er sehnte sich geradezu nach einer brauchbaren Religion, die zu Stabilisierung des politischen Gemeinwesens beitragen könnte. Deshalb schaute er voller Wehmut auf die republikanische Zeit der römischen Antike zurück, als die Religion noch ein wichtiges Instrument war, um bestimmte politische Ziele zu erreichen.

Mit diesen Überlegungen stellt Machiavelli natürlich die üblichen Prioritäten auf den Kopf. Denn nach der traditionellen mittelalterlichen Vorstellung gibt die Theologie die Normen für die Politik vor. Indem Machiavelli aber die Religion nur zu einem Mittel zum Zweck der Politik macht, hört die Bevormundung durch die Theologie auf. Machiavelli säkularisiert also das politische Denken. Ebenso wie sein Zeitgenosse Nikolaus Kopernikus die Trennung der Naturwissenschaft von der Religion vollzieht.

Der Kongreß der Bankrotteure

Am 8. Oktober 1502 trafen im Castello della Magione bei Perugia einige Condottieri und Gewaltherrscher kleiner Städte zusammen, die als Verbündete an der Seite Cesare Borgias gekämpft, aber inzwischen kalte Füße bekommen hatten. Denn sie fürchteten, daß es ihnen wie dem Herzog von Montefeltro ergehen könnte. Als dieser für den Borgia seine Schuldigkeit getan hatte, war er beseitigt worden. Um sich nun nicht auch das eigene Grab schaufeln zu müssen, überlegten die Teilnehmer des Treffens, wie sie künftig gemeinsam gegen Cesare vorgehen könnten. Sie dachten dabei auch an ein Bündnis mit Florenz, das sich ebenfalls bedroht fühlte. Doch als man der Signoria diesen Vorschlag unterbreitete, waren die Stadtherren unschlüssig. Sie wagten nicht, sich offen gegen Cesare Borgia zu stellen, weil er wie Florenz unter dem Schutz des französischen Königs stand. Die Stadt am Arno konnte sich nicht erlauben, Frankreich als Bündnispartner zu verlieren. Andererseits bedachten die Florentiner aber auch, daß eine Beseitigung Cesares auf einen Schlag mehrere Probleme für Florenz lösen könnte. Man entschied sich aber dafür, zunächst einmal abzuwarten, ob die Verschwörer tatsächlich etwas ausrichten konnten. Sollte dies der Fall sein, könnte man sich immer noch auf die Seite der Gegner Cesares schlagen.

Damit der Borgia aber keinen Verdacht schöpfte, wollte die Signoria ihn erst einmal mit Scheinverhandlungen hinhalten. Vermutlich hat sich Machiavelli selbst gemeldet, um ein zweites Mal in die Höhle des Löwen zu gehen. Er war zwar über die Aktivitäten Cesares bestens informiert, aber ihn reizte der Gedanke, weitere Gespräche führen zu können. Seiner Ehefrau Marietta, die zum ersten Mal schwanger war, versprach Machiavelli, spätestens in acht Tagen wieder zurück zu sein.

Tatsächlich sah es so aus, als könne man mit Cesare Borgia schnell einig werden. Der Herzog empfing den florentinischen Gesandten in Imola mit ausgesuchter Freundlichkeit. Er war redselig und zuweilen sogar kumpelhaft. Im Gegensatz zur ersten Begegnung erlebte Machiavelli ihn wie ausgetauscht. Obwohl gerade einige Verschwörer dabei waren, ihn zu entmachten, machte er den Eindruck, die Situation völlig im Griff zu haben. Er nannte das Bündnis, das die Verräter im Castello della Magione geschlossen hatten, spöttisch einen »Kongreß der Bankrotteure«, den er mit den entsprechenden Maßnahmen zu beantworten gedenke.

Der Florentiner wußte zwar, daß er einem Meister der Verstellung gegenübersaß, aber Cesares Wille zu Selbsterhaltung imponierte ihm: ein Mann, der sich ganz auf sich und seine Fähigkeiten besann. An die Stadtherren in Florenz schrieb Machiavelli aus Imola: »Sie müssen wissen, daß man es hier mit einem Fürsten zu tun hat, der sich selbst regiert.«[15]

Später hat Niccolò Machiavelli dann erklärt, was er damit meinte. Der Selbsterhaltungswillen Cesares ist für ihn Ausdruck der *virtù*, der politischen Tüchtigkeit. Den italienischen Begriff *virtù* versteht Machiavelli nicht mehr wie die mittelalterliche *virtus* als christliche Tugendhaftigkeit, sondern *virtù* steht bei ihm für eine rein diesseits orientierte politische Energie. Jeder Politiker, der erfolgreich sein will, braucht diese *virtù*, damit er dem Schicksal den erforderlichen Widerstand entgegensetzen kann. Denn das Schicksal schlägt nach der Überzeugung des Florentiners immer nur dann mit voller Kraft zu, wenn man ihm nichts entgegensetzt: »Fortuna ist ein Weib, und wer sie bezwingen will, muß sie schlagen und stoßen.«[16] Der mit politischer

Tüchtigkeit ausgestattete Herrscher weiß, wie er die passende Gelegenheit beim Schopf fassen kann.

Genau diese Fähigkeit sieht Machiavelli in Cesare Borgia verkörpert. Deshalb läßt der Kanzleisekretär die Signoria in Florenz wissen, daß er überzeugt sei, daß trotz aller Gefahr, die für den Borgia vom Bündnis der Verschwörer ausgehe, Cesare am Ende aus dieser Situation als Sieger hervorgehen werde. Die Republik solle sich also möglichst schnell mit ihm verbünden. Sich auf eine neutrale Haltung zurückzuziehen, hält Machiavelli für falsch. Denn wer auch immer den Sieg davon trage, werde Florenz wegen seiner Unentschlossenheit anschließend nicht verschonen. Doch die Signoria konnte sich nicht zu Machiavellis Empfehlung durchringen. Man ordnete an, Machiavelli solle in der Nähe Cesares bleiben, um ihn auszuspionieren. Damit man über seine Pläne informiert sei.

Der Tote auf der Piazza

Nachdem der Kanzleisekretär sich auch nach zwei Monaten noch bei Cesare Borgia aufhielt, schrieb ihm sein Kanzleikollege Buonaccorsi, daß Marietta Machiavelli ziemlich aufgebracht sei. Sie fühle sich von ihrem Ehemann vernachlässigt. Über seine ständigen Liebesabenteuer hatte sie immer wieder hinweggesehen, aber daß er nicht einmal zur bevorstehenden Geburt seines ersten Kindes zu Hause war, wollte sie ihrem Mann nicht verzeihen. In dem einzigen Brief, der von ihr erhalten ist, wirft sie ihm vor, daß er sie nicht ernst nehme: »Ihr macht Euch lustig über mich, aber dazu habt ihr keinen Grund.«[17] Daß sie auch ganz anders konnte, als nur die duldende Ehefrau zu spielen, demonstrierte sie kurz darauf. Sie klagte öffentlich darüber, daß ihr Mann ihr die Mitgift vorenthalte und brachte ihn ins Gerede. Buonaccorsi ermahnte seinen Kollegen in einem weiteren Brief: »Zu eurem Besten sorgt dafür, daß sie wie ihresgleichen die Mitgift erhält, sonst wird sie keine Ruhe geben.«[18] Im Palazzo Vecchio fürchtete man schon um den guten Ruf des Kanzleisekretärs. Ob Machiavelli seine Frau tatsächlich finanziell zu kurz hielt, ist unklar. Sicherlich trug aber besonders der aufgestaute Ärger über Niccolòs zahlreiche sexuelle Abenteuer dazu bei, daß seine Ehefrau ihm einen Denkzettel verpassen wollte. Doch Machiavelli konnte unter den gegebenen Umständen nicht reagieren. Eine Rückkehr nach Florenz war zu diesem Zeitpunkt ausgeschlossen, denn vieles sprach dafür, daß Cesare etwas im Schilde führte.

Am Morgen des 26. Dezember zeigte sich dann, daß Machiavellis Ahnung richtig gewesen war. Auf der Piazza in Cesena wurde eine Leiche gefunden, die auf einem Holzklotz mit einem Schlachtermesser in zwei Teile zerlegt worden war. Es handelte sich bei dem Toten um Ramiro de Lorqua, Cesares Statthalter in der Romagna. Da der Statthalter bei der Bevölkerung wegen seiner Grausamkeit sehr verhaßt gewesen war, hatte Cesare seinen ehemals engen Vertrauten geopfert, um auf diese Weise das Wohlwollen seiner Untertanen zurückzugewinnen. Vermutlich hatte der mißtrauisch gewordenen Ramiro sogar Kontakt mit den Verschwörern vom Castello della Magione aufgenommen. Machiavelli meldet über de Lorquas makabere Ermordung nach Florenz: »Man kennt die Ursache seines Todes nicht genau, außer daß es dem Fürsten so gefallen hat, der zeigt, daß er die Männer nach Gutdünken zu erheben und zu vernichten weiß, je nach ihren Verdiensten.«[19]

Von der brutalen Inszenierung dieser Hinrichtung scheint der Florentiner nicht sonderlich berührt gewesen zu sein. Er sah Cesare in einer Krisensituation, die außergewöhnliche Maßnahmen verlangte. Der Herzog stand vor der Wahl, sich selbst zu erhalten oder von den anderen vernichtet zu werden. Irgendwelche moralischen Überlegungen, davon war Machiavelli überzeugt, führten in solchen Krisenfällen unweigerlich zum Untergang. Als es Cesare Borgia dann noch gelang, innerhalb der nächsten Tage die Verschwörer vom Castello della Magione in eine Falle zu locken und zu töten, schien er am Ziel angekommen zu sein. Niccolò Machiavelli, der sich die ganze Zeit über in der unmittelbaren Nähe des Herzogs aufgehalten hatte, war sichtlich beeindruckt: »Wer also lernen will, in seinem neugegründeten Fürstentum mit seinen Feinden fertig zu werden, durch Gewalt und List den Sieg zu erringen, die Liebe und den Respekt seiner Untertanen und die Treue seiner Soldaten zu gewinnen, der kann keine näherliegenden Beispiele finden als die Taten Cesare Borgias.«[20]

Am 20. Januar 1503, nach fast drei Monaten, durfte der florentinische Gesandte dann endlich wieder in seine Heimatstadt zurückreisen. Für die Signoria war nun klar, daß sie sich vorsichtig auf die Seite des Siegers, also Cesare Borgias, schlagen mußte. Dennoch wollte man nichts überstürzen. Ein Bündnis mit dem Herzog mußte gut überlegt werden. Machiavelli war inzwischen Vater seines ersten Sohnes geworden. Er scheint sich auch sehr schnell wieder mit Marietta versöhnt zu haben. Jedenfalls hat sie in den nächsten Jahren noch fünf weitere Kinder zur Welt gebracht und seinen ausgeprägten Hang zu außerehelichen Liebesabenteuern geduldig ertragen.

Götzendämmerung

Im Sommer 1503 wurde Rom von einer besonders starken Welle des Malariafiebers heimgesucht. Dieser Krankheit fiel am 18. August auch Papst Alexander VI. zum Opfer. Kurz darauf verstarb auch sein Nachfolger, Pius III., der erst wenige Wochen im Amt gewesen war. Durch den Tod des Vaters befand sich Cesare Borgia, der noch Anfang dieses Jahres als glänzender Sieger über alle seine Widersacher gefeiert worden war, in einer äußert schwierigen Situation. Er hatte zwar im Gegensatz zu seinem Vater das Malariafieber überlebt, aber mit dem Tod Alexanders VI. waren für ihn die Geldquellen im Vatikan versiegt. Ohne die finanzielle Unterstützung aus Rom konnte er weder seine Soldaten noch seine Verbündeten halten. Cesare mußte also zusehen, wie sein Herrschaftsgebiet in der Romagna Stück für Stück auseinander brach. Denn die Landesherren, die Cesare Borgia einst enteignet und vertrieben hatte, nutzen natürlich die Handlungsunfähigkeit des Borgia aus, um ihre Territorien zurückzuerobern. Hilfe vom französischen König konnte der Borgia nicht erwarten, da Ludwig XII. im Kampf um das Königreich Neapel gegen die Truppen der Spanier selbst eine Niederlage nach der anderen einstecken mußte und kurz vor der Kapitulation und der Aufgabe seiner Italienpolitik stand.

In dieser Notsituation bot ausgerechnet ein Erzfeind der Borgia, Kardinal Giuliano della Rovere, der fast zehn Jahre unter Alexander VI. in der Verbannung gelebt hatte, Cesare seine Hilfe an. Er wollte, daß Cesare die spanischen Kardinäle, die alle von Alexander VI. eingesetzt worden waren, dazu bringen sollte, ihn zum Papst zu wählen. Als Gegenleistung versprach er Cesare, daß er sein Herzogtum in der Romagna behalten könne. Für den Borgia war dieses Angebot der letzte rettende Strohhalm.

Als Machiavelli in diesen Tagen als Beobachter des bevorstehenden Konklaves nach Rom kam, nahm er sofort Kontakt zu Cesare auf. Er wollte wissen, ob der Borgia-Stier auch dieser Herausforderung gewachsen war. Er traf aber auf einen Mann, der nach seiner gerade überstandenen Krankheit deutlich angeschlagen war. Auch das überlegene, süffisante Lächeln Cesares war verschwunden. Der Borgia wirkte unkonzentriert und zerstreut. Er erklärte Machiavelli, daß der Tod seines Vaters ihn in einem völlig ungünstigen Moment überrascht hätte.

Für Machiavelli bahnte sich hier eigentlich nur das voraussehbare Schicksal eines päpstlichen Günstlings an, wie es sich nach jedem Tod eines Papstes ereignete. Es kam unvermeidlich zu einem Machtwechsel. Letztlich hing aber jetzt alles davon ab, ob der Borgia auch diese Veränderung zu seinem Nutzen auszuloten verstand. War er noch der unerschrockene Kämpfer, der bisher selbst schwierigste Situationen zu meistern gewußt hatte?

Machiavelli, der in solchen Fällen gern auf das Verhalten der Schicksalsgöttin Fortuna schaute, hatte den Eindruck, daß auch sie Cesare im Stich ließ. Denn dieser konnte Fortuna nichts mehr entgegensetzen. Er hatte einen gravierenden Fehler begangen, indem er es versäumt hatte, sich rechtzeitig finanziell unabhängig zu machen. Cesares Machthunger war zu groß gewesen, um seine Eroberungsfeldzüge erst einmal zu stoppen und seine Territorien wirtschaftlich abzusichern. Deshalb war er von der Kasse seines Vaters im Vatikan abhängig geblieben. Das rächte sich nun. Denn er war jetzt nicht einmal in der Lage, die notwendige Logistik für seine Herrschaft im Herzogtum Romagna finanzieren zu können. Nicht nur seine Soldaten, sondern auch seine Verbündeten und sogar die ehemaligen Borgia-Freunde in Rom verließen wie die Ratten das sinkende Schiff. Der mächtigste Mann in Italien, den viele gefürchtet hatten wie einen unbesiegbaren Gott, erlebte nun die Demütigung einer Götzendämmerung. Das war der geeignete Moment für alle, die sich von den Borgia auf die Füße getreten fühlten, um nun ihre Revanchegelüste anzumelden. Konnte Cesare Borgias unter diesen Umständen seine Haut noch retten, wenn er sich auf einen Pakt mit Kardinal della Rovere einließ?

Machiavelli notierte, daß er es trotz der widrigen Umstände für einen fatalen Fehler halte, wenn Cesare das Angebot von Giuliano della Rovere annehme. Der Kardinal war von Alexander VI. so sehr gedemütigt worden, daß er dies nie verzeihen werde. Nach Florenz meldete der Kanzleisekretär: »Es bleibt abzuwarten, ob es dem Herzog gelingen wird, vom neuen Papst unterstützt zu werden, wie er es glaubt.«[21] Machiavelli jedenfalls glaubte es nicht.

Als dann am 1. November 1503 Giuliano della Rovere tatsächlich mit der Hilfe Cesares zum Papst gewählt wurde, vermerkte Machiavelli in seinen Unterlagen: »Der Herzog beging bei dieser Wahl einen Irrtum und verursachte schließlich dadurch seinen Untergang.«[22] Diese Schwäche hatte Fortuna ausgenutzt und zugeschlagen. Machiavelli fühlte sich bestätigt. Wenn das Schicksal keinen Widerstand spürt, kennt es kein Pardon.

Damit war die Akte Borgia für ihn abgeschlossen.

Das weitere Schicksal Cesares interessierte ihn nicht mehr. Daß der neue Papst sein Versprechen nicht hielt, wie Machiavelli vorausgesehen hatte, überraschte ihn ebensowenig wie die Tatsache, daß Cesare als Verbündeter des französischen Königs in ein Gefängnis nach Spanien gebracht wurde. Als er durch die Fürsprache seiner Schwester Lukrezia, der Herzogin von Ferrara, vom spanischen König freigelassen worden war, ging Cesare zum Bruder seiner Ehefrau, Jean d'Albret, dem König von Navarra, in dessen Dienst er dann in einem Vasallenkrieg bei Viana in den Pyrenäen am 12. März 1507 gefallen ist.

Das Ende der Republik

Der neue Papst, Giuliano della Rovere, der sich Julius II. nannte, sah vorrangig seine Aufgabe darin, den Kirchenstaat in seinem vollen Umfang wiederherzustellen. Er wollte die Vielzahl der sich gegenseitig bekriegender Feudalherrschaften in einen einzigen Territorialstaat unter seiner Aufsicht verwandeln. Wie ernst es ihm mit dieser Aufgabe war, konnten die Italiener schon bald erleben. Der Papst führte nämlich in der Rüstung eines Heerführers seine Soldaten persönlich in den Kampf. Das trug ihm den Beinamen *il terribile,* »der Schreckliche«, ein. Angesichts der aggressiven Expansionspolitik Julius' II. gerieten auch die Stadtherren in Florenz immer mehr unter Druck. Zwar hatte man inzwischen auf Machiavellis Vorschlag hin eine eigene Bürgerwehr aufgebaut, um künftig nicht mehr von fremden Söldnern abhängig zu sein, doch diese Volksmiliz konnte dem Papst und seinen Verbündeten nichts Entscheidendes entgegensetzen.

Im August 1512 mußte Florenz kapitulieren und wurde gezwungen, sich dem Bündnis des Papstes anzuschließen. Das war das Ende der republikanischen Jahre in Florenz. Denn Julius II. übergab die Arnostadt wieder in die Hände der Medici, die aus ihrer Verbannung zurückkehrten. Den neuen Machthabern in Florenz hatte es Machiavelli zu verdanken, daß er zurückgezogen auf seinem kleinen Landgut leben mußte.

Studien zum Kreislauf der Geschichte

Hier in der Abgeschiedenheit widmete sich der 43jährige Frühpensionär »in der Säulenhalle der Antike« seinen Studien. Dabei konnte er neben seinen antiken Vorbildern in der Literatur auch auf einen Zettelkasten zurückgreifen, in dem er Notizen aufbewahrte, die er in den vierzehn Jahren seiner diplomatischen Einsätze im Dienst der Republik gesammelt hatte.

Wie schon in seiner Jugend war die Geschichte für ihn die Lehrmeisterin des Lebens geblieben. Doch er hatte inzwischen klarere Vorstellungen darüber, wie die Geschichte durch politische Prozesse beeinflußt wurde.

Er geht dabei grundsätzlich von einem zyklischen Verlauf der Geschichte aus: »In ihrem Kreislauf pflegen die meisten Staaten von der Ordnung zur Unordnung überzugehen, um dann von der Unordnung zur Ordnung zurückkehren.«[23] Daß alle Staatsformen dem Rhythmus von Neuaufbau und Zerfall ausgeliefert sind, hängt für

Machiavelli eindeutig mit der menschlichen Natur zusammen. Mittelalterlicher Denker wie Thomas von Aquin waren Aristoteles gefolgt, für den der Mensch ein *zoon politikon,* »ein politisches Lebewesen«, ist, der sein tätiges Leben auf das Gemeinwesen ausrichtet und darin seine Erfüllung findet. Machiavelli lehnt diese Definition ab. Für ihn ist der Mensch von Natur aus überhaupt nicht am Gemeinwesen interessiert, sondern nur an seinem eigenen Vorteil: »Die Geschichte belegt durch viele Beispiele, daß alle Menschen schlecht sind und daß sie stets ihren Neigungen folgen, sobald sie Gelegenheit dazu haben.«[24] Daher blendet Machiavelli bei seiner Analyse alle normativen Tugendlehren aus, denn diese gehen davon aus, was sein soll. Ihm kommt es aber darauf an, aus der Erfahrung zu erkennen, was wirklich ist.

Man soll sich auch von denen nicht täuschen lassen, die in der Öffentlichkeit immer wieder vehement auf die Verbindlichkeit moralischer Normen pochen. Auch sie tun dies niemals uneigennützig. Der Philosophiehistoriker Kurt Flasch macht darauf aufmerksam, daß Machiavelli durchschaut hat, daß die verschiedensten Ideologien über die Jahrhunderte immer wieder ethische Normen als politisches Mittel eingesetzt haben: »Machiavelli wollte die Moral nicht außer Kraft setzen, aber verachtete das moralisierende Schwadronieren. Er sah, daß auch die Berufung auf die Moral einem faktischen Interesse entspringt.«[25]

Machiavelli schiebt daher alle vorgegebenen moralischen Normen bei seiner Politikbetrachtung zur Seite und sieht, daß selbst die anfänglich mit den besten Grundsätzen gegründeten Gemeinwesen letztlich immer wieder wegen der menschlichen Neigung zur Korruption in die Krise geraten.

Der Krisenmanager

In diesen Krisensituationen ist jede Staatsform auf eine Persönlichkeit angewiesen, die in der Lage ist, die Ordnung in einem Gemeinwesen wieder neu herzustellen. Vorbilder sind für Machiavelli unter anderen antike Staatengründer und Gesetzgeber wie Theseus und Solon. Hier findet er auch die von ihm aufgestellten drei wesentlichen Merkmale eines guten und erfolgreichen Herrschers bestätigt. Ein solcher Ordnungsstifter muß politische Tüchtigkeit *(virtù)*, das notwendige Glück *(fortuna)* und das Gespür für die richtige Gelegenheit *(occasione)* mitbringen. Da dieser politische Erneuerer in der Zeit einer Krise auftritt, muß er sich der Realität stellen und gegebenenfalls auch zur Gewalt greifen: »Denn Tadel verdient nicht, wer Gewalt anwendet, um aufzubauen, sondern wer sie gebraucht, um zu zerstören.«[26] Würde sich der neue Ordnungsstifter aber an den vorgegebenen moralischen Normen orientieren, wäre sein Scheitern vorprogrammiert, weil viele andere auch nicht moralisch handeln.

Obwohl Niccolò Machiavelli kein Vorbild für einen politischen Erneuerer in seiner Zeit erkennt, möchte er seine Vorstellungen von den Aufgaben eines solchen Krisenmanagers aufgrund seiner eigenen Erfahrungen in der Politik zu Papier bringen: »Da Dante sagte, es gebe keine Wissenschaft, wenn man nicht niederschreibt, was man vernommen hat, habe ich das Werkchen *De principatibus* verfaßt.«[27]

Der Entwurf einer Kunstfigur

Diese Schrift in italienischer Sprache ist erst fünf Jahre nach seinem Tod unter dem Titel *Il Principe*, in deutsch meist »Der Fürst«, veröffentlicht worden. Bis heute wird der Titel dieses Buches immer wieder mit Cesare Borgia in Verbindung gebracht. Aber der Borgia war für Machiavelli kein Idealbild eines politischen Erneuerers, wie er ihn sich vorstellte. Letztlich war er sogar von ihm enttäuscht gewesen. Wenn er ihn trotzdem in seinem Buch erwähnt, dann als eines unter vielen Beispielen, an denen Machiavelli besondere Eigenschaften politischer Herrschergestalten darstellt.

Ansonsten blieb die Akte Borgia auch weiterhin geschlossen.

Der Principe, der als Erneuerer des Gemeinwesens auftritt, ist bei Machiavelli eine fiktive Gestalt. »Geschaffen mit den Elementen der Vergangenheit und Gegenwart, ist er ein Artefakt des Humanisten, der mit der Rhetorik eine Kunstfigur bildet wie ein Zeichner, Maler, Bildhauer oder der Architekt mit seinen Mitteln.«[28] An diesem Typus des Erneuerers der politischen Ordnung, der ein Produkt aus Machiavellis

Geschichtsstudien ist, will er zeigen, wie ein solcher Principe nach seiner Vorstellung zu handeln hätte. Dabei lag es Machiavelli fern, einer Willkürherrschaft das Wort zu reden. Der Republikaner Machiavelli verlangt nämlich von seinem *Principe*, daß er, sobald er den Zustand der Gesetzlosigkeit beendet hat, die Regierung des Gemeinwesens wieder auf die gesellschaftlichen Kräfte verteilt: »Die Republik kann sich bei der verschiedenen Veranlagung der Bürger besser den Zeitverhältnissen anpassen als ein Alleinherrscher.«[29]

Machiavelli hat seinen Schriften *Il Principe* und den *Discorsi*, eine Abhandlung über die zehn Bücher des Titus Livius, auf seinem Landgut in der Zeit von 1513 und 1519 gleichzeitig geschrieben. Er wußte, daß er sich mit beiden Schriften auf ein völlig neues Terrain in der Staatstheorie hervorwagte.

Das Skandalbuch

Anders als die *Discorsi* ist der *Principe* als Skandalbuch um die Welt gegangen. Machiavellis oft gnadenlose Demaskierung eines geheuchelten Moralismus in Politik und Religion stieß auf heftige Ablehnung. Man hat Machiavelli sehr schnell das Etikett eines Vertreters politischer Skrupellosigkeit aufgedrückt, der für eine moralisch bedenkenlose Zweckrationalität plädiere. Die Bezeichnung Machiavellismus wurde zu einem Schimpfwort. In England, wo schon Machiavellis Zeitgenosse, Kardinal Reginald Pole, den *Principe* als »satanische Schrift« bekämpfte, wurde die Abkürzung von Machiavellis Vornamen *Old Nick* sogar zu einer populären Bezeichnung für den Teufel. 1556 wurden die Schriften Machiavellis von der römischen Kirche auf den Index der verbotenen Bücher gesetzt.

Zweihundert Jahre nach dem ersten Erscheinen des *Il Principe* hat der aufgeklärte preußische Kronprinz und spätere König Friedrich der Große die Schrift als eines der gefährlichsten Bücher bezeichnet, die jemals erschienen seien, und eine Gegenschrift, den *Antimachiavel*, verfaßt. Für den Machiavelli-Experten Dirk Hoeges ist Friedrichs Reaktion ein Beispiel dafür, daß Machiavelli zwar von vielen kritisiert, aber nicht selten falsch verstanden wurde: »Der *Antimachiavel* sagt viel über den preußischen Kronprinzen aus, nichts aber über Machiavelli.«[30]

Doch viele Gedanken, die Machiavelli im Zuge der Renaissance angesprochen hatte, haben andere Denker der Aufklärungszeit wie etwa der Engländer Thomas Hobbes in ihre Überlegungen aufgenommen und systematisch weitergedacht. Vor allem der *Principe* gehört unter den Schriften des Florentiners bis heute unbestritten zu den Klassikern der staatstheoretischen Literatur. Mit Niccolò Machiavelli hat das politische Denken der Neuzeit begonnen.

Das verschmähte Paradies

Der Florentiner hat die Reaktionen auf seine staatstheoretischen Schriften nicht mehr erlebt. Seinen Zeitgenossen in Italien war er vor allem durch seine Komödien und seine »Florentinische Geschichte« bekannt, die er im Auftrag von Kardinal Giulio de' Medici, dem späteren Papst Clemens VII., geschrieben hatte. Seit 1521 hatten die Medici Machiavelli offiziell wieder rehabilitiert. Aber ein politisches Amt durfte er nicht mehr antreten. Auch Machiavellis Pläne, die Medici davon zu überzeugen, den kontrollierten Übergang zu einer Republik zu wagen, waren vergeblich.

Die Medici schafften vielmehr den Sprung in die Aristokratie. Kaiser Karl V. verlieh Alessandro de' Medici 1537 das erbliche Herzogtum Florenz.

1570 wurde Cosimo de' Medici dann sogar zum Großherzog der Toskana erhoben.

Niccolò Machiavelli ist am 22. Juni 1527 im Alter von 58 Jahren in Florenz wahrscheinlich an den Folgen einer akuten Bauchfellentzündung gestorben. Eines seiner letzten Manuskripte endet mit einem Zitat Petrarcas: »Alles, was auf der Welt gefällt, ist ein kurzer Traum.«[31] Einen längeren Traum wollte Machiavelli sich für die Ewigkeit reservieren. Seinen Freunden gestand er auf dem Totenbett, daß er nicht mit den Heiligen im Paradies weilen, sondern mit den Großen der Antike in der Hölle diskutieren werde.

Eine ungewollte Revolution im Weltall

Philipp Melanchthon (1497–1535) und die Kämpfer gegen ihre Zeit

Luthers Horoskop

1527 erscheint in Wittenberg eine Schrift mit dem Titel *Prognosticatio* in deutscher Sprache. Es ist ein Horoskop des kaiserlichen Hofastrologen Johannes Lichtenberger, das bereits aus dem Jahr 1488 stammte. Der Astrologe Maximilians I. hatte in dieser Prognose rückwirkend dem Jahr 1484 eine besondere Bedeutung zugeschrieben. Wegen einer großen Konjunktion mit Sonnenfinsternis im Zeichen Löwe erwartete er für die folgenden Jahrzehnte außergewöhnliche Ereignisse. Lichtenberger hatte auch einige vorsichtige Andeutungen gemacht, danach sollte ein falscher Prophet auftreten und die gesamte christliche Welt in Gefahr bringen: »Und wie ein Scorpion / der des Martis haus ist ynn dieser Coniunction und finsternis / wird er gifft / so er ym schwantz hat / offt ausgiessen. Und er wird auch ein ursach sein grosses blutvergiessens.«[1] Erst durch das plötzliche Auftreten einer Rettergestalt werde dann aber die weltliche und kirchliche Ordnung wiederhergestellt werden: »Diese wunderliche Constellation und zusammenlaufung der sterne zeigt an / das da sol gesporn werden noch ein ander kleiner prophet / der sol auch trefflich sein mit wunderlicher auslegung der schrifft / und sol auch antwort von sich geben mit einem grossen ansehen der gotheit.«[2]

Es war kein Zufall, daß diese Schrift in deutscher Übersetzung im reformatorischen Wittenberg ausgerechnet in dem Jahr unter die Leute gebracht wurde, als der *Sacco di Roma* stattgefunden hatte. Denn nachdem Rom von den kaiserlichen Truppen erobert und geplündert worden war und der Papst sich in der Engelsburg verstecken mußte, schien für viele das Ende der römischen Kirche gekommen zu sein. In diese Stimmung paßte auch das Horoskop Lichtenbergers. Für die Anhänger der Reformation war der Papst der falsche Prophet und die Rettergestalt, die sich so vortrefflich auf die Auslegung der biblischen Schriften verstehen sollte, war selbstverständlich Luther.

Um jeden Zweifel an dieser Deutung auszuräumen, erstellten Philipp Melanchthon und Johannes Carion, sein ehemaliger Tübinger Studienfreund, eigens ein Horoskop für Martin Luther, bei dem sie für ihre Berechnungen den 22. Oktober 1484 als Geburtsdatum zugrunde legten, obwohl der Reformator selbst immer den 10. November 1483 angegeben hatte. Diese Korrektur war notwendig, um Luther eindeutig in die Voraussage Lichtenbergers einordnen zu können. Lediglich über die Geburtsstunde Luthers gab es keine Klarheit. Melanchthon schrieb dazu an seinen Freund Johannes Schöner in Nürnberg: »Die Mutter Luthers sagte, er sei in der Hälfte der Nacht geboren worden. Ich aber glaube, daß sie sich getäuscht hat. Ich selbst bevorzuge eine andere Nativität, und diese bevorzugt auch Carion.«[3] Melanchthon kam zu dem Ergebnis, daß am 22. Oktober 1484 um neun Uhr morgens ein ausgesprochen günstiger Zeitpunkt für die Geburt einer herausragenden Persönlichkeit sein mußte: »Diese wunderbare Konjunktion im Skorpion kann keinen streitbaren Mann hervorbringen.«[4] Deshalb konnte Luther nur die vorausgesagte Rettergestalt sein. Ob das Geburtsdatum korrekt war, wurde nicht mehr diskutiert.

Wie zu erwarten, antworteten aber auch die Gegner der Reformation mit Hilfe der Sterne. Der berühmte italienische Astrologe Luca Gaurico orientierte sich sogar an dem von Melanchthon angegebenen Geburtsdatum Luthers, kam aber dennoch zu einem völlig anderen Ergebnis: »Die Zusammenkunft der fünf Planeten im Zeichen Skorpion im IX. Himmelshaus, das die Araber der Religion zuordnen, ist sonderbar und hinreichend erschreckend. Sie macht ihn zum Frevler, zum Ketzer, zum schärfsten Feind der christlichen Religion.«[5] Gaurico entlarvte also Luther als falschen Propheten und sah im Papst den Retter der Christenheit.

Da im 16. Jahrhundert viele Menschen in allen Bevölkerungsschichten vom Einfluß der Sterne auf die irdischen Ereignisse überzeugt waren, eignete sich die Astrologie hervorragend zu propagandistischen Zwecken im Streit zwischen Protestanten und Katholiken. Martin Luther, der offensichtlich dem Neudruck von Lichtenbergers Horoskop in deutscher Sprache und sogar zu propagandistischen Zwecken einer Korrektur seines Geburtsdatums zugestimmt hatte, scheint jedoch schon bald die Lust an der Sternendeuterei verloren zu haben. In einer seiner Tischreden bezeichnet er die angebliche Kunst der Astrologen schon kurz darauf als Unsinn: »Von den Ereignissen, die eintreffen, reden sie sehr schön; die aber nicht eintreffen, davon schweigen sie schön still. Magister Philipp Melanchthon hält sehr daran fest, er hat mich aber niemals davon überzeugen können.«[6] Tatsächlich hat Philipp Melanchthon immer an der Astrologie festgehalten. Er war seit seiner Jugend damit vertraut.

Reuchlins Zögling

Philipp war am 16. Februar 1497 in Bretten als Sohn des kurfürstlichen Rüstmeister Georg Schwarzerdt und seiner Ehefrau, der Brettener Schultheißtochter Barbara Reuter, geboren worden. Da er schon früh seinen Vater verlor, kam er unter die Obhut seines Großonkels Johannes Reuchlin, dem bekannten Humanisten und Hebräischgelehrten. Reuchlin übersetzte nach humanistischem Brauch Philipps Namen Schwarzerdt ins griechische *Melanchthon* und schickte den Zwölfjährigen 1509 zum Studium an die Universität nach Heidelberg. Schon drei Jahre später wechselte Philipp dann mit dem akademischen Grad eines Magisters an die Universität Tübingen, wo er sich vor allem dem Humanisten und Mathematiker Johann Stöffler anschloß, der mit Reuchlin die Vorliebe für den florentinischen Humanismus der Neuplatoniker Marsilio Ficino und Giovanni Pico della Mirandola teilte. Das neu aufgebrochene Weltgefühl dieser Renaissance-Philosophen, für die der Mensch im Mittelpunkt des Kosmos stand, hatte nachhaltig Stöfflers Beschäftigung mit der Naturphilosophie geprägt. Der Tübinger Professor legte größten Wert darauf, daß seine Studenten die Nase nicht nur in die Schriften der griechischen und lateinischen Klassiker steckten, sondern sich ausführlich mit Mathematik, Geographie und besonders auch mit astronomischen und astrologischen Fragen beschäftigten.

Johann Stöffler war davon überzeugt, daß Gottes Schöpferwille das gesamte All durchdringe. Deshalb mußten die himmlische und die irdische Welt, der Makro- und Mikrokosmos, durch Entsprechungen direkt miteinander verbunden sein. Jedes Ereignis auf der Erde, wie die Gründung einer Stadt, der Bau eines Hauses, sowie der Ausbruch eines Krieges und die Geburt eines Menschen, war also zwangsläufig durch den Zeitpunkt des Beginns oder der Geburt nachprüfbaren astrologischen Gesetzen unterworfen. In der Astrologie ging es nach Stöfflers Meinung ebenso wie in den anderen Naturwissenschaften darum, die ewigen Gesetze zu erkennen, nach denen Gott die Welt regiert. Wie sein Freund Reuchlin vertrat auch Stöffler einen universalen Theismus. Jedoch war Stöffler besonders von Marsilio Ficino inspiriert und bevorzugte eine naturphilosophisch geprägte Theologie, während sein Freund Reuchlin sich an Giovanni Pico della Mirandolas Interpretationen der jüdischer Kabbala orientierte und den christlichen Glauben durch die Erkenntnisse der Kabbalistik erweiterte. Philipp Melanchthon hat sich mit den Kabbala-Studien Picos und seines Großonkels niemals anfreunden konnte. Er schloß sich der Naturfrömmigkeit seines Lehrers Stöffler an.

Der kleine Grieche

1518 hatte Johannes Reuchlin seinen Großneffen an die Universität Wittenberg vermittelt, wo ein neugeschaffener Lehrstuhl für Griechisch eingerichtet worden war. Martin Luther äußerte zunächst seine Bedenken. Für ihn war der Tübinger Gräzist noch zu jung, um auf diese Stelle berufen zu werden. Auch der Rest des Wittenberger Professorenkollegiums schien nicht gerade begeistert, als Melanchthon am 29. August 1518 zu seiner Antrittsvorlesung erschien. Das äußere Erscheinungsbild war nicht gerade imponierend. Der kleine schmächtige Mann mit hängender Schulter wirkte schüchtern und stieß beim Reden mit der Zunge an. Doch schon bald war es Melanchthon gelungen, die Hörer in seinen Bann zu ziehen. Mit einer unerwartet feurigen Rede trat er für eine Neugestaltung der Universität ein. Mit humanistischen Argumenten griff er die verknöcherten Lehrmethoden der Scholastik an und forderte eine grundsätzliche Studienreform. Dazu gehörten für ihn Lektürekurse der antiken Klassiker, Griechisch und Hebräisch als Pflichtfächer für Theologen und ein eigenes Studienfach für Geschichte. Außerdem forderte er einen Lehrstuhl für Mathematik, die er als Grundlagenstudium für die Naturwissenschaften bezeichnete und deren praktischen Nutzen er für die Ökonomie und das Bauwesen hervorhob. Nach einem tosenden Beifall von der Mehrzahl der Professoren und Studenten hatte schließlich auch Luther recht zufrieden bemerkt, daß der »kleine Grieche« in Wittenberg wohl doch am rechten Platz wäre.

Philipp lebte sich schnell in der neuen Umgebung ein. Er lernte die reformatorische Theologie Martin Luthers kennen und erwarb sogar den theologischen Abschluß eines *Baccalaureus biblicus.* In kurzer Zeit gehörte der junge Griechischprofessor auch zum Freundeskreis Luthers. Doch trotz der Nähe zu den theologischen Vorstellungen des Reformators vollzog Philipp Melanchthon keinen radikalen Bruch mit der natürlichen Theologie, die er bei Johann Stöffler kennengelernt hatte. Auch wenn dies von ihm gelegentlich einen schwierigen geistigen Balanceakt erforderte. Denn Luther lehnte jede Form einer natürlichen Theologie ab und ließ allein die Heilige Schrift als Zeugnis der göttlichen Offenbarung gelten. Allerdings fand Melanchthon ein theologisches Schlupfloch. Der von Luther hoch verehrte Augustinus hatte auch die Natur als ein Buch Gottes bezeichnet, in dem Gott sich offenbare. Das bestätigte Melanchthons Position. Er erkannte zwar jetzt den Vorrang von Luthers Schrifttheologie an, gab aber auch die Vorstellungen einer natürlichen Theologie nicht auf. Für den Kirchenhistoriker Wilhelm Maurer steht Melanchthon deshalb auch weiter in der ungebrochenen Tradition einer typischen Naturfrömmigkeit der Renaissance: »Natürliche Theologie und Schrifttheologie stehen also bei Melanchthon in demselben Verhältnis, das schon in der Scholastik zwischen Natur und Offenbarung bestanden hat.«[7] Das geschieht aber nicht immer völlig reibungslos: »Es ist klar, daß damit die Heilstheologie und die Schöpfungstheologie in eine gewisse Konkurrenz zueinander treten.«[8] Philipp Melanchthon akzeptiert dieses Spannungsfeld und bleibt auch weiterhin in besonderer Weise den naturwissenschaftlichen Disziplinen verpflichtet.

Die Tochter des Bürgermeisters

Martin Luther hätte es begrüßt, wenn Melanchton auch in der Theologie eine Professur angestrebt hätte. Doch Melanchthon gab sich mit dem theologischen Mindestgrad eines *Baccalaureus* zufrieden und legte Wert darauf, Griechischprofessor zu sein. Er kokettierte sogar ein wenig damit, in gewisser Weise ein theologischer Laie zu sein, obwohl er sich in der Theologiegeschichte profundere Kenntnisse als die meisten Pfarrherren angeeignet hatte. Luther schätzte ihn deshalb bei den großen theologischen Diskussionen als sachkundigen Berater an seiner Seite. Seine vornehmliche Aufgabe sah Melanchthon aber darin, an der Universität Wittenberg die humanistischen Studien zu fördern.

Durch seine Nähe zu dem umstrittenen Wittenberger Reformator wurden seine Freunden in Tübingen und im Umfeld Johannes Reuchlins mißtrauisch. Man beobachtete aus der Ferne, daß er in theologische Kreise hineingezogen wurde, die ihn von seinen früheren philosophischen Gefährten entfremdeten. Johannes Reuchlin versuchte sogar, seinen Großneffen von Luther wegzulocken, indem er ihm eine Professur in Ingolstadt besorgte. Doch Melanchthon lehnte das Angebot ab. Er hatte sich für Wittenberg und vor allem für Luther entschieden. In seinem Antwortschreiben an Reuchlin bekennt er nicht ohne Pathos: »Sterben will ich lieber, als mich von Luther wegreißen lassen.«[9] Johannes Reuchlins Enttäuschung darüber war so groß, daß er den Kontakt zu seinem Großneffen abgebrochen und ihn auch als Erben aus seinem Testament gestrichen hat.

Die Wittenberger hatten alles daran gesetzt, um Melanchthon in ihrer Stadt zu halten. Als geeignetes Mittel erschien ihnen vor allem eine Ehe. Die geeignete Person war schnell gefunden, denn die mit Melanchthon gleichaltrige Tochter des Wittenberger Bürgermeisters, Katharina Krapp, sollte verheiratet werden. Jedenfalls gab es Gerüchte

Phillip Melanchthon

hinsichtlich ihrer sittlichen Integrität. Mit einer Hochzeit sollte der gute Ruf der Bürgermeistertochter wiederhergestellt werden. Man wollte zwei Fliegen mit einer Klappe schlagen. Melanchthon bekäme eine Hausfrau und Katharina einen angesehenen Ehemann. Der Griechischprofessor zeigte aber wenig Interesse an einer Ehe. Luther und die anderen Wittenberger Freunde mußten lange auf ihn einreden, daß seine häuslichen Verhältnisse nur durch eine Ehefrau in Ordnung gebracht werden könnten. Als Melanchthon dann endlich zustimmte, wurde der geplante Hochzeitstermin schnell vorverlegt, um zu verhindern, daß der Bräutigam nicht doch noch im letzten Augenblick abspringen konnte.

Am 25. November 1520 hat Philipp Melanchthon dann Katharina Krapp geheiratet. Es handelte sich um eine für die damalige Zeit typische Vernunftehe. Für den Kirchenhistoriker Wilhelm Maurer hat sich Melanchthon mit den gegebenen Umständen arrangiert: »Äußerlich verläuft die Ehe ohne Anstoß, der Haushalt geht glatt; viel hat die Frau Melanchthon nicht bedeutet. So innig er seine Kinder geliebt hat, so sehr bleibt sie im Schatten.«[10]

Die Reformation wird politisch

Das Jahr 1525 bedeutete einen drastischen Einschnitt für die Reformationsbewegung. Da der Adel zunehmend angestammte Rechte der Bauern zum Beispiel in der Feld- und Waldwirtschaft eingeschränkte, war es in mehren Teilen Deutschlands zu Bauernaufständen gekommen, die auch unter den Anhängern der Reformation zu einer Zerreißprobe wurden. Denn es kam nun die Meinung auf, daß die reformatorische Bewegung auch zu einer Neuordnung der sozialen Verhältnisse beitragen müsse. Reformatoren wie Thomas Müntzer schlossen sich daher den Aufständischen an und formulierten die sozialen Forderungen der Bauern als ein von Gott gegebenes Recht, das man notfalls mit Gewalt einfordern müsse. Es kam zu kriegerischen Auseinandersetzungen mit der Obrigkeit, bei denen die Bauern mit Berufung auf die Bibel revoltierten und sogar die Abschaffung der Leibeigenschaft forderten.

Martin Luther war über diese Entwicklung entsetzt. Er sah in den Aufständen der Bauern einen offenen Widerspruch zur biblischen Botschaft. Denn im weltlichen Reich mußte nach seiner Überzeugung die Ungleichheit der Personen anerkannt werden. Auch die Leibeigenschaft gehörte für Luther selbstverständlich zu der von Gott gewollten Ordnung. Denn nach dem Sündenfall sei nach Gottes Willen eine staatliche Ordnung und Obrigkeit notwendig geworden, der jeder Christ in seinem Stand Gehorsam schulde.

Doch Müntzer forderte die Bauern auf, diesen Appell zum Gehorsam zu ignorieren. Für ihn verstieß die Obrigkeit gegen die von Gott geforderte Gerechtigkeit. »Man kann euch von Gott nichts sagen, solange sie über euch regieren.«[11] Angesichts solcher Unbelehrbarkeit sah Luther die Bauern bereits völlig in der Hand des Teufels: »Sie ehren und dienen auf diese Weise dem Teufel unter dem Schein des Evangeliums, wofür sie wohl zehnmal den Tod verdienen an Leib und Seele.«[12] Der Reformator rief deshalb die Fürsten auf, dem Treiben der Aufständischen ein Ende zu setzen. Er versprach sogar den Adeligen, die im Kampf mit den Bauern ihr Leben opferten, die Ehre, als Märtyrer vor Gott treten zu dürfen: »Steche, schlage, würge hier, wer da kann. Bleibst du darüber tot, wohl dir, einen seligeren Tod kannst du nimmermehr erlangen. Denn du stirbst im Gehorsam gegenüber dem göttlichen Wort und Befehl.«[13]

Beide Seiten nahmen die Bibel und den Willen Gottes für sich in Anspruch, aber dennoch war der Kampf ungleich. Denn ausschlaggebend war die militärische Logistik der Fürsten, die den Bauern haushoch überlegen war. Im Mai 1525 wurden die Bauern bei Frankenhausen vernichtend geschlagen und kurz darauf wurde Thomas Müntzer geköpft. Melanchthon hatte in dieser Auseinandersetzung voll und ganz hinter Luther gestanden.

Doch Luthers Haltung während der Bauernaufstände wurde zum Teil auch von überzeugten Anhängern der Reformation verurteilt. Der Kirchenhistoriker Karl Kupisch beschreibt die Konsequenzen: »Zunächst bekam Luther unmittelbar die negativen Folgen zu spüren. Seine Popularität nahm rapide ab. Die Reformation hörte auf, eine Volksbewegung zu sein.«[14]

Anderseits erkannte jetzt ein Teil der Landesfürsten, daß eine kirchliche Reformation im Sinne Luthers für sie durchaus Vorteile hatte. Das zu voller Souveränität aufsteigende Landesfürstentum trachtete danach, auch die Herrschaft über die Kirche und deren Besitz in ihren Ländern zu übernehmen. Da die Kirche sich Luthers Reformwünschen versagt hatte, stützte sich der Reformator jetzt bei seinen Plänen auf die Fürsten und unterstrich mit aller Deutlichkeit die göttliche Legitimität ihrer weltlichen Gewalt, mit der sie die Ansprüche der geistlichen Fürsten und Prälaten ablösen könnten. Die Reformation wurde nun politisch, und ihr Gelingen hing künftig einzig und allein von den Fürsten ab. Der Kirchenhistoriker Kurt Dietrich Schmidt spricht deshalb im Blick auf diese Entwicklung von einer »Peripetie von der Volksbewegung zu einer staatlich geförderten Reformation.«[15]

Albrecht von Brandenburg-Ansbach, der der fränkischen Linie der Hohenzollern angehörte und Hochmeister des Deutschen Ordens war, wurde zum ersten deutschen lutherischen Landesherren. Albrecht hatte das Restgebiet des ursprünglichen Ordenslandes säkularisiert und in ein weltliches Herzogtum umgewandelt. Die katholische Lehre wurde in seinem Herrschaftsgebiet verboten. Dem Beispiel Albrechts folgten in kurzer Zeit in Kursachen Johann der Beständige, der Nachfolger Friedrichs des Weisen, und Landgraf Philipp von Hessen, der vor allem durch seine Begegnungen mit Philipp Melanchthon für die Sache der Reformation gewonnen wurde.

Des Teufels liebstes Maul

Die praktische Durchführung der Reformation orientierte sich an den gegebenen politischen Verhältnissen im Reich. Auch in den Territorien, die sich dem Luthertum in Deutschland anschlossen, entstanden Obrigkeitskirchen. Entweder die Landesfürsten oder die Ratsherren einer Reichsstadt übernahmen nun das Religionsmonopol. Jede freie Gemeindebildung war grundsätzlich verboten. Und wie Luther bestand auch Philipp Melanchthon darauf, daß sich jeder dieser Ordnung zu fügen habe: »Wer nun der Obrigkeit widersteht, der widersteht der Anordnung Gottes, und wer ihr widersteht, wird bestraft.«[16] Dennoch gab es an den Rändern der Reformationsbewegung Strömungen, die allgemein als »linker Flügel« der Reformation bezeichnet werden. Dazu zählen neben den sozialrevolutionären Vertretern wie Thomas Müntzer im Bauernkrieg auch die Täufer, die Rationalisten und die Spiritualisten und Mystiker, die sich mehr oder weniger offen weigerten, die von der staatlichen Obrigkeit angeordnete Religion zu übernehmen. Während etwa die Täuferbewegungen, die eine Kindertaufe ablehnen, verbotene Sonder- und Untergrundgemeinden bildeten, gab es aber auch eine Reihe von Einzelgängern, die als Privatgelehrte eine Auseinandersetzung mit den staatlich verordneten Kirchen führten.

Einer der bedeutendsten Vertreter dieser undogmatischen Freigeister war Sebastian Franck. Er war 1499 in Donauwörth als Sohn einer Weberfamilie geboren und nach seinem Studium an der Universität Ingolstadt am Dominikanerkolleg in Heidelberg zum Priester ausgebildet worden. 1524 trat er zum Luthertum über, gab aber vier Jahre später enttäuscht sein Amt als lutherischer Geistlicher auf, um als freier Schriftsteller zu leben.

In seinen Schriften beschäftigt er sich vor allem mit der nach seiner Meinung fehlgeschlagenen Reformation.

Franck stimmte zwar Luther zu, daß es keiner priesterlichen Vermittlung zwischen Gott und den Menschen bedürfe, aber entgegen Luthers Rechtfertigungslehre vertrat er zum Beispiel die Meinung, daß sich Christen auch durch ihren ethisch-moralischen Lebenswandel legitimieren müßten. Luthers *sola fide*, daß der Mensch allein durch den Glauben die Gewißheit des Heils erlange, erschien Franck zu kurz gegriffen. Ein besonderes Ärgernis war für Sebastian Franck Luthers *sola scriptura*, mit dem dieser die Heilige Schrift zur Norm des gesamten christlichen Lebens machte. Mit dieser Vorstellung habe Luther die Bibel zu einem neuen Papst aus Papier und zu einem Götzen erhoben. In einem seiner Traktate spottet Franck: »Es ist jetzt schon genug, wenn jemand eine Bibel besitzt und darin lesen kann.«[17] Da werde das Bibellesen zu einer Religion gemacht. Das führe letztlich nur zu einem Geschwätz von Wortheiligen und Maulchristen, zu denen er auch Luther zählte. Sebastian Franck lehnte die Bibel keineswegs ab, aber dieses Buch zu einem Götzen zu machen, war für ihn ein eindeutiger Mißbrauch der Heiligen Schriften. Er erinnerte Luther daran, daß dieser selbst einmal geschrieben hatte, daß das Wort Gottes Geist und nicht Buchstabe sei. Gerade deshalb könne man mit der Bibel auch keine institutionell verfaßte Kirche aufbauen. Die Erlösung durch Christus sei allein geistig zu verstehen. Deshalb sei die wahre Kirche immer nur eine unsichtbare Geistkirche, die von Gott gelenkt werde. Luthers Forderung, daß es neben der wahren, unsichtbaren Kirche auch notwendigerweise in dieser Welt eine sichtbare, amtlich verwaltete Kirche geben müsse, lehnte Franck ab, da diese Vorstellung nicht mit dem Evangelium Christi zu vereinbaren sei.

Obwohl Sebastian Franck gelegentlich auch Kontakt mit anderen Abweichlern aus der Täuferbewegung und mit Spiritualisten wie Hans Denck und Caspar Schwenckfeld gehabt hatte, schloß er sich keiner dieser Richtungen an. An den Täufern kritisierte er zum Beispiel, daß sie eine kirchenähnliche Gemeinschaft bildeten und wie Luther an den Buchstaben der Bibel klebten und sich voller Hochmut für die Auserwählten hielten.

Für die Wittenberger war Franck ein rotes Tuch. Martin Luther nannte ihn »des Teufels liebstes Maul« und meinte auch zu wissen, worauf dessen wirre religiösen Ideen zurückzuführen seien. Franck hatte nämlich in Nürnberg Ottilie Beham, die Schwester der sogenannten gottlosen Maler, Barthel und Hans Beham, geheiratet. Die Kupferstecher und Albrecht-Dürer-Schüler waren bekannt geworden, weil sie Christi Gegenwart im Altarsakrament ablehnten. Für die Wittenberger war also klar, daß man es hier mit einer Familie von schändlichen Gotteslästerern zu tun hatte. In einer seiner Tischreden führt Luther denn auch Francks freigeistige Reden auf dessen Ehefrau Ottilie zurück: »Die bläst ihm, ihrem Mann, diesen Geist ein.«[18]

Der Trick des Predigers

Sebastian Franck war mit seinen Ansichten schon einige Male mit Vertretern der Reformation aneinander geraten. Während eines Aufenthaltes in Straßburg hatte ihn sein ehemaliger Heidelberger Studienkollege Martin Bucer, wegen seiner Polemik gegen die Reformatoren sogar für einige Tage ins Gefängnis werfen lassen. Als Franck anschließend Straßburg verlassen mußte und von Stadt zu Stadt zog, um zeitweise als Seifensieder seine Familie zu ernähren, hatte Bucer dessen Reiseroute genau im Auge behalten. Und als Franck sich dann in Ulm als Druckergehilfe niederließ, versäumte Bucer nicht, sofort den lutherischen Hauptpfarrer Martin Frecht in Ulm darüber zu informieren. Gleichzeitig setzte Bucer auch Philipp Melanchthon in Wittenberg über Francks Aufenthaltsort in Kenntnis, der seinerseits sofort den Landgrafen Philipp von Hessen bat, etwas gegen den gefährlichen freigeistigen Literaten zu unternehmen.

Der amerikanische Historiker Patrick Hayden-Roy hat den Brief ausfindig gemacht, mit dem der Landgraf sich dann am 31. Dezember 1534 an den Rat der Stadt Ulm wendete: »Uns wirdet angezaigt, daz sich ainer, gnant Sebastian Franck, bey euch halten und mancherley ungeschickte dinge, in reden und schriften, insonderhait wieder die oberkait, ausgehen lassen soll, also, dasz man ine öffentlich für einen aufrurischen und widerteufer, erkennen und vernemen möge.«[19] Was auch immer man Philipp von Hessen mitgeteilt hatte, er ging davon aus, daß es sich bei Franck um einen Wiedertäufer handelte, der nach dem Reichsgesetz mit dem Tode zu bestrafen war. Da man Franck in Ulm aber keine Verbindung zu einer Täufergemeinschaft nachweisen konnte und der Rat der Stadt deshalb keinen Anlaß sah, gegen ihn vorzugehen, ergriff Martin Frecht die Initiative. Der lutherische Hauptpfarrer setzte alles daran, um die Ratsherren von Francks gefährlicher Gesinnung zu überzeugen. Er beschuldigte Franck, ein heimlicher Täufer zu sein, was noch viel niederträchtiger sei, als sich offen dazu zu bekennen. Denn wenn jemand offen feindlich auftrete, dann wisse man wenigstens, wie man mit ihm umzugehen habe.

Dieser Trick des evangelischen Predigers verfehlte seine Wirkung nicht. Die Ratsherren konnten Franck zwar nichts nachweisen, aber sie vertrauten dem lutherischen Pfarrer, der auch die Straßburger als Zeugen für seine Vorwürfe anführen konnte. Nach einigem Zögern forderten die Stadtherren Franck auf, mit seiner Frau und seinen fünf Kindern unverzüglich Ulm zu verlassen. Frecht triumphierte.

Nach dem Studium der zeitgenössischen Quellen kommt der Historiker Will-Erich Peuckert zu dem Urteil: »Man hat, wenn man die Eingabe dieses Prädikanten Martin Frecht gelesen hat, das dringende Bedürfnis, sich die Hände fünf Minuten lang zu waschen, und man meint immer noch, es hafte noch etwas seiner Art und seines Wesens an. Hier wurde nicht gekämpft, sondern mit Lug und Trug die Luft vergiftet.«[20]

Die Ketzerchronik

Sebastian Franck fühlte sich durch die Rachsucht der lutherischen Geistlichen in seiner Meinung bestätigt, daß es für eine Reformation nicht genüge, den Papst zu verurteilen, wenn man ansonsten mit den gleichen Praktiken arbeite wie in Rom. Als Abrechnung mit der einen wie der anderen Konfession, verfaßte Sebastian Franck seine »Ketzerchronik«.

Darin drehte er die Bedeutung des traditionellen Ketzerbegriffes ins Gegenteil um. Die Chronik der Ketzer wird bei ihm zu einem Register ehrenwerter, gottesfürchtiger Männer. Franck vertritt den Standpunkt, daß religiöse Wahrheiten von den Mächtigen verfälscht werden, um die

Religion und den angeblichen Gottes Willen in den Dienst ihrer eigenen ideologischen Interessen zu stellen. Die von aufrichtigen religiösen Menschen ausgesprochenen Wahrheiten hätten deshalb gegen die Machthaber in Kirche und Staat keine Chance, zumal auch die breite Masse sich immer den Mächtigen und dem von ihnen vorgegebenen Zeitgeist anpasse. Deshalb könne man wahre Aussagen über die Religion nur bei denen finden, die man als Ketzer bezeichnet. Wer nach der Wahrheit strebt, schwimmt nach Francks Meinung immer gegen den Strom der Mächtigen und der Menge, weil er unparteiisch bleiben muß.

Francks stets wiederholte Forderung nach Parteilosigkeit läßt erkennen, daß er auch Erasmus von Rotterdam studiert hatte, der es als Kennzeichen des Humanismus bezeichnet hatte, sich von allen Gruppen- und Parteibindungen in der Religion fernzuhalten. Als Beispiel für das Scheitern eines ehemaligen Kämpfers für religiöse Erneuerungen führt Franck Martin Luther an. In dem Moment, in dem er sich in den Erfolg habe treiben lassen und an einer religiösen Gruppenbildung beteiligt habe, sei er unaufrichtig geworden. Denn überall dort, wo Gruppen ihre Vorstellungen doktrinär als Wahrheit propagieren, entstehe Intoleranz. Nach Francks Meinung hatte man schon bei Gründung der Kirche einen fatalen Fehler begangen: »Sobald man das Christentum in Regeln und in vorgeschriebene Gesetz und Ordnung will fassen, so hört es auf, ein Christentum zu sein.«[21]

Sebastian Franck tritt im 16. Jahrhundert als einer der ersten öffentlich für die religiöse Unabhängigkeit und eine uneingeschränkte Glaubensfreiheit ein. In einer Zeit der religiösen Parteikämpfe, in der das religiöse Bekenntnis in der Gruppe zu Pflicht wird, stellte er sich dieser Entwicklung entgegen und setzte sich dafür ein, daß religiöser Glaube niemals ein Gruppenereignis, sondern ein individueller persönlicher Akt sei. Sebastian Franck wurde zu einem Vorläufer der religiösen Toleranz und des religiösen Individualismus der Aufklärungszeit. Aus diesem Grund konstatiert der Kulturhistoriker Wilhelm Dilthey: »In hundert Rinnsalen fließen seine Ideen der modernen Zeit entgegen.«[22]

Doch in der Zeit des aufkommenden Konfessionalismus wurden

religiöse Freigeister wie Franck, die sich der Glaubensdisziplin einer Konfession verweigerten, als Feinde des gesamten Gemeinwesens angesehen.

Auch Philipp Melanchthon, der einen ausgeprägten Sinn für die staatliche von Gott vorgeschriebene Ordnung hatte, wollte solche unbelehrbaren Abweichler beseitigt sehen, weil sie in ihrer Andersartigkeit unerträgliche Fremdkörper in der Gesellschaft seien. Martin Frecht wußte also, daß er in Philipp Melanchthon einen Mitstreiter finden konnte, um den verhaßten Freigeist endgültig zu Fall zu bringen. Der lutherische Hauptpfarrer reiste im März 1540 zum Bundestag des protestantischen Verteidigungsbündnisses nach Schmalkalden, wo er mit Melanchthon und Martin Bucer zusammentraf. Dort wurde dann unter Melanchthons Federführung von zwölf mittel- und süddeutschen lutherischen Theologen eine offizielle Verurteilung der Auffassungen Sebastian Francks unterzeichnet. Künftig mußte der Geächtete, der inzwischen in Basel Zuflucht gefunden hatte, vor allem die Gebiete der lutherischen Konfession meiden.

Praeceptor Germaniae, der »Lehrer Deutschlands«

Philipp Melanchthon, der innerhalb des reformatorischen Lagers und bei Verhandlungen mit der römischen Kirche den Ruf eines Vermittlers hatte und gerne nach Kompromissen suchte, war andererseits ein radikaler Gegner des so genannten linken Flügels der Reformation. Er befürwortete ausdrücklich das geltende positive Recht, nach dem jeder, der die göttliche Trinität leugnete oder sich den Wiedertäufern anschloß, mit dem Tode zu bestrafen sei. Denn die seelische Unordnung dieser Menschen hat für Melanchthon letztlich auch die politische Unordnung zur Folge. Deshalb ist es die Aufgabe der von Gott eingesetzten Obrigkeit, die göttliche Ordnung in der sündhaften Welt gegen ihre Widersacher in Staat und Kirche auch mit Gewalt durchzusetzen: »Denn sie trägt das Schwert nicht umsonst, sondern sie ist eine Dienerin Gottes, um an dem Rache und Strafe zu vollziehen, der Böses tut.«[23]

Melanchthon hatte eine geradezu panische Angst vor Aufruhr und Anarchie. Um die göttliche Ordnung in der Gesellschaft aufrecht zu erhalten, gehört es für ihn daher auch zu den Pflichten der Obrigkeit, für Erziehung und Bildung zu sorgen: »Außerdem fordert Gott von euch, daß ihr eure Kinder zu Tugend und Religion erzieht. Deshalb sind vor allem in einem gut eingerichteten Staat Schulen nötig, wo die Jugend, die das Saatgut eines Staates ist, erzogen werden soll.«[24] Melanchthons ordnungstheologischen Vorstellungen bilden zusammen mit seiner humanistischen Gesinnung die Grundlage für seinen unermüdlichen Einsatz in Bildungsfragen. Neben seinen Bemühungen beim Aufbau evangelischer Kirchenstrukturen, die u. a. einen regelmäßigen Katechismusunterricht vorsahen, setzte er sich auch für die Gründung von Elementarschulen und Gymnasien ein. In Nürnberg zum Beispiel war nach seinen Vorstellungen das erste evangelische Gymnasium eingerichtet worden, in dem neben Latein auch Griechisch und Hebräisch gelehrt wurden. Melanchthon war aber auch ein gefragter Bildungsexperte für die Neuordnung von Universitäts- und Fakultätsstatuten. Wegen dieser vielseitigen Aktivitäten im Bildungsbereich wurde er schon von seinen Zeitgenossen *Praeceptor Germaniae*, »Lehrer Deutschlands«, genannt.

Trotz der vielfältigen Aufgaben, die er in vielen Teilen Deutschlands als Bildungsreformer übernahm, galt Melanchthons besonderes Engagement der Universität Wittenberg. Dort wandelte er die einstmals mittelalterliche Artistenfakultät im Laufe von zwei Jahrzehnten in eine neuzeitliche philosophische Fakultät um. Dem Griechischprofessor lagen aber auch die naturwissenschaftlichen Studien am Herzen. In einem Schreiben an seinen Nürnberger Freund Hieronymus Baumgartner hielt er allen Verächtern der Naturwissenschaft vor, daß es Gottes Willen entspreche und von unerläßlichem Nutzen für das Leben sei, die Spuren Gottes in der Natur aufzusuchen. Aus diesen Zielen spricht immer noch die naturphilosophische Gesinnung seines Tübinger Lehrers Johann Stöffler, durch die er zu einem leidenschaftlichen Förderer der naturwissenschaftlichen Forschung geworden war. Es war deshalb vor allem Melanchthons Verdienst, daß die medizinische Fakultät der Universität Wittenberg im 16. Jahrhundert eine führende Stellung in der experimentellen Anatomie einnehmen konnte. Außerdem hatte er durchgesetzt, zwei mathematische Lehrstühle einzurichten, die mit seinen

Schülern Erasmus Rheinhold und Joachim Rheticus besetzt worden waren. Auf diese Weise hat Philipp Melanchthon die Universität Wittenberg, die im Ruf stand, das theologische Zentrum der Reformation in Deutschland zu sein, auch zu einem anerkannten Ort mathematisch-naturwissenschaftlicher Studien gemacht.

Die Christianisierung der Astrologie

Zu den großen theologischen Themen, über die in der ersten Hälfte des 16. Jahrhunderts diskutiert und heftig gestritten wurde, gehörte besonders das Verständnis des Altarsakraments. Die römisch-katholische Kirche hielt mit aller Bestimmtheit an ihrer Transsubstantiationslehre fest, wonach Brot und Wein bei der Eucharistie in ihrer äußeren Erscheinungsform unverändert bleiben, sich ihre Substanz aber in Leib und Blut Christi wandelt. Die Lutheraner und die Zwinglianer stritten dies gemeinsam ab. Doch auch Luther und Zwingli konnten sich untereinander nicht einigen. Während der Wittenberger die Vorstellung von einer Konsubstantiation vertrat, also der Realpräsens von Leib und Blut Christi, bei der jedoch Brot und Wein bleiben, was sie sind, verteidigte Zwingli die spirituelle Gegenwart Christi beim Abendmahl.

Anläßlich dieser wichtigen Fragen der Zeit war kaum ein Theologe an der Entwicklung der aufkommenden Naturwissenschaften interessiert. Philipp Melanchthon bildete hier eine Ausnahme. Er stand in der Abendmahlsfrage zwar treu an Luthers Seite und verteidigte die reale Gegenwart von Christi Fleisch und Blut beim Altarsakrament als ein Wunder, setzte sich aber mit dem gleichen Eifer auch für eine Physikalisierung der Astrologie mit Hilfe der Astronomie ein. Melanchthons Ziel war es, die Astrologie zu christianisieren. Es störte ihn, daß die den Planeten zugeschriebenen Eigenschaften sich immer noch an den Bezeichnungen aus der antiken, polytheistischen Götterwelt orientierten. Er wollte, daß man künftig die Bewegung der Himmelskörper als Weisheit des christlichen Schöpfergottes wahrnahm und erforschte. Mit diesem Projekt Melanchthons beschäftigte sich aus seinem Schülerkreis vor allem der Wittenberger Mathematikprofessor Joachim Rheticus, der die neuesten Erkenntnisse der mathematischen Astronomie zusammenstellen sollte. Bei seinen Recherchen stieß Rheticus auch auf eine Meldung aus dem Vatikan. Der Medici-Papst Clemens VII. hatte sich nämlich in den Vatikanischen Gärten von seinem Sekretär Johann Widmanstadt die Lehre eines Ermländer Domherrn über die angebliche Bewegung der Erde erklären lassen. Dieser Domherr, sein Name war Nikolaus Kopernikus, hatte schon 1514 in seinem Traktat *Commentariolus* einige Thesen zu einem heliozentrischen Weltsystem aufgestellt. Um die Forschungsarbeit dieses Kanonicus näher kennenzulernen, brach Rheticus im Frühjahr 1539 von Wittenberg zu einem Studienaufenthalt nach Frauenburg im Ermland auf.

Der Domherr und die Sterne

Nikolaus Kopernikus war 1473 in Thorn geboren und vom Bruder seiner Mutter, Lukas Watzenrode, dem Bischof von Ermland, erzogen worden. Das Ermland, das einst zum Gebiet des Deutschen Ordens gehört hatte, war seit 1466 Teil des Königreichs Polen, aber ein weitgehend selbständig verwaltetes Fürstbistum. 1495 hatte Bischof Watzenrode seinem damals 22 Jahren alten Neffen die finanziell einträgliche Stellung eines Kanonicus im Domkapitel von Frauenburg verschafft. Ein Kanonicus mußte kein Priester sein, aber die Gelübde des Gehorsams und der Keuschheit ablegen. Zur Armut war ein Domherr wegen der vorteilhaften Pfründe nicht verpflichtet. Nikolaus hatte in Bologna, Padua und Ferrara kirchliches Recht und Medizin studiert und 1503 in Ferrara den Doktorgrad im kanonischen Recht erlangt. Seinen Zeitgenossen war er aber vor allem als Mediziner bekannt. An der astronomischen Uhr im Straßburger Münster ist er deshalb bis heute mit dem für Ärzte damals üblichen Symbol eines Maiglöckchens abgebildet. Das besondere Interesse des jungen Studenten galt jedoch der Mathematik und der Astronomie. Kopernikus hatte dem Bologneser Professor Domenico Novara bei dessen astronomischen Beobachtungen assistiert und die damals bekannten beiden Weltsysteme des Aristoteles und des Ptolemäus gründlich studiert.

Für Aristoteles ruhte die Erde inmitten von konzentrischen Kugelschalen, die er als physikalische Realität ansah. In diese Kugelschalen

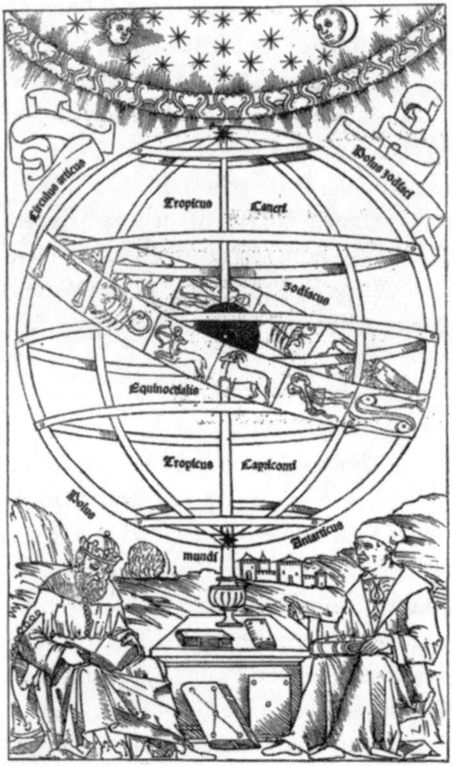

Das ptolemäische Weltbild (in Johannes de Montregis *Epitoma*, Venedig 1496)

waren die sieben Planeten eingelassen, zu denen er auch die Sonne und den Mond zählte. Nach dieser Vorstellung trieben die Planeten durch die Rotation der Kugelschalen um die Erde. Um nun die Bahnen der Planeten genauer bestimmen zu können, hatte der hellenistische Astronom Claudius Ptolemäus im 2. Jahrhundert n. Chr. ein mathematisches Modell entwickelt, bei dem durch exzentrische Kreisbewegungen, den Epizykeln, die Bewegungen der Planeten vorausberechnet werden konnten.

Domenico Novara hatte bei seinen Beobachtungen Ungenauigkeiten im ptolemäischen Berechnungssystem festgestellt und seinen Assistenten Kopernikus angespornt, nach Korrekturmöglichkeiten zu suchen.

Nach seiner Rückkehr ins Ermland war Kopernikus zwar als Kanzler des Frauenburger Domkapitels und Landprobst mit Verwaltungsaufgaben im Bistum in Anspruch genommen, dennoch blieb er von den astronomischen Studien so fasziniert, daß er um 1514 seine Schrift *Commentariolus* veröffentlichen konnte. Über die Rezeption dieser Schrift ist nichts bekannt. Der *Commentariolus* ging irgendwann verloren, und erst 1877 wurde eine Abschrift in der Wiener Hofbibliothek wieder aufgefunden. Das Original dieser Schrift von Kopernikus wurde bisher nicht entdeckt. Daß aber die Fachwelt über die astronomischen Neuerungen des Frauenburger Domherren damals durchaus informiert war, läßt sich aus dem überlieferten Gespräch erkennen, daß Papst Clemens VII. mit seinem Sekretär über die Forschungsergebnisse des Kopernikus geführt hatte. Etwa zwei Jahre nach dem Erscheinen des *Commentariolus* hatte Kopernikus dann begonnen, sein Hauptwerk *De revolutionibus orbium caelestium,* »Über die Kreisbewegungen der Himmelskörper«, zu schreiben.

Der Mensch rollt aus dem Zentrum ins x

Als der Melanchthon-Schüler Joachim Rheticus aus Wittenberg 1539 in Frauenburg eintraf, gab sich der ansonsten weltgewandte Domherr im Blick auf seine astronomischen Studien eher zurückhaltend. Erst als Rheticus dem Domherrn nachgewiesen hatte, daß er durchaus etwas von dieser Materie verstand, kam er mit Kopernikus über dessen Forschungsarbeit ins Gespräch. Der Kanonicus gab ihm sogar die Manuskripte seiner neuesten Schrift *De revolutionibus* zu lesen. Rheticus war überwältig.

Kopernikus versuchte, eine Einheit des mathematischen Modells und der physikalischen Realität herzustellen. Er hielt an der antiken Vorstellung fest, nach der sich die himmlischen Körper in kreisförmigen Bahnen und mit gleichmäßiger Geschwindigkeit bewegen. Dabei war er aber zu der Erkenntnis gelangt, daß die Erde nicht im Mittelpunkt der Planetenbahnen stehen könne. Was Kopernikus dann im einzelnen entwickelte, waren die Ansätze eines heliozentrierten Planetensystems, indem er eine Erdrotation um die Sonne annahm. Daß die

Sonne jetzt eine Mittelstellung einnahm, hatte der Domherr bei seiner Forschungsarbeit keineswegs angestrebt. Diese Einsicht hatte sich zwangsläufig beim Versuch aufgedrängt, eine genauere Umsetzung des Gleichförmigkeitsprinzips im planetaren Umlauf zu erreichen. Kopernikus war angetreten, um am aristotelisch-ptolemäischen Weltsystem mathematische Korrekturen vorzunehmen. Er wollte damit die Gültigkeit dieses Systems bestätigen. Er sah sich also weder als Erneuerer noch als Zerstörer der alten Theorien. Welche Konsequenzen allerdings die Erkenntnis der Zentralstellung der Sonne hatte, wurde erst später erkannt.

Nachdem Joachim Rheticus sich in die Lehre des Kopernikus eingearbeitet hatte, war er sofort davon überzeugt, daß man diese Erkenntnisse der gelehrten Welt nicht länger vorenthalten dürfe. 1540 veröffentlichte Rheticus die *Narratio prima de libris revolutionibus*, also den »Ersten Bericht über die Bücher von den Umdrehungen«. Der Wittenberger Mathematiker stellt darin die wichtigsten Thesen zu dem von Kopernikus beschriebenen heliozentrischen System vor. Vor der Vollendung des Druckes hatte Rheticus ein Exemplar seines Berichts auch an seinen ehemaligen Lehrer Melanchthon geschickt. Denn er hatte die Absicht, diese heliozentrische Astronomie ganz im Sinne Melanchthons zur Grundlage einer christlichen Astrologie machen.

Doch der *Praeceptor Germaniae* reagierte anders als erwartet. Er sah die Lehre des Kopernikus vor allem aus der Sicht der reformatorischen Theologie. Die Vorstellung, daß nicht die Erde, sondern die Sonne im Mittelpunkt des Universums stehe und daß sich die Erde auch noch um die Sonne drehen sollte, war für Melanchthon ein Angriff auf das Christentum. Denn die Erde war eigens für den Menschen, das Ebenbild Gottes, geschaffen worden, also konnte sie zwangsläufig nur im Zentrum des Universums liegen.

Auch Martin Luther meldete sich nun zu Wort und machte sich in einer seiner Tischreden darüber lächerlich, daß ein von Neuerungssucht besessener Astronom behauptete, das gesamte Erdreich mit den Bäumen und allen anderen Dingen darauf solle sich in der Luft herumdrehen. Energisch verwies der Reformator auf den biblischen Propheten Josua, der der Sonne befohlen hatte, stillzustehen, aber nicht der Erde. Wenn Kopernikus nun davon sprach, daß die Sonne ohnehin stillstehe, dann leugnete er damit, daß Josua ein Wunder bewirkt hatte. Auch Melanchthon suchte mehrere Bibelstellen heraus, um zu beweisen, daß in der Heiligen Schrift immer die Rede davon sei, daß die Erde auf ewig ruhe, während die Sonne ihren Lauf nehme. Aus der Sicht der Reformatoren konnte und durfte die Heilige Schrift nicht irren. Melanchthon sah durch Kopernikus die gesamte göttliche Ordnung des Weltalls in Gefahr gebracht und forderte schließlich, daß die Obrigkeit gegen diese Ungeheuerlichkeiten vorgehen müsse: »Der sarmatische (polnische) Astronom vertritt die absurde Behauptung, die Sonne sei angeheftet und die Erde bewege sich. Kluge Herrscher sollten diese Frechheit zügeln.«[25]

Die Reformatoren bauten nun einen Schutzwall mit Bibelzitaten auf, denn auf einer Kugel, die sich wie andere Gestirne um die Sonne drehte, waren die Sonderstellung des Menschen im gesamten Universum und das christliche Heilsgeschehen schwer vorstellbar. Friedrich Nietzsche hat diese ungewollte Revolution im Weltall des Kopernikus später auf die Formel gebracht: »Seit Kopernikus rollt der Mensch aus dem Zentrum ins x.«[26]

Eine Widmung für den Papst

Das Pochen der Protestanten auf die wörtlich zu verstehende Bedeutung der Heiligen Schrift war in diesem Fall besonders der theologischen Vorstellung einer gottgewollten Schöpfungsordnung geprägt. So wie die gottgegebene Ordnung in jedem Staatswesen aufrecht erhalten werden sollte, galt dies auch für das Universum. In anderen Situationen konnte auch Luther viel differenzierter mit der Auslegung der Bibel umgehen.

»So finden sich denn auch schon in den Vorreden zu den biblischen Büchern, ohne die er nie eine Bibel hat ausgehen lassen, so überaus kritische und kühne Bemerkungen – sie bezweifeln die Echtheit mancher biblischer Bücher, legen sogar nahe, ganze Bücher aus dem Kanon zu entfernen –, daß von einer Sklaverei gegenüber dem Buchstaben nicht die Rede sei kann.«[27] Als Gallionsfigur des modernen Biblizismus ist Luther also völlig ungeeignet. Der Angriff Luthers und Melanchthons auf Kopernikus ist nur aus dem theologischen Ordnungsdenken zu verstehen. Denn die Vorstellung, daß die Erde sich um die Sonne drehe, wie dies Kopernikus behauptet hatte, kam für die Wittenberger Reformatoren einer Anarchie im Weltraum gleich. Daß sie diesen Angriff auf das Christentum, wie sie es verstanden, besonders mit der Autorität einzelner Bibelzitate bekämpfen wollten, wurde auch im 16. Jahrhundert von vielen Theologen nicht gebilligt. Die meisten katholischen Theologen zur Zeit des Kopernikus hielten noch an der jahrhundertealten Tradition fest, daß die Bibel auch allegorisch auszulegen und metaphorisch zu lesen sei. Diese Ansicht vertrat auch Tidemann Giese, der Bischof von Kulm, ein ehemaliger Domherr aus Frauenburg und der engste Vertraute des Kopernikus. Bischof Giese drängte seinen Freund, *De revolutionibus* zu veröffentlichen. Doch Kopernikus hatte ernsthafte Bedenken. Er war zwar ebenso wie sein Freund Tidemann Giese überzeugt, daß sich auch ein heliozentrisches System in das christliche Weltbild integrieren ließe, aber er vertrat auch den Standpunkt, daß wissenschaftliche Erkenntnisse nur im ausgewählten Kreis von Experten diskutiert werden sollten. Kopernikus befürchtete, daß der Unverstand der Masse, die zusätzlich von religiösen Eiferern aufgehetzt werde, alle Bemühungen um eine wissenschaftliche Wahrheit verhindern könnte. Unterstützt von Joachim Rheticus, gelang es Bischof Giese dann schließlich doch, Kopernikus zu einer Veröffentlichung zu bewegen.

Da Rheticus sich nicht der Meinung seines früheren Lehrers Melanchthon anschloß, half er Kopernikus bei der Überarbeitung des Manuskripts und stellte eine Abschrift für den Druck her. Kopernikus verfaßte inzwischen eine Widmung an den Papst. Da schon Clemens VII., Giulio de' Medici, die Erkenntnisse über eine bewegte Erde und ein heliozentrisches Planetensystem mit großen Interesse verfolgt hatte, wollte der Domherr vielen seiner Kritiker zuvorzukommen, indem er den neuen Papst, Paul III., darauf vorbereitete, daß die Vorstellung der bewegten Erde für viel Aufregung sorgen könnte: »Heiligster Vater, ich kann mir zu Genüge denken, daß gewisse Leute, sobald sie erfahren, daß ich in diesen Büchern, die ich über die Kreisbewegungen der Sphären des Weltalls geschrieben habe, der Erde gewisse Bewegungen beilege, sogleich erklären möchten, ich sei mit solcher Meinung zu verwerfen.«[28] Der Domherr ließ den Papst auch wissen, was er von Kritikern hielt, die ihn mit der Bibel mundtot machen wollen: »Wenn es vielleicht doch Dummschwätzer geben wird, die, ob sie schon jedes mathematischen Wissens unkundig sind, doch darüber ein Urteil sich anmaßen und aufgrund irgendeiner Stelle der SCHRIFT, die sie zu ihrem Zweck bös verdreht haben, sich erfrechen sollten, dies mein Vorhaben zu tadeln und zu verunglimpfen, so halte ich mich mit denen nicht auf, derweil ich im Gegenteil ihr Urteil als leichtfertig verachte.«[29]

Das falsche Vorwort

Joachim Rheticus, der Frauenburg im Herbst 1941 verließ, brachte eine Abschrift des fertigen Manuskripts nach Nürnberg, wo *De revolutionibus* gedruckt werden sollte. Da Rheticus aber schon im Oktober wegen einer Berufung als Professor an die Universität Leipzig abreisen mußte, übertrug er die Betreuung der Druckarbeiten dem Nürnberger Reformator Andreas Osiander. Er hatte mit dem lutherischen Theologen schon seit einiger Zeit Briefe ausgetauscht, in denen dieser sich als Befürworter der heliozentrischen Lehre zu erkennen gegeben hatte.

Als im Frühjahr 1543 das gedruckte Exemplar erschien, war das Entsetzen im Freundeskreis des Kopernikus groß. Denn Osiander hatte während der Drucklegung eigenmächtig ein anonymes Vorwort »An den Leser« vorangestellt, in dem er die Lehre des Kopernikus lediglich als Hypothese hinstellte, die keinerlei Wahrheitsanspruch beanspruche.

Osiander beabsichtigte damit, den befürchteten Attacken der Kritiker von vornherein den Wind aus den Segeln zu nehmen.

Kopernikus konnte sich gegen diese Interpretation Osianders nicht mehr verteidigen. Er hatte zum Zeitpunkt der Veröffentlichung von *De revolutionibus* einen Schlaganfall erlitten und war am 24. Mai 1543 gestorben. In der Forschung ist es bis heute unklar, ob Kopernikus jemals ein Druckexemplar seiner Hauptschrift zu Gesicht bekommen hat: »Gelegentlich wird der Sachverhalt so dargestellt, als habe Kopernikus auf dem Totenbett sein Werk in den Händen gehalten und dabei voller Entsetzen mit brechendem Auge die Schandtat des falschen Vorwortes feststellen müssen. Dafür gibt es jedoch keine Stützung.«[30] Bekannt ist aber, daß Bischof Tidemann Giese gegen Osianders falsches Vorwort protestierte und forderte, daß dieser Mißbrauch des Vertrauens nicht ungestraft bleiben dürfe. Er strengte sogar einen Prozeß an, doch die Klage wurde abgewiesen.

Schon bald geriet die Angelegenheit völlig in Vergessenheit. In späterer Zeit ging man selbstverständlich davon aus, daß das Vorwort von Kopernikus stamme. Im nachhinein betrachtet, war also die Strategie Osianders tatsächlich aufgegangen. Da die Lehre des Kopernikus lediglich als Hypothese vorgestellt wurde, die keinen Wahrheitsanspruch erhob, blieb zunächst der Konflikt mit den Theologen aus und die neue Interpretation konnte ungehindert verbreitet und diskutiert werden. Erst Johannes Kepler, der das System des Kopernikus fast ein Jahrhundert später verbesserte, indem er Ellipsenbahnen statt der vom Domherrn angenommenen Kreisbahnen oder Sphären einführte und das antike Dogma von der gleichförmigen Bewegung widerlegen konnte, hat herausgefunden, daß das Vorwort zu *De revolutionibus* von Osiander und nicht von Kopernikus stammte.

Die Prutenischen Tafeln

Für Melanchthon blieb die Bewegung der Erde, die im Widerspruch zur Bibel stand, eine Wahnidee. Dennoch wurde das Hauptwerk des Kopernikus auch an der Universität Wittenberg nicht tabuisiert. Der Mathematiker und Astronom Erasmus Reinhold, ein enger Mitarbeiter Melanchthons, der die bisher gebräuchlichen alfonsinischen Sterntafeln, die auf die Gelehrten am Hof König Alfons X. von Kastilien und Leon im 13. Jahrhundert zurückgingen und fehlerhaft waren, erneuern wollte, orientierte sich nun auch an den mathematischen Konstruktionen des Kopernikus, indem er die Werte des Heliozentrismus als Hypothese akzeptierte, ohne dabei das heliozentrische System grundsätzlich anzuerkennen. Er lieferte sozusagen eine Wittenberger Interpretation der Lehre des Kopernikus, die sich in den von Melanchthon vorgegebenen Grenzen bewegte. 1551 gab Erasmus Reinhold, mit Unterstützung Melanchthons, seine neuen Sterntafeln heraus, die er zu Ehren des Hauptfinanziers seiner Forschungsarbeit, Herzog Albrecht von Preußen, »Prutenische Tafeln«, nannte. Indem die Wittenberger Mathematiker also auf die Ergebnisse des Domherrn als Arbeitshypothese zurückgegriffen, haben sie letztlich dazu beigetragen, daß die Lehre des Kopernikus weiter in der Diskussion blieb.

Die Entdeckungen des Kopernikus wurden schon bald zur Forschungsgrundlage für Giordano Bruno, Johannes Kepler und Galileo Galilei. Mit dem Übergang zum 17. Jahrhundert hat dann auch die römische Kirche dieses neue Weltbild bekämpft. Denn als Giordano Bruno zu der Erkenntnis eines unendlichen Universums kam, zogen die katholischen Theologen die Notbremse. In einem unendlichen Raum schien das christliche Heilsgeschehen auf der Erde immer mehr zu einem Randereignis im gesamten Universum zu werden. Die Vertreter des heliozentrischen Weltbildes wurden nun von der Inquisition verfolgt. Giordano Bruno endete auf dem Scheiterhaufen, und später mußte Galileo Galilei öffentlich seine Forschungsarbeit widerrufen, um nicht ein ähnliches Schicksal wie Bruno zu erleiden. Daß Kopernikus dennoch zum Symbol des neuzeitlichen Bewußtseins wurde, war auf die Dauer nicht mehr aufzuhalten.

Die Wut der Theologen

Am 1. April 1560 ist Philipp Melanchthon im Alter von 63 Jahren gestorben. Fünf Jahre zuvor hatte der Reichstag in Augsburg den Religionsfrieden vereinbart. Das lutherische Bekenntnis, das sich wesentlich auf die von Melanchthon 1530 erarbeitete *Confessio Augustana* stützte, war vom Reichsrecht anerkannt. Die lutherische Konfession stand jetzt ebenso wie die katholische unter dem Schutz des Landfriedens. Die Landesherren hatten das Recht, frei zwischen beiden Bekenntnisse zu wählen. Damit war die Zeit der Reformation beendet. Das Zeitalter des Konfessionalismus hatte begonnen.

Philipp Melanchthon hat noch erlebt, daß der Parteienstreit der Konfessionen auch innerhalb der reformatorischen Kirchen mit harten Bandagen ausgetragen wurde. Der Lehrer Deutschlands, der *Praeceptor Germaniae*, der so viel für die Bildungsreform getan hatte und nach Luthers Tod 1546 sozusagen zum ersten Repräsentanten des Luthertums geworden war, war selbst in die Frontlinie der innerprotestantischen Streitigkeiten geraten. Denn die Bewahrer des reinen Luthertums, die vor allem von der Universität Jena aus agierten, warfen Melanchthon vor, die reine Lehre Luthers zu verraten und beschimpften ihn als heimlichen Anhänger des Genfer Reformators Calvin. Für viele Bewahrer des angeblich reinen Luthertums war der Unterschied zum Calvinismus noch größer als zum Katholizismus. Ihre Losung lautete: »Lieber türkisch oder papistisch als calvinisch!«[31] Noch auf dem Sterbebett hatte Melanchthon bekannt, daß er den Tod auch deshalb nicht fürchte, weil der ihn endlich von der Wut der Theologen befreie.

Wie heftig die Auswirkungen des religiösen Eifers ausfallen konnten, hatte sich auch an einem Ereignis in Genf gezeigt, das letztlich zu einem schwarzen Tag für den gesamten Protestantismus werden sollte. Auch Melanchthon war noch in seinen letzten Lebensjahren in diese Angelegenheit hineingezogen worden.

Der Fall Servet

Am 27. Oktober 1553 hatte der Genfer Reformator Johann Calvin den Spanier Michael Servet auf dem Scheiterhaufen verbrennen lassen, weil er die Trinität Gottes geleugnet hatte. Für die Reformatoren wie für die Katholiken waren die altkirchlichen Dogmen der Trinität und der Zwei-Naturen-Lehre in der Christologie unantastbar. Deshalb hatte Philipp Melanchthon in einem Brief vom 14. Oktober 1554 an Calvin, das harte Vorgehen in dieser Sache noch einmal ausdrücklich gelobt: »Lieber Bruder, die Kirche sagt Dir Dank und wird Dir in Zukunft Dank sagen. Eure Amtspersonen haben recht gehandelt, als sie diesen Gotteslästerer zum Tode verurteilten.«[32] Melanchthon war davon überzeugt, daß die Genfer mit der Verbrennung Servets der

Nachwelt ein »frommes und denkwürdiges Beispiel«[33] gegeben hatten. Der Spanier hatte mit seiner Ablehnung der altkirchlichen Dogmen für ihn die grundlegenden Bekenntnisse der Christenheit angegriffen.

Tatsächlich hatte Michael Servet den Kirchen aller Konfessionen zeigen wollen, daß ihre Theologie seit der Zeit der frühen Kirche von falschen Voraussetzungen ausging. Dabei war Servet im engeren Sinn kein Theologe. Nach seinem Studium der Jurisprudenz und der Medizin in Toulouse war er vor allem in Frankreich als praktizierender Arzt tätig gewesen. Seine medizinischen Traktate fanden viel Beachtung, vor allem die Entdeckung des kleinen Blutkreislaufs. Doch neben seiner Beschäftigung mit der Medizin und anderen Naturwissenschaften hatte Servet auch ein besonders Interesse für die religiösen Streitfragen seiner Zeit. So war er nach dem Studium der jüdischen Literatur zum Beispiel davon überzeugt, daß Jesus und seine Jünger als Juden nur zu ihren jüdischen Mitmenschen gesprochen hatten und niemals vom strengen jüdischen Monotheismus abgewichen seien. Servet lehnte deshalb den Christus des kirchlichen Dogmas ab und wollte das Christentum zur Religion Jesu zurückführen. Die Reformation war nach seiner Ansicht auf halbem Weg stehengeblieben. Die Reformatoren nannten sich zwar evangelisch, waren aber nicht wirklich bis zu den Evangelien als Richtschnur des christlichen Glaubens zurückgegangen, sondern hatten die Dogmen der frühen Kirche anerkannt und dadurch die Religion Jesu verfehlt. Das größte Ärgernis in der kirchlichen Theologie war für Servet die Trinitätslehre, die er als undurchsichtige Spekulation ablehnte. Denn in den drei ewigen Hypostasen Gottes sah er einen radikalen Bruch mit dem Monotheismus Jesu. Aufgrund dieser abweichenden religiösen Ansichten wurde Michael Servet im protestantischen Genf zum Tode verurteilt. Daß der Reformator Calvin den Spanier sogar bei lebendigem Leib hatte verbrennen lassen, war in Wittenberg und in Rom, angesichts der Schwere des Vergehens, mit Beifall bedacht worden.

Aber es gab auch Protest. Einige waadtländische Pfarrer in der Schweiz verurteilten die Hinrichtung von der Kanzel herab als illegal und unreligiös. Der große französische Rechtsgelehrte Jean Boudin stritt Calvin zumindest das Recht ab, in einer religiösen Streitfrage Todesurteile zu verhängen. Einige Humanisten in Europa tauschten untereinander Briefe aus, in denen sie sich über die Hinrichtung Servets empört zeigen. Doch dieser Protest wurde nicht öffentlich, sondern blieb in den vier Wänden der Studierstuben. Selbst der Berner Stadtschreiber Nikolaus Zurkinden, der es wagte, dem mächtigen Calvin in einem Brief seine Entrüstung über Servets Hinrichtung mitzuteilen, versah diese Kritik mit der Bemerkung, daß er selbstverständlich in der Öffentlichkeit dazu schweigen werde.

Dennoch wagte es eine einsame Stimme laut und deutlich gegen die Liquidierung Servets zu protestieren und herauszuschreien: »Einen Menschen zu töten heißt nicht, eine Lehre zu verteidigen, sondern einen Menschen zu töten.«[34] Sein Name war Sebastian Castellio. Er war ein bisher unauffälliger humanistischer Gelehrter aus Savoyen und eigentlich kein sonderlich mutiger Charakter. Auch er lehnte die Theologie Michaels Servets ab, aber nach dessen grausamem Tod wollte er nicht mehr schweigen. Zunächst trat er als Herausgeber unter dem Pseudonym Martinus Bellius auf und veröffentlichte im März 1554 seine Schrift *De haereticus,* »Über die Häretiker«. Castellio nahm kein Blatt vor den Mund. Da Calvin sich bei der Hinrichtung Servets auf die Verteidigung des Wortes Gottes berief, fragte ihn Castellio: »Wenn Christus Dir diese Dinge angeblich befiehlt, was hast Du denn dann dem Teufel noch zu tun übriggelassen?«[35]

Schon bald zeigte sich Castellio in diesem Kampf auch mit offenem Visier, ohne sich hinter einem Pseudonym zu verstecken. Er warf Calvin vor, das christliche Lehramt zu einem Henkersamt gemacht zu haben. Einen Christen erkenne man daran, daß er Menschen mit einer anderen Meinung nicht verachte, geschweige denn töte. Für Castellio steckt hinter jeder Ketzerverfolgung religiöse Heuchelei und nicht selten auch reine Machtgier. Männer wie Calvin verstünden es immer wieder, jeden Angriff gegen ihre Person oder ihre Lehre als Angriff auf Gott umzudeuten. Daran ändere auch nichts, daß man sich auf die Zustimmung der breiten Masse berufen könne. Das Urteil der Menge richte sich allzu gern nach dem, was man ihr einrede. Der Wahrheit könne man sich nur durch unabhängiges Denken nähern. »Der Freund der Wahrheit gehorcht nicht der Menge, sondern der Wahrheit.«[36]

Sebastian Castellio bediente sich auch der aus Sebastian Francks »Ketzerchronik« bekannten Argumentation, nach der die Bezeichnung Ketzer ein relativer Begriff ist, der zu jeder Zeit etwas anderes bedeuten kann. Man müsse sich nur daran erinnern, daß schließlich auch Jesus als Ketzer hingerichtet worden sei. Alle Urteile gegen Ketzer zeigten, daß es dabei stets nur darum ginge, Menschen angeblich im Namen Gottes zu beseitigen, weil sie sich keine normierte Einheitsreligion aufzwingen lassen wollten. Castellio plädierte deshalb an die menschliche Vernunft. »Die Vernunft ist sozusagen die Tochter Gottes. Sie bestand vor allen Schriften und Zeremonien und vor der Erschaffung der Welt.«[37] Wer sich von der Vernunft leiten lasse, werde niemanden verfolgen, nur weil er etwas anderes denke. Denn gerade in Fragen der Religion mache der Gebrauch der Vernunft deutlich, daß kein einzelner und keine religiöse Gruppe ein Monopol der Deutungshoheit christlicher Wahrheiten für sich beanspruchen könne: »Wir irren alle, die einen wie die anderen: Wohlan laßt uns dennoch freundlich miteinander umgehen.«[38] Castellio kämpfte für die Freiheit des Gewissens und für religiöse Toleranz. Er glaubte an die Barmherzigkeit des christlichen Gottes und verurteilte die selbsternannten Schergen Gottes, die überall und immer wieder Glaubens- und Gewissenszwang verbreiteten.

Natürlich holten die Genfer sofort zum Gegenangriff aus. Johannes Calvin und vor allem sein enger Vertrauter, Théodor de Bèze, warnten alle Christen vor Castellio, der ein *instrument choisi de Satan*, »ein auserwähltes Werkzeug des Teufels«, sei. Die Genfer wandten sich an die Ratsherren von Basel, wo Sebastian Castellio an der Universität Griechisch lehrte, und forderten sie auf, den Aufwiegler davonzujagen. Teilweise gelang es ihnen, den Druck von Castellios Schriften zu verhindern. Man versuchte, Castellio mit allen Mitteln Schwierigkeiten zu bereiten. Dabei schreckten die Genfer nicht einmal davor zurück, das Gerücht zu streuen, daß Castellio an einem Holzdiebstahl beteiligt gewesen sei. Schließlich gelang es Calvin und de Bèze über ihre Mittelsmänner in Basel, Castellio beim Rat der Stadt wegen Gotteslästerung anzuzeigen, weil er die göttliche Inspiration der neutestamentlichen Briefe des Paulus leugne. Als de Bèze dann deutlich machte, daß ein Häretiker nicht anders bestraft werden könne als ein Mörder, war Castellio klar, daß die Genfer sich zum Ziel gesetzt hatten, ihn ebenso wie Servet als Ketzer zu verurteilen.

In dieser aufgeheizten Verfolgungshysterie wandte sich der savoyische Humanist noch einmal direkt an Calvin und de Bèze: »So bitte ich Euch beim Blut Christi, laßt mich in Frieden und hört endlich auf, mich zu verfolgen. Gesteht mir die Freiheit meines Glaubens zu und auch die Freiheit, diesen zu bekennen, so wie Ihr wollt, daß ich Euch Eure Freiheit lasse, was ich ja tue.«[39] Doch es war gerade diese von Castellio geforderte Gewissens- und Glaubensfreiheit, die die Genfer Reformatoren so in Rage brachte. Wie alle Verfechter einer religiösen Ideologie sahen sie in der Forderung nach Glaubens- und Meinungsfreiheit die Gefahr eines religiösen Relativismus.

Melanchthons Schutzbrief

Zu diesem Zeitpunkt der Auseinandersetzung hatte auch Philipp Melanchthon zu der Sache Castellio Stellung bezogen. Der *Praeceptor Germaniae*, der selbst in Deutschland in den innerlutherischen Streit gezogen wurde und unter der Wut der Theologen litt, war von dem französischen Humanisten Hubert Languet auf die Situation des savoyischen Humanisten aufmerksam gemacht worden. Im November 1557 hatte Melanchthon einen Brief an Sebastian Castellio geschrieben, in dem er die zahlreichen religiösen Streitigkeiten beklagte, die nun überall ausgebrochen seien. Zugleich lobte er Castellio als hervorragenden Exegeten der biblischen Schriften und als ausgezeichneten Kenner der antiken Sprachen, dem es in herausragender Weise gelinge, die humanistischen Wissenschaften in den Dienst der religiösen Erneuerung zu stellen. »Ich will, daß dieser Brief Dir ein Zeugnis meiner Zustimmung und ein Beweis aufrichtiger Sympathie sei. Möge uns eine ewige Freundschaft verbinden.«[40] Melanchthon verlor allerdings kein Wort über Castellios Protest gegen die Hinrichtung Servets, die er selbst noch zwei Jahre zuvor ausdrücklich gutgeheißen hatte. Er vermied es auch, auf die von Castellio geforderte Glaubens- und Gewissensfreiheit einzugehen. Dennoch schien bei ihm angesichts der zahlreichen religiösen Streitigkeiten ein gewisser Meinungswandel eingetreten zu sein: »Ich hoffe, bald in die himmlische Kirche einzugehen, weit weg von den wilden Stürmen, die die Kirche hier unten so grauenhaft erschüttern.«[41] Daß Melanchthon sich persönlich an Castellio gewandt und ihm seine Freundschaft angeboten hatte, wurde von vielen Humanisten als eine Absage des Wittenbergers an die unsinnigen religiösen Verfolgungen und als ein Schutzbrief für Castellio gedeutet.

Die Verfolgung geht weiter

Als Calvin im April 1558 von diesem Brief Melanchthons an Castellio erfuhr, richte er seine Entrüstung nicht offen gegen Melanchthon, sondern vielmehr gegen Hubert Languet, dem er vorwarf, eine Intrige angezettelt zu haben. Denn Languet habe Melanchthon getäuscht und verbreite nun dessen Lob auf Castellio in Frankreich, um die Protestanten dort gegen Genf aufzubringen. Melanchthons Appell, die Verfolgungen einzustellen, fand in Genf kein Gehör. Daß der Lehrer Deutschlands zu diesem Zeitpunkt, wenige Jahre vor seinem Tod, angesichts der zahlreichen religiösen Streitereien vermutlich milder im Umgang mit Abweichlern geworden war, wurde nicht mehr zu Kenntnis genommen.

Calvin, de Bèze und ihre Verbindungsmänner in Basel schafften es vielmehr, Castellio mit neuen Anklagen vor den Basler Rat zu bringen. Sie waren dabei durchaus erfindungsreich. Einmal sollte er die Erbsünde geleugnet haben, dann ein Wiedertäufer und ein anderes Mal ein Papist sein. Sebastian Castellio mußte einsehen, daß er im Einflußbereich der Genfer Reformatoren niemals mehr Ruhe finden würde.

Auch die einst liberale Atmosphäre in Basel wurde durch den Einfluß Calvins mehr und mehr zurückgedrängt. Während Sebastian Franck vor den Verfolgungen durch seine reformatorischen Gegner in Deutschland noch bis zu seinem Tod 1542 in dieser Stadt eine sichere Zuflucht gefunden hatte, konnte Castellio sich darauf jetzt nicht mehr verlassen. Er befürchtete, daß es seinen Gegnern über kurz oder lang gelingen würde, ihm den Prozeß zu machen. Nur wenige Tage, bevor er zusammen mit dem italienischen Humanisten Bernadino Ochino zu Freunden nach Polen fliehen konnte, ist Sebastian Castellio am 29. Dezember 1563 in Basel plötzlich im Alter von 48 Jahren gestorben. Er hinterließ eine Ehefrau und acht Kinder. Wie alle Universitätsprofessoren wurde Sebastian Castellio im Kreuzgang des Basler Münsters beigesetzt. Drei junge polnische Aristokraten, die seine Studenten gewesen waren, stifteten die Grabplatte.

Doch auch nach seinem Tod scheinen seine Gegner ihren religiösen Haß nicht überwunden zu haben. Théodor de Bèze dankte zwar seinem Gott, daß er die Welt endlich von diesem Ketzer befreit hatte, er setzte sich aber gleichzeitig vehement dafür ein, die Erinnerung an diesen Mann und seine Lehre auszulöschen. Dazu blieb ihm noch reichlich Zeit, denn de Bèze überlebte Castellio um 42 Jahre und ist 1605 im Alter von 86 Jahren gestorben.

Zwischen 1577 und 1600 wurde das Grab Castellios aus unbekannten Gründen geöffnet, dabei verschwand die Platte mit der Inschrift, so daß die letzte Ruhestätte des Humanisten fortan nicht mehr aufzufinden war.

»Um diese Tatsache ranken sich allerlei Vermutungen und Insinuationen, aber es konnte nie bewiesen werden, daß die Grabstätte Castellios mit irgendeiner Absicht unkenntlich gemacht wurde.«[42]

Die Zeit war noch nicht reif

Sebastian Castellio war nicht der einzige Verteidiger der religiösen Toleranz im 16. Jahrhundert. Sebastian Franck war mit seinen Forderungen sicher noch viel radikaler. Aber allein die Tatsache, daß Castellio sich als einziger öffentlich gegen den mächtigen und unerbittlichen Calvin gestellt hatte, hebt ihn besonders hervor. Der Schweizer Historiker und Castellio-Forscher Hans R. Guggisberg zählt Sebastian Castellios Toleranzschriften zu den Marksteinen in der europäischen Geschichte der Religionsfreiheit, auch wenn Castellios Kampf zu seiner Zeit noch vergeblich war: »Die Toleranzverteidigung war für ihn selbst und in seiner Zeit eindeutig ein Mißerfolg. Ihre historische Bedeutung sollte erst viel später allgemein erkannt und anerkannt werden. In dieser Hinsicht gleicht Castellios Schicksal allerdings demjenigen vieler anderer Nonkonformisten und Alternativdenker des konfessionellen Zeitalters.«[43]

Erst an der Wende des 16. zum 17. Jahrhunderts, zu Beginn der Aufklärungszeit, wurde Sebastian Castellio dann zunächst in den Niederlanden wiederentdeckt. Kurioserweise traten seine Gedanken jetzt wieder gegen Calvin an. Denn die ersten, die sich nun auf Castellios Schriften beriefen, waren die Arminianer, die für liberale Reformen im Calvinismus kämpften.

Von der Aufklärung
zur Revolution

Die philosophierende Bischofin

Sophie von der Pfalz (1630–1714) und die konfessionelle Einheit in Europa

Ich hoffe, alle Christen werden bald eins sein … Für uns Reformierte würde es von Vorteil sein … Mein Bruder selig hätte sehr gern die Vereinigung mit dem Papst gesehen. In jener (anderen) Welt wird man uns nicht (danach) fragen, welcher Religion wir angehört, sondern was wir Gutes und Böses getan haben. Daran ist (doch) wohl am meisten gelegen; alles andere ist Pfaffengezänk. Und es ist Sache der Fürsten, diese (Querelen) beizulegen. Ich bekenne (es freimütig): Mit Blick auf die Religion ergreife ich ebenso wenig Partei wie mein Bruder, der Kurfürst, der alle Religionen gleich behandelte und nichts dabei fand, daß »Madame« die Konfession wechselte, weil die Vorsehung es zu ihrem Vorteil so wollte. Ganz im Vertrauen gesagt: Wären Calvin und Luther nicht gekommen, wären wir alle katholisch. Und dann könnten Sie (Meine verehrte Louise) noch am kaiserlichen Hof Karriere machen, Hofdame werden und sich entsprechend Ihrem Stand gut verheiraten …[1]

Sophie

Dieser, mit einem schlichten »Sophie« unterzeichnete, Brief stammt nicht aus der Feder irgendeiner Unbekannten, deren schriftliche Nachlässe man in einem ramponierten Kasten auf dem Dachboden eines verlassenen Hauses zufällig aufgefunden hat.

Hinter der Signatur »Sophie« verbirgt sich keine Geringere als Sophie von der Pfalz, Frau des Herzogs Ernst-August von Hannover und in Personalunion auch Fürstbischof von Osnabrück. Sie ist die jüngste Schwester des im Brief genannten Kurfürsten Karl Ludwig von der Pfalz.

Adressatin des Briefes ist Louise, Raugräfin von der Pfalz. Die Raugräfin war eine der Töchter aus der zweiten Ehe von Sophies Bruder mit Marie-Luise von Degenfeld. Diese war am Hof zu Heidelberg Hofdame bei Charlotte, der Frau des Pfälzer Kurfürsten.

Um »die Degenfeld« heiraten zu können, hatte Karl Ludwig 1657, als Herr seiner calvinistischen Kirche, aus eigener Machtvollkommenheit die seit 1650 bestehende, inzwischen aber sichtbar zerrüttete Verbindung mit der hessischen Landgräfin annulliert; wobei er sich auf ein schon damals umstrittenes Gutachten des Heidelberger Juristen Friedrich Bökelmann stützte.

Sophie, unsere Briefschreiberin, war seit 1679 Herzogin von Hannover, nachdem ihr Ehemann Ernst-August seinen älteren, kinderlos verstorbenen Bruder Johann Friedrich (1625–1679) an der Spitze des Herzogtums beerbt hatte.

In Hannover machte Sophie die wohl bedeutendste Bekanntschaft ihre Lebens: Sie lernte Gottfried Wilhelm Leibniz kennen, den 15 Jahre jüngeren Hofrat und Leiter der herzoglichen Bibliothek, den Johann Friedrich drei Jahre zuvor für diese Aufgabe hatte gewinnen können.

Sehr schnell erkannte die – selbst umfassend gebildete und in Leiden ausgebildete – neue Herrin im Schloß an der Leine, Leibniz' Bedeutung, der in dem Ruf stand, zu den universalen Gelehrten Europas zu gehören. Leibniz selbst soll einmal über sich gesagt haben: »Schon beim Aufwachen hatte ich so viele Einfälle, daß der Tag nicht ausreichte, um sie niederzuschreiben.«[2]

Einer dieser Einfälle beschäftigte Leibniz schon seit jenen Tagen, als er (von 1668–1672) in Diensten des Kurfürsten von Mainz, Erzbischof Johann Philipp von Schönborn, gestanden hatte. Es war die Idee, die getrennten Kirchen im Reich wieder zu vereinen, um die Spaltung der Christenheit zu überwinden.

Diese Idee war nicht gerade neu: Bereits kurz nach dem Aufbruch der reformatorischen Bewegung hin zu einer eigenen, vom Papsttum und Rom unabhängigen christlichen Kirche gab es immer wieder Versuche, das Auseinanderbrechen der abendländischen Kircheneinheit zu verhindern oder die bereits vollzogene Spaltung rückgängig zu machen.

Vergeblich. Begünstigt durch die Aufnahme von Vorstellungen und Grundsätzen aus dem Humanismus setzte die Reformation nach und nach Kräfte frei, die einen geradezu umwälzenden Einfluß auf Theologie, Lehre und Ausbildung gewannen. Die neuartige geistige Strömung hatte vor allem über Luthers Denkschrift »An den christlichen Adel« (die wohl wichtigste der drei reformatorischen Schriften von 1520) eine, wenn auch keine breite, so doch alle sozialen Schichten der Bevölkerung durchdringende Zustimmung und Annahme gefunden.

Fußend auf der bereits im vorausgehenden Jahrhundert sich abzeichnenden landesherrlichen Kirchengewalt begannen einzelne Fürsten (Kursachsen und Hessen) in der Folge mit der Organisation lutherischer Landeskirchen, also voneinander rechtlich unabhängiger Territorialkirchen, die der Gewalt des jeweiligen Landesherrn unterstanden.[3]

Die Politik hatte sich Luthers Reformvisionen nicht zuletzt auch deswegen zu eigen gemacht, weil die Vorstellungen des Wittenberger Augustiner-Eremiten von einer Reform der Kirche durchaus eigenen politischen Träumen und Planspielen entgegenzukommen schienen. Die aus diesem Geist entstandenen ersten Bündnisse gegen Kaiser und Reich – und damit auch gegen das Papsttum – waren allerdings nicht von Dauer.

Diese Entwicklungen sowie der Streit mit Kaiser Karl V., der bis zu seiner Abdankung im Jahr 1556 mit allen Mitteln verbissen um die Einheit von Reich und Kirche gekämpft hatte, führten schließlich zu einem ersten politischen Erfolg der neuen Bewegung.

Auf dem schon von Karls Bruder und Nachfolger Ferdinand I. geleiteten Reichstag zu Augsburg wurde 1555 die Abkehr der Reichsstände von der »alten Religion« und die Hinwendung zu Luther und seinen

Vorstellungen von Theologie und Kirche straffrei akzeptiert. Allerdings blieb dieses Recht ausschließlich dem Landesherrn *(Ius reformandi)*, und hier auch nur den nicht-geistlichen Territorien vorbehalten *(Reservatum ecclesiasticum)*. Die Bevölkerung war und blieb ganz dem Willen des Landesherrn ausgeliefert. Wer den Bekenntniswechsel aus Gewissensgründen nicht mitvollziehen konnte oder wollte, der sollte – unter Zurücklassung aller unbeweglichen Güter – auswandern dürfen.

Dieser »Augsburger Religionsfriede« wurde seinem Namen jedoch nicht gerecht. Anstatt den religiösen Frieden im Reich zu stützen und sichern zu helfen, provozierte er vielmehr europaweit scharfe Reaktionen gegen den sich weiter ausbreitenden Protestantismus. Sie mündeten 1618 schließlich in den großen Kontinentalkrieg: den Dreißigjährigen Krieg, der bis 1648 dauerte.[4]

Waffengang der Grausamkeiten

Der Krieg hatte sich zwar als gleichsam konfessioneller Bürgerkrieg zunächst an den religiösen Gegensätzen in Deutschland entzündet, war aber mit dem Beitritt ausländischer Mächte und auf Grund wechselnder Kriegskoalitionen sehr schnell zum machtpolitischen Kräftemessen geworden, begleitet von unvorstellbaren Grausamkeiten auf allen Seiten.

Die Dezimierung der Bevölkerung sowie die Verwüstungen in weiten Regionen des Reiches hatten das Land an den Rand des wirtschaftlichen Ruins gebracht. Und da sich fast ganz Europa im Kampf befand, mußten die kriegführenden Parteien sehr bald einsehen, daß ihre materiellen Verluste im Kriegsgeschäft irgendwann nicht mehr aufgeholt oder wettgemacht werden konnten und daß letztlich keine Seite das vollkommene Kriegsglück mit dem erhofften Sieg für sich erzwingen konnte. Um nicht vollends im Strudel des materiellen und territorialen Niedergangs mitgerissen zu werden, wurde der Ruf nach einem umfassenden und dauerhaften Frieden laut. Das aber hieß verhandeln; und bedeutete, daß alle Seiten zu Kompromissen bereit sein mußten, wollte man möglichst alle beteiligten Parteien in ihren Ansprüchen zufrieden stellen.

Es sollten langwierige Verhandlungen werden.

Bereits 1644 gab es erste Vorgespräche, die dann 1645 in reguläre Friedensgespräche einmündeten.

Nach einem Vorschlag der schwedischen Königin Christine einigte man sich auf die Städte Münster und Osnabrück als Verhandlungsorte. Die beiden Kommunen wurden zu diesem Zwecke »neutralisiert«, d. h. aus dem Kriegsgeschehen herausgenommen, alle fremden Truppen hatten sich zurückzuziehen.

In Münster verhandelten der Kaiser und die katholischen Reichsstände mit den Franzosen, den Spaniern und Portugiesen und mit den ebenfalls geladenen Generalstaaten der Vereinigten Niederlande; sie führten zu dem Vorfrieden am 30. Januar 1648 in Den Haag. In Osnabrück verhandelten die Schweden mit dem Kaiser und den protestantischen Reichsständen.

Die Gespräche wurden mit dem erklärten Ziel geführt, einen umfassenden, vertraglich gesicherten Frieden zu schaffen. Das hatte notwendigerweise zur Folge, daß ohne Vorbehalte und unvoreingenommen diskutiert werden mußte; aber auch, daß die 148 beteiligten Gesandtschaften die historischen Fakten und die religiösen wie auch gesellschaftspolitischen Veränderungen seit 1517 im Reich nicht ignorieren konnten.

Denn wenngleich zwischen dem Augsburger Reichstag von 1555 und dem Friedensschluß von 1648 nicht einmal 100 Jahre lagen, hatte sich in dieser knapp drei Generationen umfassenden Zeitspanne doch Grundlegendes und Unumkehrbares in Europa ereignet.[5]

Das Ende einer Partnerschaft

Die Reformation, mit ihren religiösen wie politischen Auswirkungen im Reich und in Europa, hatte die mit der Taufe des Frankenkönigs Chlodwig Ende des 5. Jahrhunderts begründete und im Mittelalter zur Blüte geführten »Partnerschaft« zwischen Kaiser und Papst, zwischen Reich und Rom, sichtbar beendet. Die mit dieser Partnerschaft verbundene Ordnung im gesellschaftlichen Leben und im religiös-politischen Denken wurde zerschlagen, wenngleich sie auf dem Papier weiterbestand.

Papst und Kurie, deren Autorität und Einfluß im Reich vertraglich beschnitten und unterminiert worden waren, prangerten die Vereinbarungen von Münster und Osnabrück heftig an. Ihr Vertreter am Verhandlungstisch war der Kölner Nuntius Fabio Chigi gewesen, der nachmalige Papst Alexander VII.; doch auch er, der immer wieder als Vermittler während festgefahrener Verhandlungen angerufen worden war, konnte die völkerrechtliche Anerkennung des Protestantismus auf Kosten der »Alten Religion« nicht verhindern. Sein Vorgänger, der damals noch amtierende Papst Innozenz X., legte unmittelbar nach Abschluß der Friedensverhandlungen mit der Bulle *Zelo domus dei* schärfsten Protest gegen das westfälische Vertragswerk ein. Vergebens. Der Friedensschluß von 1648 bestätigte schwarz auf weiß, daß das Papsttum im Europa nördlich der Alpen seinen politischen wie geistlichen Einfluß weitgehend verloren hatte. Und auf Grund der politischen, dynastischen, geistig-kulturellen und sozialen Entwicklungen in Europa stand eine weitere Bevorzugung oder gar eine Vorherrschaft des katholischen Bekenntnisses dem politischen und wirtschaftlichen Aufbau des daniederliegenden Europas und den vertraglich nun sogar ausdrücklich gestützten partikularen Interessen der Fürsten nur im Wege.[6]

Aber auch die Protestanten mußten zurückstecken und sich in ihren Zielen bescheiden, obwohl summa summarum die protestantische Seite mehr Vorteile erringen konnte als »die Papisten«. So wurde zur Sicherung des konfessionellen Ausgleichs das *Ius reformandi* des Landesherrn festgeschrieben und damit Reichsrecht. Ganz der absolutistischen Ideologie verpflichtet, bekam der jeweilige Landesherr das letzte Wort über die Religionsangelegenheiten seiner Untertanen (*Cuius regio eius religio*). Der Konfessionswechsel eines Territoriums verpflichtet die Untertanen entgegen der bisherigen Regelung von 1555 nicht mehr, diesen mitzuvollziehen. Sie bekommen vielmehr das Recht, mit Hab und Gut auszuwandern und über das Schicksal ihrer Besitztümer eigenständig und unabhängig zu entscheiden.

Im Gegenzug schrieb der Friedenskongreß sehr zum Ärger der protestantischen Reichsstände aber auch das *Reservatum ecclesiasticum* fest, und zwar so, wie es bereits vom Reichstag zu Augsburg 1555 beschlossen worden war. Dies geschah in der Absicht, wenigstens den

Fortbestand der geistlichen Fürstentümer zu sichern. Im Kern beinhaltet dieser »geistliche Vorbehalt«, daß ein zum Protestantismus übergetretener geistlicher Fürst seiner kirchlichen Würde und aller damit verbundenen territorialen Besitzungen und Einkünfte verlustigt ging.

Die Reformierten (Calvinisten) wurden, dank der tatkräftigen Unterstützung durch den Kurfürsten von Brandenburg, als gleichberechtigte, dritte christliche Religionsgemeinschaft im Reich anerkannt; sie bekamen denselben Rechtsschutz wie die beiden anderen großen Konfessionen.

Dies hatte zur Folge, daß künftig alle reichsunmittelbaren Ämter und Kurien paritätisch zu besetzen waren. Konfessionelle Streitigkeiten mußten über gütliche Einigungen geregelt werden und nicht mit Hilfe des Mehrheitsvotums. Auch diese Regelungen stießen auf den heftigen Widerstand der Lutheraner.

Zur Regelung territorialer Ansprüche der am Krieg beteiligten Mächte wurden viele geistliche Besitztümer säkularisiert. Um diese ebenfalls rechtlich absichern zu können, hatte man sich auf das Jahr 1624 als sogenanntes »Normaljahr« verständigt. Der Stichtag war der 1. Januar. Dieses Datum schrieb die tatsächlichen Besitzverhältnisse am Kirchengut, den Besitz von Benefizien und Personalstellen oder deren Säkularisationen als unumstößlich fest. Anders lautende Bestimmungen oder Abmachungen mußten auf den Zustand des Jahres 1624 zurückgeführt werden. Das im »Passauer Vertrag« 1629 niedergelegte Restitutionsedikt Kaiser Ferdinands II. zur Rückgabe aller seit 1552 von den Protestanten eingezogenen Kirchengüter an die Katholiken wurde damit gegenstandslos.[7]

Überhaupt wurden mit dem Friedenswerk von 1648 erhebliche Teile der europäischen Landkarte neu gezeichnet.

So durfte Bayern etwa die bereits brutal re-katholisierte Oberpfalz behalten, mußte aber hinnehmen, daß die Kurpfalz im Umfang der alten Rheinpfalz wiederhergestellt und mit einer neuen, der 8. Kurwürde ausgestattet wurde. Die siebte »Kur« blieb den Bayern, vorerst …

Ein Aderlaß für das Reich war auch, daß die reformierten Vereinigten Niederlande sowie die Schweiz formell unabhängig wurden und damit aus dem Reichsverband ausschieden.

Zur Kasse gebeten wurden Kaiser und Reich zudem in Norddeutschland. Auch hier verschob sich das Machtgefüge endgültig zugunsten der Protestanten, und die konfessionelle Zukunft dieser Region wurde festgeschrieben: Die Bistümer Bremen – wobei hier die »Reichsstadt Bremen« ausgenommen war – und Verden (Aller) wurden säkularisiert und als Reichslehen an Schweden abgetreten, ebenso Vorpommern und Wismar. Die Schweden bekamen so die wichtigen Flußmündungen von Weser, Oder und Elbe unter ihre Kontrolle.

Brandenburg erhielt Hinterpommern mit dem Bistum Cammin, die Bistümer Halberstadt und Minden, die (ebenfalls säkularisiert und in weltliche Fürstentümer umgewandelt wurden), sowie die Anwartschaft auf das Erzbistum Magdeburg.

Die Bistümer Schwerin und Ratzeburg fielen an Mecklenburg; Kursachsen bekam die Ober- und die Niederlausitz als erbliches Lehen zugesprochen, Braunschweig das Recht, die protestantischen Bischöfe für Osnabrück zu benennen. 1692 sollte dann für Hannover eine neue, die neunte Kurwürde geschaffen und »die Bischofin von Osnabrück«, Sophie von der Pfalz, die erste Kurfürstin von Hannover werden …

Frankreich erhielt in Anerkennung der bereits seit 1552 okkupierten bzw. beanspruchten Gebiete, die Bistümer Metz, Toul und Verdun zugesprochen. Der Kongreß beugte sich den »faits accomplis«, den nicht mehr rückgängig zu machenden Tatbeständen. Ausgeschlossen von den Bestimmungen des Westfälischen Friedens blieben hingegen weitgehend die habsburgischen Erblande: Österreich mußte im Westen des Reiches u. a. das Ober- und Unter-Elsaß, den Sundgau sowie die Festung Breisach an Frankreich abtreten.[8]

Die Folgen des Feilschens

Die Wende von 1648 war keine scharfe Zäsur. Dennoch begünstigte und verstärkte das Vertragswerk von Münster und Osnabrück den politischen, religiösen, sozialen und besonders den geistig-kulturellen

Wandel. Einige der Veränderungen hatten schon im Mittelalter eingesetzt – begünstigt vor allem durch die Bestimmungen der sogenannten »Goldenen Bulle« von 1356 – und in der Epoche der Renaissance ihre Fortsetzung erfahren.

Die Staatsgewalt in Deutschland war nominell zwar weiter in der mittelalterlichen Reichsidee verankert: mit einem König und Kaiser an der Spitze, *de facto* und in fast allen Bereichen auch *de iure* hatten die Territorialfürsten die Macht übernommen.

Besonders die im Friedenswerk verankerte Vereinbarung, nach der die einzelnen Territorien nun ihre eigene »Außenpolitik« gestalten konnten, also Bündnisse eingehen durften, stärkten auf Kosten des Kaisers das Selbstbewußtsein und das vorwärtsdrängende Unabhängigkeitsstreben der Fürsten im Reich. Die für das Mittelalter so bezeichnende Selbständigkeit der Bürgerstädte verschwand fast gänzlich. Den dauerhaft versprochenen Frieden vor Augen, verließ der schon lange unbedeutend gewordene Land- und Reichsadel nach und nach seine militärisch weitgehend unsinnig gewordenen Burgen und zog an den fürstlichen Hof. Wo die Aussicht auf eine glänzende Karriere bestand, fiel es leichter, sich in den entstehenden zentralistischen Staatsaufbau einzufügen.[9]

Da die Bestimmungen des Friedenswerks in das Reichsrecht einflossen, bekam der Vertrag von 1648 den Charakter eines »Grundgesetzes« für das »Heilige Römische Reich Deutscher Nationen« – ein spätestens seit dem Kölner Reichsabschied von 1512 allgemein gebräuchlicher Name.

Die politische Ordnung dieses Reiches fußte seit der Erhebung des Frankenherzogs Konrad im Jahr 911 auf dem Prinzip der Wahl. Wie das Papsttum war auch das deutsche Königtum eine Wahlmonarchie. Und wie in der römisch-katholischen Kirche die Wahlmänner, die Kardinäle, den Papst wählten (und wählen) gaben die »Wahlfürsten«, die Kurfürsten, dem Reich den König und Kaiser. Daneben traten als zweite politische Macht die Landesherrschaften auf, als Reichsstände im Reichstag Gegner oder auch Partner des Königs – je nach Opportunität. Der Reichstag wurde nach 1648 zur ständigen Einrichtung mit Sitz in Regensburg.

Die Macht der Landesherrschaften gegenüber dem Reich und dem König gründete auch darin, daß sie, an ein Territorium gebunden und ausgestattet mit einer Unzahl von Sonderrechten, vielfach erblich waren, mit einer festen »Residenz«. Das mittelalterliche Königtum war ein Reisekönigtum: Der König und sein Gefolge waren ständig irgendwo im Reich unterwegs, begleitet von Troß und Truppen und dem Hoheitszeichen des Reiches. Dieses war in bewußter Anknüpfung an vorausgegangene glorreiche Epochen der Geschichte der Reichsadler, schon von Karl dem Großen dem antiken Kaisertum entlehnt und als kaiserliche Insignie verwendet. Er wurde um 1430 vom schwarzen »Doppeladler« abgelöst, der wiederum, nach 1806, vom österreichischen Kaisertum als Hoheitszeichen übernommen wurde.

Die weitere Schwächung der Staatsmacht mit dem Friedensschluß von 1648 bedeutete notwendigerweise auch eine Schwächung des religiösen Partners des Reiches, der Papstkirche. Das Modell der von den Protestanten erfundenen »Landeskirche« hatte es tendenziell in den Landesherrschaften schon vor 1517 gegeben.

Mit der Loslösung des Protestantismus von der Papstkirche erhielt in der nun neu aufzubauenden »Kirchenstruktur« die Landesherrschaft ein zusätzliches Recht: das *Jus episcopale*, das »Bischofsrecht«. Dieses beschränkte sich aber auf eine reine Schutz- und Aufsichtspflicht. Die Überwachung der Lehre war Sache der Prediger und Professoren an den vielen neugegründeten Universitäten. Die dem Landesherrn daraus zuwachsende Macht verleitete auch die katholischen Landesherren sich in ähnlicher Weise Zugriff auf die katholische Kirche in ihrem Territorium zu verschaffen. Das Staatskirchentum des obrigkeitsstaatlichen Partikularismus kündigte sich an.[10]

Und so begann mit der Unterzeichnung des Friedensvertrages nun die Abrißbirne den Bau der Reichskirche systematisch zu bearbeiten. Und ausgerechnet der katholische Protektor dieses Baus, der Kaiser des Reiches, spielte hierbei eine nicht immer rühmliche Rolle: Er steuerte, gebunden durch das Friedenswerk von 1648 und zuletzt auch durch seine eigene Hauspolitik, unwillentlich diese Schläge und läutete so den Anfang vom Ende der geistlichen Territorien und der reichsunmittelbaren geistlichen Institutionen ein. Rund 150 Jahre später, anno 1806, führte diese Politik zur unwiderrufbaren Auflösung des Reiches und der es stützenden Kirche.

Das Verhandlungsergebnis von 1648 setzte aber noch einen anderen Prozeß in Gang: den Wandel hin zu einem neuen Staats- und Gesellschaftsverständnis. Die mächtig aufbrechenden neuen staatsphilosophischen Ideen und Modellen und ein bislang so nicht gekanntes, reformatorisch beeinflußtes religiöses Selbstverständnis versuchten vergeblich sich 1848 in den europaweiten bürgerlichen Revolutionen Geltung zu verschaffen. Deutschland blieb sogar noch bis zum Jahre 1933 gegenüber seinen modernen Nachbarstaaten ein »altertümliches« Gemeinwesen (Franz Schnabel).

In anderen Staaten, gerade in England und Frankreich, vor allem in den Niederlanden, aber auch im kleinen belgischen Gebiet, zog die Moderne auf, auch und gerade die geistige: Zehn Jahre nach den bürgerlichen Revolutionen veröffentlichte Charles Darwin 1859 seine Theorie von der Evolution allen Lebens auf der Erde aus einem einzigen Organismus. Spätestens jetzt hatte die Bibel als universales Erklärungsmuster für Mensch, Erde und All ausgedient.[11]

Der deutsche Weg

Als das Reich in den Niedergang abrutschte, zählten es 314 reichsständische Territorien und 1475 Reichsritter, zusammen also 1789 selbständige Herrschaften. Während überall in Europa eine im König (Frankreich) oder im Parlament (England) verkörperte Staatsgewalt mehr und mehr Rechte an sich zog, war die Entwicklung im Reich gerade umgekehrt verlaufen. Die deutschen Könige hatten, um sich aus der Umklammerung durch die erblichen Lehensträger zu befreien, den Schulterschluß mit den Ministerialen, mit den Reichsbischöfen und Städten gesucht. Dieser Schritt scheiterte. Über die Vergabe von Regalien gingen Rechte und Besitz des Reiches verloren, und damit auch die des Repräsentanten, des »nur« gewählten Königs, während die geistlichen und weltlichen Landesherren an Besitz und Macht stetig zunahmen. Bereits gegen Ende des 12. Jahrhunderts hatte sich eine Fürstenschicht ausgebildet, die sich »dynastisch« verstand und Macht und Einfluß als Erbgut der eigenen (Groß-)Familie ansah. Weil der Erhalt der Dynastien im wesentlichen auf dem Prinzip von Erben und Vererben beruhte, setzten die Fürsten alles daran, Besitz und Rechte auszubauen und zu sichern. Zunächst einmal auf Kosten des Reiches, dann aber auch auf Kosten anderer gleichgestellter Herrschaften. Und das bedeutete entweder Krieg oder eine geschickte Heiratspolitik, die wiederum voraussetzte, daß man die eigene Kinder wie eine Ware »umsetzen« konnte.

Bischofliche Hoheit

Daß der Ehemann unserer »Sophie«, Ernst-August, an die Spitze des Fürstbistums Osnabrück und damit auch zum »Bischof« der alten Hansestadt berufen wurde, verdankte der Welfe den Bestimmungen des Westfälischen Friedens.

Für das letzte, reichsunmittelbare Fürstbistum Osnabrück hatten sich die Friedensgespräche von 1648 äußerst schwierig angelassen. Katholiken wie Protestanten beanspruchten die ausschließliche Herrschaft im Hochstift. Beide Seiten stützten sich in ihren Argumenten auf die Normaljahr-Regelung von 1624. Damals hielten sich beide Konfessionen im Fürstbistum in etwa die Waage.

Als die Verhandlungen zu scheitern drohten, einigte man sich auf einen für viele zunächst sonderbar anmutenden Vorschlag des schwedischen Chefunterhändlers in Osnabrück, des Grafen Johann Axelson Oxenstierna, Sohn des schwedischen Reichskanzlers.

Er schlug eine zwischen beiden Konfessionen wechselnde Landesherrschaft vor: zwischen einem vom Domkapitel zu wählenden katholischen und einem ernannten Fürstbischof der Augsburger Konfession, der immer aus dem Welfenhaus kommen sollte.

Diese als *successio alternativa*, als »Alternation« bekannt gewordene Lösung, wurde am 28. Juli 1650 beim Nürnberger Friedensrezeß durch die *capitulatio perpetua*, die »Immerwährende Kapitulation«, in 58 Artikeln näher bestimmt und rechtlich abgesichert. Ein Kuriosum am Rande: Seit 1648 und bis 1803 gehörten dem Osnabrücker Domkapitel auf Grund der Normaljahrregelung auch drei protestantische

Kanoniker an, die bei der Bischofswahl allerdings kein Stimmrecht besaßen – die gleiche Regelung galt beispielsweise auch für die konfessionell gemischten Domkapitel von Lübeck und Straßburg.

Der erste Landesherr und Bischof nach den Nürnberger Bestimmungen war ein alter Bekannter: Franz Wilhelm von Wartenberg, ein aus einer unstandesgemäßen Verbindung stammender Wittelsbacher, der im Jahr nach dem Friedensschluß zum Fürstbischof von Regensburg gewählt worden war.

Ihn hatten Herzog Georg von Braunschweig und Oberst Dodo von Knyphausen mit einem schwedischen Armeekorps fast einen Monat lang in Osnabrück belagert, bevor sie ihn Ende 1633 aus der Stadt vertreiben konnten. Sein Nachfolger wurde ein Schwede: Graf Gustav Gustavson.

Franz-Wilhelm konnte nun offiziell nach Osnabrück zurückkehren; doch mußte er auf die Bischofssitze Minden und Verden, die ihm 1629 bzw. 1630 zugefallen waren, verzichten: Der Friedenskongreß hatte beide Bistümer im Zuge der territorialen Neuordnung in Norddeutschland aufgehoben.

Umgehend nahm Franz Wilhelm mit großem Engagement seine Re-Katholisierungspolitik aus der Zeit vor 1633 wieder auf. Im Jahre 1661 starb der Regent. Ein Jahr zuvor hatte der Papst ihn wegen seiner Verdienste noch zum Kardinal gekührt.

Mit seinem Tod griff im Hochstift Osnabrück erstmals die *successio alternativa,* die sogenannte »Alternation«.

Gemäß Artikel 13 der »Immerwährenden Kapitulation« schickte das Welfenhaus in Hannover Fürst Ernst-August von Braunschweig-Lüneburg als neuen Landesherrn und Bischof nach Osnabrück; mit ihm zog auch die Fürstin an seiner Seite in den Teutoburger Wald um: Sophie von der Pfalz.[12]

Daß sie nun zur *altesse episcopale,* zur bischöflichen Hoheit aufsteigen konnte, verdankte sie einem internen Handel im Welfenhaus. Ursprünglich hatte man Sophie dazu ausersehen, Herzog Georg Wilhelm, den ältesten Bruder des neuen Osnabrücker Bischofs zu heiraten. Wenngleich die genauen Umstände im Dunkeln liegen, geht die Forschung davon aus, daß der Herzog sich auf einer seiner vielen Italienreisen mit einer »inkurablen Krankheit« angesteckt haben muß; diese hatte möglicherweise die Zeugungsunfähigkeit zur Folge.

Mit Blick auf den Fortbestand des Welfenhauses und den Machterhalt der Familie trat Georg Wilhelm sein Herzogtum sowie alle Rechte, die sich aus der Nachfolgeordnung nach dem Erstgeburtsrecht, der Primogenitur, ableiteten, an seinen jüngsten Bruder und dessen Nachkommen ab. Um den Handel perfekt zu machen, bot Georg Wilhelm seinem Bruder zudem seine Verlobte an.

Ernst-August und Sophie traten am 30. September 1658 in Heidelberg vor den Traualtar. Die Braut war 28, der Bräutigam 29 Jahre alt.

Sie habe, so bekannte Sophie Jahre später einmal gegenüber ihrem Bruder, dem Kurfürsten Karl-Ludwig von der Pfalz, für die Verbindung mit Ernst-August »niemals eine andere Neigung empfunden als die für eine gute Versorgung«. Deshalb bereite es ihr keinen Kummer, Georg Wilhelm zugunsten von Ernst-August aufzugeben. Sophies Einwilligung in den Handel der beiden Welfenbrüder wurde durch das Urteil ihres Bruders, den Sophie hoch schätzte, maßgeblich beeinflußt. Dieser hielt Ernst-August nämlich für den verständigeren und bedeutenderen der beiden Hannoveraner Fürsten.

Was nicht ausschloß, daß aus der dynastisch organisierten Eheschließung echte Zuneigung erwachsen konnte. Jahre später wird Sophie in ihren »Memoiren« sagen: »Ich hatte nur noch Sinn für den Herrn Herzog und liebte nur noch, was er liebte.« Und so konnte sie mit Blick auf das erneuerte hartnäckige Werben ihres »Verflossenen« frei heraus bekennen: »Ich würde bei einem Tausch sehr verloren haben.«[13]

Im September 1662 kam der neue Bischof in Osnabrück an. Die Stände hatten ihn zuvor protokollarisch an der Landesgrenze empfangen, anschließend wurde er dem Domkapitel vorgestellt und feierlich inthronisiert. Die Familie folgte wenige Tage später nach. Man bezog die alte Residenz der Osnabrücker Bischöfe: die Iburg, eine südlich von Osnabrück, am Hang des Teutoburger-Waldes und mit Blick ins flache weite Münsterland gelegene mittelalterliche Schloßanlage.

Der protestantische Landesfürst teilte sich die Burg mit Benediktiner-Mönchen. Diese lebten bereits seit Ende des 11. Jahrhunderts auf der Iburg. Hier wurde 1668 die einzige Tochter des Fürstenpaares geboren: Sophie-Charlotte, die spätere Kurfürstin von Brandenburg. 1688 heiratete sie Friedrich III., der 1701 als Friedrich I. König von Preußen wurde. Charlotte war die Mutter des späteren »Soldatenkönigs« Friedrich Wilhelm I. und Großmutter Friedrichs des Großen.

Unter den mündlichen und schriftlichen Willkommensgrüßen für das neue Fürstenpaar fand Sophie ein Schreiben mit geradezu prophetischen Formulierungen. Absender war der Gelehrte und humanistisch geprägte Historiker Ezechiel Spanheim, der als Diplomat in Diensten der kurpfälzischen Familie tätig war.

Spanheim beglückwünschte *votre altesse épiscopale* in einem witzig-hintergründig abgefaßten Schreiben zur Mitra, die ihr, der »geistreichsten Fürstin der Welt« sehr wohl zu Gesicht stehen werde.

Er zweifle nicht, daß man in Rom zu Sankt Peter ob dieses Ereignisses das »Te Deum« anstimmen und daß man auf dem ersten Konsistorium, an dem Sophie teilnehme, den Zölibat abschaffen werde, frotzelte Spanheim. Aber in Osnabrück, so meinte der kluge Gelehrte, könne Sophie erfahren, wie Weltliches und Geistliches sich verbinden ließen: Und möglicherweise sei ja gerade sie, die »Bischofin«, berufen, die getrennten Konfessionen im Reich wieder zu vereinigen. Es fehle eigentlich nur noch, daß sich die Mitra in eine Tiara wandle.[14]

Dazu sollte es nicht kommen. Das Leben in der kleinen, ländlichen Residenzstadt wurde nur von wenigen Ereignissen gestört: die Anlage des Schloßgartens etwa, die der Franzose Martin Charbonnier im Auftrag Sophies 1674 anlegte und gestaltete, nachdem die neue Residenz endlich fertiggestellt war. Charbonnier war übrigens ein Schüler des berühmten André Le Nôtre, des Schöpfers vieler berühmter Gärten in Frankreich, wie etwa dem von Vaux-le-Vicomte oder dem von Versailles.

In Osnabrück nahm Charbonnier bereits einige Besonderheiten des späteren »Großen Gartens« von Herrenhausen bei Hannover vorweg: jene noch heute über die regionalen Grenzen hinaus bekannte Anlage im französischen Stil, die Sophie als Herzogin von Hannover 1679 ebenfalls bei Charbonnier in Auftrag geben sollte.

Im März 1680 tauschte die fürstliche Familie ihren Wohnsitz in

Osnabrück – zwischenzeitlich war man von der Iburg ins neuerbaute Stadtschloß umgezogen – mit dem in Hannover, ohne daß man auf das Hochstift Osnabrück verzichtete. Die Geschäfte in der Residenzstadt an der Hase nahm im Auftrag des Herzogs ein Statthalter wahr.

Ein neues Denken

In Hannover begegnete Sophie Gottfried Wilhelm Leibniz (1646–1716), den ihr Schwager, Herzog Johann Friedrich (1625–1679), für Hannover hatte gewinnen können. Der Sohn des Leipziger Notars und Professors der Moral Friedrich Leibniz lebte, wenn man es so sagen kann, im »Schnittpunkt« zweier sich mehr und mehr ausschließender Welten: in der auf mathematischer Grundlage basierenden Gedankenwelt des René Descartes und der vom mittelalterlichen, vom aristotelisch-scholastischen Denken geprägten Weltsicht.[15]

Leibniz war überzeugt davon, daß man neben den notwendigen, den Vernunft-Wahrheiten, den *vérités de raison*, auch die zufälligen, die Tatsachen-Wahrheiten, die *vérités de fait*, akzeptieren müsse, wenn letztere auch nicht im mathematisch-rationalen Sinne objektiv »beweisbar« seien.

Der letzte Grund aller notwendigen und zufälligen Wahrheiten liege nämlich in der äußersten Ursache, dem Willen Gottes.

Die zufälligen Wahrheiten hätten jedesmal dann ihre Berechtigung, wenn außerhalb ihrer selbst ein »zureichender Grund« für ihre Geltung vorliege. Dazu zählten etwa die biblischen Wunder, bei denen Gott jedesmal – aus welchen Gründen auch immer – den Kausalzusammenhang der Natur aufhebe.

Mit dieser Unterscheidung ließ sich Leibniz die Möglichkeiten für eine Erkenntnis außerhalb der »Mechanik« offen – eine Überlegung, die ihm in seinen theologisch-philosophischen Argumentationen wie auch bei seinen kirchenpolitischen Vorhaben immer wieder von Nutzen sein sollte.

Hilfestellung versprach sich Leibniz auch von seiner neuen Einstellung zu Philosophie und Theologie. Für ihn war zweifelsfrei klar, daß die Philosophie, entgegen ihrer bisherigen Einbindung in das kirchlich-theologische Denken, unabhängig und selbstständig zu sein habe.

Eine »theologiekritische« oder gar »offenbarungsfeindliche« Aufgabe wollte Leibniz der Philosophie allerdings nicht übertragen. Zu sehr war er von einer »Harmonie von Vernunft und Offenbarung« überzeugt, so daß für ihn Philosophie und Theologie irgendwie nun doch wieder zusammengehörten. Für Leibniz stand außer Frage, daß die Vernunft, also die Philosophie vor der Offenbarung, der Theologie, den Vorrang habe. Die Antworten der Theologie auf die Frage nach Gott und dem Sein hatten sich für Leibniz überlebt. Nun sollte die Philosophie die Antwort auf die Frage geben: »Warum ist überhaupt etwas und nicht vielmehr nichts?«

Leibniz verpackte gleichsam die »theologische Wahrheitsfrage« in seinem philosophischen System und stellte das seit dem Mittelalter gültige »Dienstverhältnis« von Theologie und Philosophie buchstäblich auf den Kopf. Nun wurde die Theologie, zugespitzt formuliert, für Leibniz zur *ancilla*, zur »Dienerin« der Philosophie; ab sofort wies die Philosophie der Theologie ihren Platz zu.

Für diese Aufgabe war Leibniz bestens gerüstet. In Jena hatte er in den 50er Jahren des 17. Jahrhunderts zunächst »Mathematische Philosophie« studiert, dann in Leipzig ein juristisches Fachstudium aufgenommen und 1664 mit einer Arbeit über rechtslogische Fragen zum Magister der Philosophie promoviert; zwei Jahre später bekam er die *Venia legendi* an der Philosophischen Fakultät. Zudem promovierte er 1667 an der Juristischen Fakultät in Altdorf zum Doktor beider Rechte.

Auf Vermittlung von Johann Christian von Boineburg, einem der fähigsten Diplomaten der Zeit nach dem Dreißigjährigen Krieg in Deutschland und ehemaliger Minister des Mainzer Kurfürsten, tritt Leibniz 1668 in die Dienste des Erzbischofs Johann Philipp von Schönborn. Bereits zwei Jahre später ist er Mitglied des Appellationsgerichts in Mainz, dem obersten Gerichtshof des Kanzlers des Reiches; Leibniz ist 24 Jahre alt. Vier Jahre später geht er nach Paris, um 1676 zum Erstaunen seiner Kollegen auf Einladung des zum Katholizismus konvertierten Herzog Johann Friedrich als Hofrat mit Sonderaufgaben und als Bibliothekar in die Dienste des Hauses Braunschweig-Lüneburg zu treten.[16]

Lange bevor der »Junggeselle« Leibniz in Hannover seine Heimat fand, beschäftigte ihn schon intensiv die Frage der Wiedervereinigung der getrennten christlichen Konfessionen im Reich. Mit ausdrücklicher Zustimmung des aufgeschlossenen Erzbischofs, Johann Philipp von Schönborn, hatte Leibniz bereits in Mainz erste Kontakte zu den Konfessionen geknüpft.

In Hannover fand der große Gelehrte nun zwei Gleichgesinnte für seine Pläne einer »Reunion der Konfessionen« vor: Herzogin Sophie und Gerhard Walter Molanus, den »protestantischen Zisterzienser« der Abtei Loccum.

Molanus stammte aus Hameln an der Weser. Er war Schüler des Helmstedter Theologen Georg Calixt, ein Parteigänger Melanchthons. Calixt war einer der ersten im Reich, die unter dem Eindruck der Wirren des Dreißigjährigen Krieges der Überlegung nachgingen, ob es für den religiösen Frieden und ein konfliktfreies Zusammenleben im Reich nicht besser sei, Katholiken, Lutheraner und Reformierte auf der Grundlage des Apostolischen Glaubensbekenntnisses und der Lehrtradition der ersten fünf Jahrhunderte, im *Consensus Quinquesaecularis*, zusammenzuführen. Der prägende Einfluß seines Lehrers führte auch Molanus der Gruppe der sogenannten »Unionstheologen« zu. Als Molanus 1677 Abt des Klosters Loccum geworden war, bot ihm Herzog Johann Friedrich das (katholische) Bischofsamt an. Molanus, inzwischen auch Kirchendirektor in Hannover, lehnte ab; konvertieren – nein, das nun doch nicht, obwohl er offen und bereit war, den Gedanken einer Union der christlichen Konfessionen weiter voranzutreiben. Hierbei war ihm Leibniz eine große Stütze, während einige Jahre später Herzogin Sophie dann die »politische Landschaftspflege« zur Überwindung der Kirchentrennung betreiben sollte …

Eine Reihe illustrer Namen wußte Molanus für die Reunionsgespräche zu gewinnen: unter anderen – auf Sophies Anregung hin – auch den Paläontologen und Geologen Niels Stensen, einen der angesehendsten Wissenschaftler, der mit bahnbrechenden Forschungsergebnissen beeindruckt hatte. Ihm verdankt die Nachwelt etwa die Entdeckung des Ausgangs der Ohrspeicheldrüse oder die Funktion des Tränenkanals oder der Eierstöcke; aber auch, daß das Herz ein Hohlmuskel ist. Der gebürtige Däne aus Kopenhagen war 1667 zum Katholizismus übergetreten, hatte 1675 die Priesterweihe empfangen, wurde Auxiliarbischof in Münster und zwei Jahre später auf Vorschlag des Herzogs Ernst-August von Papst Innozenz XI. zum Apostolischen Vikar für die Missionen in Skandinavien ernannt.

Nichts für raisonable Leute

Die Bemühungen um eine Vereinigung der seit der Reformation getrennten christlichen Kirchen sind fast so alt wie die Kirchenspaltung selbst. Von Anfang an gab es Pläne und Initiativen, die verlorengegangene Einheit wiederherzustellen: sei es durch ein Konzil oder durch Religionsgespräche zwischen den Konfessionen, durch politische Verhandlungen oder auch mit Gewalt. Der Dreißigjährige Krieg war der letzte, blutige Versuch, mit Gewalt die konfessionellen Probleme im Reich zu regeln. Aber gerade dieser Krieg, mit seinen teilweise unvorstellbaren Greueln und Ausschreitungen gegenüber der Zivilbevölkerung im Reich, verstärkte nachhaltig den Wunsch, den »Skandal der Trennung« zu überwinden und den Frieden zu sichern. Einer der ersten, der damals Reunionsgespräche ins Leben rief, war Landgraf Ernst von Hessen-Rheinfels. Im Dezember 1651 vermittelte er in seiner Burg oberhalb von St. Goar ein solches Gespräch zwischen den hessen-darmstädtischen Theologen Eberhard Happel, Peter Haberkorn, Balthasar Menzer und dem Kapuziner Valerian Magni. Das Gespräch scheiterte; nicht zuletzt deswegen, weil die Jesuiten, Feinde jeder konfessionellen Annäherung, sich auf Magni eingeschossen hatten. Dieser erklärte nämlich bei dem Gespräch, daß die Unfehlbarkeit des Papstes sich *ex solo sanctu textu*, aus der Schrift allein, nicht beweisen lasse.

»Es steht außer Zweifel, daß die Liebe zu Gott und zum Nächsten alle Christen dazu bringen müßte, ihren Sonderlehren abzuschwören und sich wieder zu vereinigen; alle Gedanken, die sich auf dieses Ziel richten, sind edel und hochherzig, denn sie trachten nach dem allgemeinen Wohle.«

So schrieb Gottfried Wilhelm Leibniz im Mai 1691 an Marie de Brinon, adlige Stiftsdame der nordwestlich von Paris gelegenen Abtei von Maubuisson.

Wieder einmal war, nach Jahren des Stillstands, das interkonfessionelle Gespräch zwischen den verschiedenen Hauptstädten über eine mögliche Vereinigung der christlichen Kirchen im Reich aufgenommen worden. Und jetzt mischten die Hannoveraner »Reunionisten«, angeführt von Leibniz und Molanus, bei diesen Gesprächen mit. Ja, sie suchten diese beschleunigt voranzutreiben, wobei Herzogin Sophie ihren Part übernommen hatte.

Sie konnte, auf Grund ihrer dynastischen, kontinentalen Verbindungen die eine oder andere Tür öffnen und bei den anderen Fürsten im Reich und in Europa zumindest wohlwollendes Interesse für die Pläne einer Vereinigung der Konfessionen wecken.

Daß die Katholiken für derartige Pläne offener waren als die Protestanten, hatte weniger theologische oder historische Gründe: die politischen waren ausschlaggebend. Dafür steht Kaiser Leopold I., der bereits Anfang der siebziger Jahre des 17. Jahrhunderts sich für die Wiedervereinigung der Konfessionen stark gemacht hatte – als Rückkehr der Protestanten in den Schoß der einen, der katholischen Kirche. Selbstverständlich. Alle Aktivitäten des Wiener Hofes waren genauestens abgestimmt mit der Kurie in Rom.

Der Kaiser förderte derartige Überlegungen. Für ihn waren sie, den Erfolg natürlich eingeplant, eine verlockende Chance für die Festigung der eigenen Herrschaft und der des Hauses Habsburg.

Leopolds Vertrauensmann war der Spanier Christóbal de Gentil de Rojas y Spinola. Der spanische Franziskaner war in Köln zu den Franziskus-Brüdern gestoßen und Dank glücklicher Umstände, seit etwa 1660 dem Wiener Hof positiv aufgefallen.

Der Kaiser hatte ihn zunächst mit diplomatischen Aufgaben betraut; das Ziel: Spinola sollte gegen die Bedrohung Europas – aus dem Südosten durch die Osmanen und aus dem Westen durch die Franzosen – die Reichsstände mobilisieren und eine Einigung des Reichs in politischer, wirtschaftlicher und konfessioneller Hinsicht vorantreiben. Als vom Kaiser ernannter Bischof von Knin in Dalmatien war Spinola auch in Europa unterwegs, um neben dem politischen Ausbau von Bündnissen immer auch Gleichgesinnte für die katholische Reunions-Position zu finden. Denn für Wien kam ausschließlich eine Rückkehr der getrennten Brüder in den Schoß der einen, wahren Kirche, der Papstkirche in Frage.

Die Protestanten gingen mit einer gewissen Zurückhaltung in die Reunionsgespräche, vor allem die Theologen, während die Fürsten mehr Offenheit bewiesen. Auch der protestantische Fürst versprach sich Vorteile: mehr Macht, mehr Einfluß, mehr Geld. Wie etwa der Kurfürst von der Pfalz, Karl Ludwig, der älteste der Söhne Friedrichs V., des »Winterkönigs«. Er, der Calvinist, war bereit, zum Katholizismus zu konvertieren. Sein Preis: die säkularisierten Hochstifte Worms und Speyer. Und auch Herzog Ernst-August, an religiösen Fragen nicht sonderlich interessiert, hatte einen Versuchsballon gestartet und in vagen Formulierungen seine Konversion zum Katholizismus oder die seiner Söhne angeboten – vorausgesetzt, man übertrage ihm das säkularisierte Stift Hildesheim und hebe die »Alternation« im Hochstift Osnabrück zugunsten seines Hauses auf. Woran nicht zu denken war, da man hinsichtlich Osnabrücks einen völkerrechtlich gültigen Vertrag hätte wiederaufschnüren müssen.[17]

Und so ist es nicht übertrieben zu sagen, daß die Einstellung König Heinrichs von Navarras – dem das Bonmot zugeschrieben wird, daß Paris (also der Thron Frankreichs) allemal eine Messe, also eine Konversion wert sei – im Grunde fast alle Fürsten im Reich teilten.

Und so war die Umsetzung des Reunionsgedankens auch in den 80er Jahren des Jahrhunderts immer noch eine Sache der Obrigkeiten, nicht der Untertanen. Leibniz selbst hatte stets betont, daß ein Erfolg des Vereinigungswerks nur durch Verhandlungen in einem kleinen, verschwiegenen Kreis engagierter Theologen und Politiker sichergestellt werden könne.

Die Fürsten als »Päpste«

Eine Position, die Herzogin Sophie teilte. Religion sei Sache der Fürsten, und selbst Kirchenleute hätten sich daran zu halten. So schrieb sie an Leibniz, als sie ihren hochgelehrten Hofrat beauftragte, eine heikle religionspolitische Frage im ostfriesischen Aurich zu klären. Der hier amtierende lutherische Generalsuperintendant Theodor Heinson, der dieses Amt auf Empfehlung der Hannoveraner Fürstin erhalten hatte, war nämlich in Hannover bei der Herzogin vorstellig geworden, um sich ihrer Hilfe im Streit mit den Pietisten in Aurich zu versichern. Heinson sah sich und seine Stellung durch den wachsenden Einfluß der »Frömmler« am ostfriesischen Hof diskreditiert; er hatte daher Sophie gebeten, sich bei Christine Charlotte, der Fürstinwitwe, für ihn zu verwenden und sich dabei auch auf das lutherische Kirchenregiment in Hannover berufen.

In ihrem Auftragsschreiben an Leibniz macht die Herzogin aber unmißverständlich klar, daß Religions- und Kirchenpolitik innerterritoriale Angelegenheiten seien. Es liege allein im Ermessen des jeweiligen Fürsten, wie er damit umzugehen gedenke: Die protestantischen Fürsten seien schließlich die Päpste der protestantischen Kirchen, denen man zu gehorchen habe (*Les Princes Lutheriens sont les Papes de nostre Eglise auquels il faut obéir*).[18]

Die Herzogin, die nach eigenem Bekunden wenig von »dogmatischen Fragen« hielt, besaß einen sehr einfach gestrickten, in den Adelskreisen jener Zeit typischen Glauben, der sich ausschließlich über die Gottes- und Nächstenliebe legitimierte. Diskussionen um die Lehrinhalte waren für sie nur »ein Haufen Pfaffengezänk«, wie sie im Juli 1690 der Raugräfin Luise in Frankfurt schrieb: Das sei nichts für »raisonable Leute«. Sie sei überzeugt, daß man »in der andern Welt« nicht danach fragen werde, welcher Religion man angehört habe, sondern danach, »ob man gutts gethan hat«. Sie kenne einen Türken, d. h. einen Moslem, der nicht eher Christ werden wolle, bevor »wir in unsern Gelauben ehrst ehns sein«.[19]

Dafür machte sich die Herzogin stark. Über den regen Briefwechsel mit ihrer Nichte, Elisabeth Charlotte, seit 1671 als zweite Frau von »Monsieur«, dem Bruder Ludwig XIV. im goldenen Käfig des Hofes von Versailles, war Sophie nicht nur über Tratsch und Klatsch, Politik und Geschichten aus dem Alkoven am Hof des Sonnenkönigs auf dem laufenden. Sie hatte auch erfahren, was der »große Louis« etwa über

Religion, Kirche und Glauben dachte. Irgendwie leuchtete es ihr ein, daß er die Ansicht vertrat, unter der Verschiedenheit der Religionen leide der Staat, und daß er konsequent die Politik verfolgte: ein König, ein Land, eine Religion. Als die Herzogin in ihrem Brief vom Juli 1699 Leibniz darauf ansprach, widersprach dieser entschieden, indem er Sophie darlegte, die Gottesverehrung beruhe nur auf Wissenschaft und Fortschrittsglauben.[20]

Freundschaft ohne Hintergedanken

Überhaupt bezeugt der rege Briefwechsel, daß die Fürstin von Hannover mit dem Gelehrten eine, so bekannte Sophie, Freundschaft »sans réserve« verband. Wie stark Leibniz Sophies Denken beeinflußte, zeigt ein Brief vom Januar 1699 an Marie de Brinon, die Sekretärin ihrer Schwester Louise-Hollandine:

»Welchen Grund gibt es, daß ich eher Ihrer Meinung folgen sollte, als daß Sie der meinigen folgen müßten? Da es sich um Glauben handelt, so hat der Verstand keinen Teil daran; was Sie glauben, das wissen Sie nicht, und was Sie nicht wissen, wie könnten Sie davon einen anderen überzeugen? ... Ich vertraue auf Gottes Güte; es ist mir niemals in den Sinn gekommen, daß er mich geschaffen habe, um mir Böses zu tun; warum sollte man ihn den ›lieben Gott‹ nennen, wenn er uns gemacht hätte, um uns auf ewig zu verdammen!? Es ist nicht der Name Katholik oder Reformierter, der uns retten wird, sondern daß wir unseren Glauben durch gute Werke beweisen; alle, die das tun und an die Glaubensartikel glauben, werden sicher Gott angenehm sein.«[21]

Leibniz besaß das uneingeschränkte Vertrauen der Herzogin. Diese konsultierte den Hofrat sogar bei dem heiklen familieninternen Streit um das Testament ihres 1698 verstorbenen Mannes Ernst-August.

Sophie hatte das »Genie« Leibniz schnell erkannt und schätzen gelernt. Zeitlebens hat sie alles darangesetzt, ihn für immer in Hannover zu halten. Nur ihre Tochter, Sophie-Charlotte, die Kurfürstin von Brandenburg, und ihre Nichte Elisabeth-Charlotte (Liselotte), die Tochter ihres ältesten Bruders Karl Ludwig, des Kurfürsten von der Pfalz, die 1671 anläßlich ihrer Heirat mit dem Herzog von Orléans zum Katholizismus übergetreten war, ließ sie an dieser Seelenverwandtschaft teilhaben.

Zwar hielt die Herzogin und spätere Kurfürstin sich aus den eigentlichen Reunionsgesprächen weitgehend heraus – sie hatte Leibniz die theologisch-philosophische Diskussionsebene überlassen – kümmerte sich selbst aber nachhaltig um die politische Unterstützung dieses Planes. Die Frage nach der Wiedervereinigung der Konfessionen war eine Angelegenheit höchster politischer und intellektueller Kreise in Europa.

Und in Hannover liefen Mitte der 80er Jahre die unterschiedlichsten Diskussionsstränge zusammen. Leibniz und Molanus standen mit fast allen Geistesgrößen ihrer Zeit in Briefkontakt. Sophie ihrerseits zögerte nicht, ihre weit verzweigte Verwandtschaft einzuspannen: immer dann, wenn die Gespräche wieder einmal festgefahren waren.

Politische »Landschaftspflege«

Zum Brandenburger Hof hielt Sophie den Kontakt über ihre Tochter Sophie-Charlotte. Denn nicht nur mit den Katholiken stand man im Gespräch; auch in Kreisen der Reformierten und Lutheraner dachte man über die Möglichkeit nach, beide protestantischen Kirchen zu vereinigen. In Berlin war Leibniz' Pendant Hofprediger Daniel Ernst Jablonski. Man hatte bereits einige grundsätzliche Denkschriften zu theologisch und kirchenpolitisch strittigen Fragen ausgetauscht: Jablonski seine »Kurtze Vorstellung« der Argumente aus Berliner Sicht und Leibniz und Molanus ihre »Unvorgreifflichen Bedencken«. Da beide Abhandlungen in den Aktenbergen der Zensurstelle des Geheimen Rats Paul von Fuchs verschwunden waren, hatte Leibniz vorgeschlagen, die Bemühungen um eine innerprotestantische Kirchenvereinigung – »wenn keine Apparenz zum Succes« bestehe – vorerst ruhen zu lassen.[22]

Nur wenige Wochen später schalteten sich zwei Schweizer reformierte Theologen in die Diskussion ein. Gemeinsam mit dem Hamburger Lutheraner Daniel Severin Scultetus waren beide Punkt für Punkt die Kontroversen zwischen beiden Konfessionen durchgegan-

Leibniz bei Sophie Charlotte, Kurfürstin von Brandenburg

gen und glaubten nun die Zeit dafür reif, einen europäischen Theologenkongreß unter Einbeziehung anglikanischer Vertreter aber auch Brandenburgs, Hannovers und vielleicht noch Dänemarks und Schwedens einzuberufen. Nach Rücksprache mit Molanus blockte Leibniz ab. Da zwischen den Theologen die Meinungsverschiedenheiten bislang noch nicht restlos beigelegt waren, vor allem in der Abendmahls- und Prädestinationslehre, werde eine derartige Konferenz, so seine Befürchtung, die Gräben nur noch weiter vertiefen und »das ganze Negotium zu Trümmern gehen.«

Auch Berlin winkte ab. Jablonski teilte Leibniz Ende 1699 mit, die brandenburgischen Räte hätten die Idee eines Theologenkongresses »beyseit geleget«.[23]

Zur katholischen Kirche hielt Herzogin Sophie auf zwei Wegen den Kontakt. Einmal über ihre Nichte am Hof des Sonnenkönigs, dann aber auch über ihre zweitälteste Schwester Louise-Hollandine (1622–1709). Diese, eine begabte Malerin, war ebenfalls zum Katholizismus übergetreten und hatte seit 1664 als Äbtissin des Zisterzienserinnenkloster Maubuisson im Nordwesten der Hauptstadt Paris ihr materielles Auskommen gefunden.

Den Eifer ihrer Schwester entwickelte Luise nicht unbedingt. Sie überließ die Kontakte zu Hannover, vor allem zu Leibniz, lieber ihrer begabten Sekretärin und Vertrauten Marie de Brinon.

Ein König, ein Land, eine Religion

Über Maubuisson hatte Leibniz unter anderem Kontakt zu Jacques Bénigne Bossuet aufgenommen, einem der einflußreichsten Geistlichen der Französischen Kirche. Bossuet war Bischof von Meaux, Geschichtsphilosoph und ein bekannter Kanzelredner. Mit seinem »Discours sur l'histoire universelle«, legte er einen letzten, groß angelegten Deutungsversuch vor, Geschichte aus dem Blickwinkel der christlichen Heilsgeschichte zu erklären und zu verstehen. Er machte sich dem Sonnenkönig unentbehrlich, als er – möglicherweise von ihm beauftragt? – 1682 gegen Papst und Kurie die »Gallikanischen Freiheiten« formulierte. Diese waren in den vier sogenannten gallikanischen Artikeln abgefaßt und hatten bis zur Französischen Revolution Geltung, weil sie ganz auf die herrschende französische Staatsideologie zugeschnitten waren: Begrenzung der kirchlichen Universalgewalt, Konziliarismus, Bewahrung der Eigenart und der Gewohnheiten der französischen (Teil-)Kirche sowie die zwingende Zustimmung der Gesamtkirche zu päpstlichen Entscheidungen.

An Bossuet ließ die Herzogin 1683 über den Hannoverschen Gesandten in Versailles, Gourville, eine Abschrift jener Glaubensartikel weiterleiten, auf die sich die »Reunionsaktivisten« in Hannover bei ihrem »Unionskonvent« mit Spinola verständigt hatten. Die Protestanten kamen den Katholiken weit entgegen; man war bereit, das Priesterzölibat, unter Aufrechterhaltung der bestehenden Pastorenehen, anzuerkennen; ebenso die Unfehlbarkeit der Konzilien: Der Papst sollte als sichtbares Oberhaupt der Kirche bestätigt werden (die theologische Fakultät von Helmstedt lieferte dafür das Gutachten), und die reale Gegenwart Christi in der Eucharistie sowie die Unterwerfung unter ein künftiges Universalkonzil wurden zugestanden.

Bossuet antwortete nicht. Ludwig, in zunehmendem Maß mit dem Papst in Konflikt, widersetzte sich schon seit langem allen philosophischen und religiösen Strömungen im Land, die der französische Monarchie gefährlich werden konnten, und pochte gegenüber der Kurie auf einer nationalen Selbständigkeit der französischen Kirche.

Und ein konfessionell geeintes Reich konnte seinen Plänen nur hinderlich sein. Nicht ohne Hintersinn hatte Leibniz den Sonnenkönig einmal in einem scharf abgefaßten Pamphlet den *Mars Christianissimus*, den »allerchristlichsten Kriegstreiber« genannt.

Bossuet, in diese Politik involviert, verhielt sich ruhig, war doch die Stimmungslage bei Hofe für die Reunionisten nicht gut: Der Sonnenkönig bereitete gerade die 1685 dann erklärte Aufhebung des Edikts von Nantes vor, das den Hugenotten in Frankreich seit Heinrich IV. freie Religionsausübung und Sonderrechte zugestanden hatte.

Zudem war auch Spinola mit dem Einigungspapier auf dem Weg nach Rom zu Papst Innozenz XI. Das Oberhaupt der katholischen Kirche sollte die Glaubensartikel absegnen und, so schrieb Sophie an Abbate Allate einen alten Freund der Familie, sagen, »ob sich die verirrten Schafe seinem Hirtenstab« nun unterordneten oder nicht.

Und auch in Rom formierte sich Widerstand, vor allem unter den französischen Parteigängern in der Kurie. Sie befürchteten von einer kirchlichen Reunion eine Stärkung des Reiches zu Lasten Frankreichs. Aber auch die »welfische Hauspolitik« in Hannover stellte sich nicht uneingeschränkt hinter das Ergebnis der Unionsgespräche. Man war, wie Landgraf Ernst in seinen für Herzog Anton Ulrich von Wolfenbüttel und für Leibniz verfaßten Denkschriften formulierte, »*in principiis et suppositis* noch viel und gar zu wait von einander«, d. h. wegen der allzu offensichtlichen politischen Interessen noch allzusehr voneinander entfernt.

Das richtete sich auch gegen Leibniz. Leibniz hatte im Grunde zuerst die religiöse Einheit im Auge, gleichsam als Voraussetzung für eine auf das Christentum gegründeten europäischen Union; und erst dann sollten die Lehrfragen auf einem zukünftigen, allgemein anerkannten Konzil gelöst werden.

Für Bossuet kam jedoch nur der umgekehrte Weg in Frage. Als die unterbrochenen Gespräche wider Erwarten dann doch nochmals aufgenommen wurden, hing über ihnen das »Tridentinum« wie ein Damoklesschwert. Ende 1692 erklärte Bossuet dann auch unmißverständlich, es gebe nur eine Lösung aller Fragen, und das sei die katholische: Rückkehr ohne Wenn und Aber. Man komme am Konzil von Trient nicht vorbei – was auch Leibniz wußte, für den das Tridentinum inzwischen ebenfalls das ganz große, unüberwindbare Hindernis für ein Zusammengehen der Konfessionen darstellte.

Denn mit dem Konzil von Trient verteidigte Bossuet zugleich den exklusiven Anspruch der unfehlbaren katholischen Kirche. Und nicht nur den, wie Nichte Liselotte, die Schwägerin des Sonnenkönigs, im April 1697 an ihre Tante Sophie schrieb: »Wären alle Menschen von einer Religion, hätten die Bischöff und Pfaffen nichts mehr zu sagen.« Auch wußte Bossuet nur zu genau: Trotz aller theologischen Spitzfindigkeiten und Argumentationen, trotz der internen kontroversen Diskussionen in Frankreich über Annahme und Umsetzung oder Zurückweisung der Bestimmungen des Konzils von Trient konnte die katholische Seite hinter die Beschlüsse des Tridentinums nicht zurückgehen. Denn das Trienter Konzil hatte die »Alte Religion« mit der dogmatischen Vergangenheit und ihren gewachsenen Traditionen verknüpft und die Römisch-Katholische Kirche in Abgrenzung gegen die Kirchen der Reformation als neue Größe entstehen lassen. Hinter das Trienter Konzil gab es für Bossuet kein Zurück mehr und konnte es nicht mehr geben.

Am Ende mußten Molanus und Leibniz einsehen, daß es gerade die Lehrunterschiede waren, die das Selbstverständnis der jeweiligen Konfessionen ausmachten und bestimmten.

»In ihrer Ambivalenz zeigen diese Ereignisse auf der einen Seite ein erneutes Aufleben konfessioneller Gegensätze, auf der andern lassen sie jedoch eine auf Pazifikation, Toleranz und Parität gerichtete Entwicklung erkennen.«[24]

Die Aufklärung nahm auch in den Konfessionen Gestalt an, gewann an Boden. Und diese Herausforderung sollte für die Konfessionen noch härter sein als die zurückliegenden Zeiten der Glaubenskämpfe.

Sophie von der Pfalz

Sophie von der Pfalz hatte einst zu den ersten Partien heiratsfähiger Fürstinnen in Europa gehört. Ihr Stammbaum konnte nicht illustrer sein.

Sie war die jüngste Tochter der Elisabeth Stuart, der Schwester Karl I. von England, der 1649 unter dem Beil des Henkers starb. Zudem war sie die Tochter Jakobs I., dem Sohn der von Elisabeth I. hingerichteten Maria Stuart.

Sie hatte 1613 Friedrich V., den Kurfürsten von der Pfalz, geheiratet: »ein ernster Fürst … etwas melancholisch, stolz, voll hoher Gedanken«, wie der Historiker Leopold von Ranke den Fürsten charakterisierte, der als der »Winterkönig« in die Geschichte eingegangen ist.

»Es gab keine von höherer Geburt zu wählen als mich«, schrieb Sophie in ihren Memoiren mit Blick auf ihre dynastisch hochkarätige Abstammung. Diese ließ Sophie und ihren Nachfahren aus dem Hause Hannover übrigens auch auf Grund eines 1701 gegen die Ansprüche Jakobs III. gefaßten Beschlusses des Londoner Parlaments, dem Act of Settlement, den englischen Thron zufallen.

Sophie war das zwölfte Kind des Kurfürsten von der Pfalz und seine fünfte Tochter. Geboren wurde sie im Oktober 1630 in Den Haag. Hier hatte ihr Vater 1620 – seit der Schlacht am Weißenberg war er Flüchtling und Geächteter – als Gast der Generalstände zusammen mit seiner Familie Aufnahme gefunden.

In den Niederlanden genossen die Kinder des »Winterkönigs« eine strenge, aber umfassende und alle Zweige der damaligen Wissenschaft umfassende Erziehung, wie sich aus den Berichten eines der Prinzenerzieher, Johann Heinrich Stern, rekonstruieren läßt. Das geistige Rüstzeug an den niederländischen Hochschulen – vor allem in Leiden – bereitete die Kinder auf ihre dynastischen Aufgaben vor. Sie umfaßten Sprachen, Geographie, Geschichte, aber auch Musik, Lautenspiel, Tanzen, Zeichnen und Malen – dies bei Gerard von Honthorst. In

Sophie von Hannover
als Kind

regelmäßigen Abständen kontrollierte der Erzieher ihres Vaters, der Theologe Heinrich Alting, die Fortschritte im Studium.

Daß Sophie, wie die meisten ihrer Geschwister, in den Niederlanden aufwuchs und erzogen wurde, war die Folge eines politisch gewagten und höchst gefährlichen Abenteuers, auf das sich Sophies Vater im Jahre 1619 eingelassen hatte.

Der Kurfürst, der Hof in Heidelberg hielt, war vor dem Dreißigjährigen Krieg der unbestrittene Kopf der politisch-reformatorischen Kräfte im Reich. Friedrich galt vielen Protestanten als die Inkarnation der Reformation schlechthin. Seit 1610 stand er an der Spitze der sogenannten »Union von Ahausen«, einem protestantischen Schutz- und Trutzbündnis mehrerer lutherischer und reformierter Fürsten zur Abwehr von Verletzungen des Religionsfriedens; dieses Bündnis war 1608 von Friedrichs Vater mitbegründet worden.

Friedrichs Onkel war Prinz Moritz von Oranien; und über einen anderen Onkel, den Herzog von Bouillon, hatte er verwandtschaftliche Beziehungen zu den französischen Hugenotten.

Auf diesen Zusammenschluß der reformierten Kräfte hatte die katholische Seite 1609 mit der Gründung der »Liga« geantwortet, deren Motor Herzog Maximilian von Bayern war, ein Cousin des Pfälzers. Der »Liga« schlossen sich alle geistlichen Kurfürsten sowie fast alle geistlichen Fürstentümer in Süddeutschland an.

Auf Zureden seiner politischen Berater hatte der Kurfürst nach langem Zögern entschieden, die ihm angebotene böhmische Königswürde anzunehmen. Auch Kurfürstin Elisabeth, Friedrichs Frau, machte sich für die böhmische Königswürde stark. Sie wolle »lieber Sauerkraut mit einem König, als Braten mit einem Kurfürsten essen«, soll sie in jenen entscheidenden Tagen des Jahres 1619 bekannt haben.

Kaiser Matthias, Inhaber der Krone, war 1619 kinderlos und somit ohne direkten Erben gestorben. Ihm folgte als deutscher König und Kaiser der streng katholische Ferdinand von Steiermark. Die böhmischen Stände verweigerten Ferdinand II., gerade auch wegen seiner Konfessionszugehörigkeit, die bereits zugesagte »Krone des hl. Wenzel«. Sie wählten vielmehr den Calvinisten Friedrich von der Pfalz zum böhmischen König. Ein Affront. Aber nicht nur das: Mit der nicht erblichen böhmischen Königswürde war zugleich die Kurfürstenwürde verbunden. Mit der Annahme der böhmischen Königswürde durch Friedrich V. erhielt die protestantische Seite im Kurfürstenkollegium die Mehrheit; die bisherige katholische Dominanz war gebrochen.

Diese gravierende politische Veränderung vor Augen, ließ die katholische »Liga« ihre Truppen zusammenziehen. Die Liga fürchtete den Machthunger ihrer protestantischen Gegenspieler in der »Union«, deren erklärtes Ziel es war, dem Protestantismus im Reich einen noch größeren politischen, wirtschaftlichen und geistigen Einfluß zu verschaffen. Dazu sollte die nächste anstehende Wahl zum deutschen König und Kaiser den Auftakt bilden.

Mit Unterstützung des Kaisers, Kursachsens und Spaniens brachten die Truppen der »Liga« unter dem Oberkommando Herzog Maximilians dem Heer des am 26. August 1619 gekürten böhmischen Königs in der »Schlacht am Weißen Berge«, unweit der Hauptstadt Prag, am 8. November 1620 eine vernichtende Niederlage bei. Friedrich kam auf dem Fürstentag zu Mühlhausen im März 1621 in die Reichsacht; er floh mit seiner Familie ins Exil in die Vereinigten Niederlande. Die Rheinpfalz sowie die Pfälzer Kurfürstenwürde fielen mit tatkräftiger verbaler Unterstützung des päpstlichen Gesandten am Wiener Hof, Carlo Carafa, an das katholische Bayern. Die »Oberpfalz«, Teil der Kurpfalz, wurde bayerisch. Die protestantische Union löste sich auf: Es war ein Sieg der Katholiken auf ganzer Front.

Während des Umzugs in Rom aus Anlaß des Sieges über die Protestanten erlitt Papst Paul V., der ehemalige Camillo Borghese, einen Schlaganfall. Seinem Nachfolger, Papst Gregor XV., dem gebürtigen Alessandro Ludovisi, machte Herzog Maximilian von Bayern 1623 ein großherziges Geschenk.

Als Dank für die päpstliche Unterstützung – auch finanziell hatte der Vatikan mit riesigen Summen Kaiser Ferdinand und die »Liga« unterstützt – ließ Maximilian nach der Eroberung Heidelbergs die Hofbibliothek Friedrichs, die berühmte »Biblioteca Palatina« mit ihren wertvollen Manuskripten, nach Rom überführen. Bis heute ist sie Teil der vatikanischen Bibliothek.

An Stelle des unglücklichen »Winterkönigs«, der 36jährig 1641 in Mainz wohl an der Pest gestorben war, bestellte der Kaiser dessen ältesten Sohn Karl Ludwig zum Landesherrn der Pfalz, die Bayern gemäß den Vereinbarungen des Westfälischen Friedensvertrags von 1648 wieder abtreten mußte: Friedrichs Familie – seine Frau Elisabeth Stuart stirbt 1662 in England – ist wieder in ihre alten Rechte eingesetzt.

Kurfürstin Sophie, seit 1701 – und bis heute – die Stammutter des britischen Königshauses, stirbt, nachdem sie ihren Mann Ernst-August um 16 Jahre überlebte: 84jährig schließt sie am 8. Juni 1714 in Schloß Herrenhausen bei Hannover für immer die Augen.

Der Komet

Pierre Bayle
(1647–1706)
und ein ethisches Leben ohne Religion

Die Aufklärung war, im Gegensatz zum Pietismus, keine religiöse Bewegung. Sie nahm ihren Ausgang von der Philosophie und breitete sich – in manchem vergleichbar dem modernen Phänomen der »Globalisierung« – nach und nach dann auf alle Lebensbereiche aus. Das »von den Vätern Ererbte« konnte nach Ansicht der Aufklärer nur Bestand haben, wenn es einer rationalen, kritischen Prüfung standhielt. Alle Lebensbereiche sollten ausschließlich von der Vernunft geleitet sein. Man wollte weder eine Renaissance noch eine Reform, noch eine Restauration. Der Blick der »Aufklärer« war auch im Bewahren ganz der Zukunft zugewandt, auf das Kommende hin ausgerichtet: Das »Heil« lag im »Fortschritt«.

Die drei in Europa vorherrschenden und bestimmenden christlichen Konfessionen: die Katholiken, die Lutheraner und die Calvinisten, erlebten und durchlebten die Aufklärung als elementare Herausforderung ihrer geistlichen wie weltlichen Ansprüche.

Bezeichnenderweise hatte die »Aufklärung« nicht in Deutschland ihren Ursprung, sondern in den anderen, sehr viel »moderneren« Staaten Westeuropas: in England, Frankreich und in den Vereinigten Niederlanden. Ihre »soziale Basis« bildete das aufstrebende, »mit Rationalität und Berechenbarkeit umgehende und wirtschaftlich denkende Bürgertum«.[1]

Vor allem in den für die damalige Zeit ungemein weltoffenen, wirtschaftlich wie kulturell aufblühenden calvinistischen Niederlanden wurden die ersten neuen philosophischen Weltsichten entworfen. Das

Abschütteln der spanischen Herrschaft (1581) mit ihrer repressiven Religionspolitik ließ die »Generalstaaten« zum Sammelbecken für viele hochgebildete Asylanten aus Europa werden, herrschte in den Niederlanden doch nun eine weitgehende Religionsfreiheit.

Naturwissenschaftler und Philosophen wie René Descartes, der seit 1629 in Den Haag lebte, oder Baruch de Spinoza wurden zu den Vorkämpfern einer von allen überkommenen – auch und gerade der religiösen – Traditionen und Autoritäten losgelösten Wissenschaft und eines auf sich gestellten Denkens; tiefgreifend beeinflußten sie mit ihren Theorien sogar das holländische Bürgertum. Als »wahr« ließen sie nur gelten, was sich auch »bewährte«, und nicht mehr das, was als verbürgt überliefert war, sondern nur das Erfaßbare, das rational Nachweisbare.

Descartes und Spinoza, die beiden vorausschauenden Denker, fanden sich erstaunlich früh auf den Lehrplänen niederländischer Universitäten wieder, die schon damals mit zu den besten nördlich der Alpen zählten.

Von den Niederlanden aus erreichte das »aufgeklärte Denken« England, wo vor allem John Locke, später dann auch David Hume (1711–1776) zu Vorkämpfern der neuen Ideen wurden. Hume, der die von Locke in Anlehnung an Descartes und Spinoza entwickelten Gedanken weiterführte und sogar in gewisser Weise überbot und gedanklich philosophisches Neuland betrat, behauptete u. a., daß die Grenzen des Erfahrbaren zugleich auch die Grenzen des Erkennbaren seien. Konsequent verwarf er die Metaphysik als eine vermeintliche Wissenschaft, die sich mit Dingen befaßt, die außerhalb der Erfahrung liegen: Über die Existenz Gottes etwa und die Unsterblichkeit der Seele ließen sich nun einmal keine wissenschaftlichen Aussagen machen, meinte Hume.

Der Schotte Hume beschäftigte sich auch mit verschiedenen Theorien über die Ursprünge von Religion. Er begründete sie als Ergebnis der Erfahrung von Angst und Hoffnung.

War die Aufklärung in England und in den Niederlanden fast durchweg beschränkt auf den engen Kreis einzelner bedeutender Naturwissenschaftler, Politiker und Philosophen, kam sie in Frankreich einem

Massenphänomen gleich: In den Salons jener Tage, in den Diskussionsklubs und sogenannten »Lesezirkeln« und den Freimaurer-Logen kursierte eine Fülle an populärwissenschaftlichen Publikationen; hierdurch wurde die Aufklärung in eine breite Öffentlichkeit getragen. Zugleich wurde sie aber auch »zum Kampfinstrument und Wegbereiter der Revolution« von 1789: »Die Protagonisten der französischen Aufklärung wollten mit den Waffen der Vernunft und der reinen Wissenschaft sich aus der Finsternis bedrückender Vergangenheit und Gegenwart freimachen.« Und nirgendwo sonst bekam das »Vertrauen auf die befreiende Macht der Vernunft eine solche Bedeutung«, und nirgends übte die Vorstellung, daß jetzt »das Zeitalter der Vernunft angebrochen und die Zeit zu einer vernünftigen Neuordnung aller Dinge gekommen sei«, eine derartige Faszination aus wie in Frankreich.

Ins Blickfeld der Aufklärer war neben dem politischen System besonders die Katholische Konfession in Frankreich geraten. Sie war, über ihre starke landeskirchlich-nationale Ausrichtung, den Gallikanismus, eng mit dem Ancien Régime verbunden, war in den Augen ihrer Kritiker geistig unbeweglich und geistlich verarmt und in ihren mittelalterlich-feudalen Strukturen erstarrt. Sie galt vielen als rückständig, ja sogar als bösartig, weil sie die Verfolgung Andersdenkender durch den Staat guthieß. Eine tiefsitzende antiklerikale Mentalität war im Frankreich des 17. und 18. Jahrhunderts weit verbreitet.[2]

Ein anderes wichtiges Betätigungsfeld fand die Aufklärung in der Wissenschaft. Da Mathematik und Logik die Methoden für die Auseinandersetzung mit der Tradition lieferten, stützen sich die Aufklärer vornehmlich auf die Wissenschaft als jene Disziplin, die in der Lage schien, jede Frage des Lebens – auch jene, die bislang der Theologie überantwortet gewesen waren – zu beantworten.

Über ihre Literatur, vor allem aber über ihre *Dictionnaires*, ihre Wörterbücher und Enzyklopädien, haben die Aufklärer zu einer erstaunlichen Einheitlichkeit des Wissens und aller Wissenschaften schlechthin im 17. und 18. Jahrhundert beigetragen. Die *Dictionnaires raisonnés* sollten über alle verfügbaren Kenntnisse der Zeit Auskunft geben und den inneren Zusammenhang des Wissens aufzeigen. Es war der pädagogische wie wissenschaftliche Ehrgeiz und die Überzeugung der Aufklärer, wie etwa die eines Jean d'Alembert oder eines Denis Diderot, mit Hilfe ihrer *Encyclopédie* die umfassenden rationalen Erkenntnisse der Menschheit zu verbreiten und allgemein zugänglich zu machen, um dadurch die Lebensverhältnisse der Menschheit verbessern zu helfen.

Das gesamte menschliche Wissen schien »in einer Anzahl von Naturgesetzen beschlossen zu sein, von denen die besonderen auf allgemeine zurückzuführen sind, bis zuletzt eine vollendete Wissenschaft alle möglichen Tatbestände aus einer einzigen Ursache hervorgehen« sehen würde (Franz Schnabel).

Wachsendes Glück und machbarer Fortschritt für die Menschen war eine Vorstellung, von der für die Aufklärer eine ungeheure Faszination ausging. Jede neue technische Erfindung und medizinische Entdeckung galt als Bestätigung für den Fortschritt der Menschheit. Man glaubte, den Lauf der Dinge berechnen, beeinflussen und leiten, kurzum: eine neue Welt der Vernunft erstellen zu können. Eine Welt, die bereits im Diesseits die Erlösung von Not und Leid bringen sollte. Was dazu führte, daß unter der Ägide eines Maximilien de Robespierre die experimentelle Revolution die Methode des naturwissenschaftlichen Experiments auf das geistige, das soziale und das politische Leben zu übertragen und sogar die als notwendig erachtete neue Religion vernunftgemäß zu konstruieren versuchte. Wissenschaft ersetzte Religion und Glaubensüberzeugungen, Gefühl und Herzenssehnsucht.

In diesem Umfeld war auch Baron Paul-Dietrich von Holbach zu Hause. Der Franzose deutscher Abstammung gehörte zum Kreis der sogenannten Enzyklopädisten; er wurde nicht müde, immer wieder und überall lauthals zu verkünden, daß jedweder Gottesglaube »reiner Wahnwitz« sei. Mit seinem Buch über das *Système de la nature* verfaßte er eine Schrift, die zum Glaubensbekenntnis der radikalen französischen Gesellschaft wurde. Darin vertrat er beispielsweise die Ansicht, das »seelische Leben« stamme ausschließlich aus der Materie.[3]

Die staatlich gegängelte Katholische Kirche in Frankreich, die mehr als in den anderen katholisch geprägten Regionen Europas als eine Art Landeskirche angesehen werden mußte, verlor nun auch noch ihren

Einfluß auf das geistige Leben eines Großteils der gebildeten Laien, die vielfach zum Materialismus und zum Atheismus übertraten. Die unteren, einfachen und ungebildeten Bevölkerungsschichten erreichte die Aufklärung kaum. Sie blieben, und das bis zur Revolution von 1789, weitgehend abhängig von ihrer ererbten kirchlichen Frömmigkeit und ihren traditionellen Glaubensvorstellungen.

Die Losung gegen die Autorität der Kirche hatte zuvor Voltaire (1694–1778) ausgegeben. Mit seinem Schlachtruf »Fort mit der Niedertracht« (*Ecraséz l'infâme*) hat er sich zum Sprachrohr der Fortschrittsgläubigkeit gemacht und der Aufklärung – gerade in Frankreich – ihren unverwechselbaren und dezidiert kirchenfeindlichen Charakter gegeben.

Den gab es in der deutschen Aufklärung hingegen kaum.

Im Gegenteil: Sie blieb in mehr oder weniger engem Kontakt mit der christlichen Religion. Nur vereinzelt gab es eine radikale und grundsätzliche Ablehnung. Zum einen lag es wohl daran, daß die Aufklärung gegenüber Westeuropa mit erheblicher Verzögerung nach Deutschland kam. Denn nach Ende des Dreißigjährigen Krieges hatte es jahrzehntelang gedauert, bis Wirtschaft, Kultur und geistiges Lebens sich halbwwegs erholt hatten.

Zum anderen waren die Rahmenbedingungen nicht dieselben.[4]

Vernunft gegen Aberglauben

Die aus England und Frankreich einströmenden neuen Gedanken fanden zunächst an den Universitäten Eingang; hier mußten sie sich gegen eine immer noch alles Denken beherrschende Scholastik und Orthodoxie durchsetzen, mit der Folge, daß die Aufklärung in Deutschland im wesentlichen akademisch geprägt war. Zu den Vorkämpfern der Aufklärung an den Universitäten und akademischen Schulen gehörte einmal Christian Thomasius (1655–1728), der als erster seine Vorlesungen in Leipzig auf deutsch hielt und der erfolgreich einen Kampf gegen die Beibehaltung der Folter führte.

Auch gelang es ihm – langfristig – die Hexenprozesse abzuschaffen, indem er, anknüpfend an Johannes Weyer und Friedrich von Spee, den

Hexenprozessen ihre juristische Grundlage entzog. Es gelang ihm, der Justiz überzeugend klarzumachen, daß man mit dem Teufel keinen Pakt schließen könne, wodurch zumindest die Anklagen wegen »Teufelsbuhlschaft« nun gegenstandslos wurden.

Als Vater der deutschen Aufklärung gilt jedoch Gottfried-Wilhelm Leibniz (vgl. Kapitel 1, Teil 2). Er befreite die Philosophie aus der Umklammerung durch die Theologie und erklärte folgerichtig nun die Theologie ihrerseits als von der Philosophie abhängig, als *ancilla philosophiae.*

Weil Leibniz wie auch John Locke – aber im Gegensatz zu Pierre Bayle – eine »Harmonie«, also die Übereinstimmung von Vernunft und Offenbarung, von einem überkommenen Gottes- und Unsterblichkeitsglauben und der mathematisch-mechanischen Naturwissenschaft für notwendig hielt, ergab sich für ihn daraus als Konsequenz, daß Philosophie und Theologie nicht gegeneinander arbeiten konnten und sollten. Statt dessen müßten sie sich arbeitsteilig verbünden – wobei allerdings die Philosophie als Wissenschaft der Vernunft tonangebend sein und der Theologie ihre Aufgabenbereiche zuweisen sollte.[5]

Allerdings kam die Aufklärung in Deutschland auch deswegen nur zögerlich voran, weil sie hier mit einer anderen, ebenfalls sehr lebendigen Bewegung zusammenstieß, die der Aufklärer durchaus als Konkurrenz empfinden konnte und mußte: mit der Bewegung des Pietismus. Anders als die vernunftbetonten Aufklärer setzte der Pietist (»der Fromme«) ausschließlich auf Bekehrung und Erbauung, auf Innerlichkeit und auf eine ganz bewußte Heiligung des Lebens. Ausgangspunkt für den Pietismus war – grob skizziert – die kulturelle und geistige, religiöse, wirtschaftliche wie politische Verelendung nach dem Ende des Dreißigjährigen Krieges in Deutschland.

Der »Erfinder« des lutherischen Pietismus war Philipp Jacob Spener (1635–1705), ein evangelischer Theologe aus Rappoltsweiler. Er hatte seit 1670 in Frankfurt Privatzirkel zur Predigtbesprechung und Seelsorge ins Leben gerufen, die sogenannten *Collegia pietatis*, mit dem Ziel einer »gottgefälligen Besserung der wahren Evangelischen Kirchen«. Ein rechtschaffenes Christentum zu schaffen: Das schwebte den Pietisten vor. Dabei ging es in erster Linie um eine verstärkte und vertiefte Beschäftigung mit der Bibel, um die Betonung des allgemeinen Priestertums der Gläubigen, um »mildtätigen Werke«, um ein tolerantes Verhalten bei Religionsstreitigkeiten, um eine gründliche Ausbildung der Pfarrer und ihre korrekte Amtsführung, die Neubelebung des Katechismusunterrichts sowie um eine inhaltliche wie formale Verbesserung der Predigt, die der »Erbauung« dienen sollte.

Der Pietist wandte sich gegen die aufklärerische Betonung der Diesseitigkeit, mit ihrer Freude an einer weltlichen, nicht kirchlich kontrollierten Kultur – als literarisches Beispiel könnte Molières *Tartuffe* dienen. Die allzu optimistische Stimmung in der Gesellschaft mit ihrem Glauben an das Gute im Menschen war ihm suspekt und jeglicher Reformeifer, der nur um der Reform willen einem fast blinden Fortschrittsglauben anhing.

Trotz vieler markanter Gegensätze gab es zwischen Pietismus und Aufklärung dennoch Berührungspunkte. Beide, Pietismus wie Aufklärung, »predigen« gegen die strenge Kirchlichkeit den Individualismus, beide schöpften sie aus dem Spiritualismus des 17. Jahrhunderts, beide profitierten sie vom dogmatischen Indifferentismus desselben Jahrhunderts. Mit der Folge, daß etwa der mitteldeutsche Pietismus – ausgehend von der Universität Halle – gegen Ende des 18. Jahrhunderts von der Aufklärung geschluckt wurde, hingegen der Pietismus in den Niederlanden und am Niederrhein gegen derartige Auflösungstendenzen weitgehend immun blieb.[6]

Pierre Bayle

»Zwischen der Philosophie und dem Evangelium muß man notwendigerweise wählen.

Wenn Sie nichts glauben wollen als das, was evident und in Übereinstimmung mit den allgemeinen Einsichten ist, dann nehmen Sie die Philosophie und lassen Sie das Christentum. Wenn Sie dagegen die unbegreiflichen Geheimnisse der Religion glauben wollen, dann nehmen Sie das Christentum und lassen Sie die Philosophie.

Denn die klare Einsicht und die Unbegreiflichkeit zugleich zu besitzen, das geht nicht an. Die Verbindung dieser beiden Dinge ist kaum

Pierre Bayle

möglicher als die Verbindung der Annehmlichkeiten einer rechteckigen und einer runden Figur. Man muß notwendigerweise wählen!«[7]

Damit sind die Positionen klar bestimmt. Für Pierre Bayle, den Sohn eines Pastors der reformierten Protestanten aus La Carla (heute: Carla-Bayle, Département Ariège) im »Katharerland« am Fuße der Pyrenäen, stand unzweifelbar fest: Vernunft und Religion, bzw. Glauben sind miteinander unvereinbar, stehen wie Wasser und Feuer zueinander. Entweder gibt man seinen Glaubensüberzeugungen Vorrang oder der Vernunft. Eines schließt das andere aus. So jedenfalls scheint es auf den ersten Blick. Und so haben es auch die Zeitgenossen Bayles verstanden.

Als Bayle diese These veröffentlichte, konterte beispielsweise Leibniz postwendend mit seinem *Discours de la conformité de la foi avec la raison*, in dem er nachzuweisen suchte, daß Glaube und Vernunft sehr wohl kompatibel seien.

Was Bayle nachdrücklich aber bestritt: Gott als Begriff war für Bayle zum einen selbstverständlich Sache der Theologie, aber andererseits ebenso Gegenstand der Philosophie. Und so finden sich in Bayles Schriften immer wieder Nachweise, wie er diesen Begriff sowohl theologisch wie philosophisch behandelt. Allerdings mit einer bedeutsamen Akzentuierung. Für den überzeugten Calvinisten Bayle hatte – etwa gegen John Locke – die Theologie Vorrang vor allen anderen geisteswissenschaftlichen akademischen Disziplinen. Was die Aufklärer des 18. Jahrhunderts in dieser Weise nicht erkannten oder gerne ausblendeten. Für sie war Pierre Bayle (1647–1706) das große Vorbild, eine Lichtgestalt; und zwar deswegen, weil er, so war man überzeugt, mit seinem *Dictionnaire Historique et Critique* den Aufklärern und dem gesamten Zeitalter gleichsam »das Licht der Vernunft« aufgesteckt hatte. Und so wurde Bayle mit seinem *Dictionnaire* zum jenem unerreichten Vorbild für die große Enzyklopädie, für jenes Referenzwerk, mit dem Denis Diderot und Jean-Baptiste d'Alembert die französische Aufklärung für die Geschichte nachhaltig zementierten. Man fühlte sich auf dem Höhepunkt der Erkenntnis und der Wissenschaften und wollte ihre geistigen Errungenschaften ein für allemal und unanfechtbar festhalten.

Und der Vorarbeiter für dieses Werk war Pierre Bayle, der nach wie vor zu den bedeutendsten Aufklärern im Frankreich der Zeit Ludwig XIV. (1638–1717) gerechnet wird.

Philosophie als Schlüssel zur Vernunft

Aber noch in anderer Hinsicht wurde Bayle zum überragenden Vorbild. Einmal mit seiner unablässigen Forderung nach ziviler und religiöser Toleranz, die er zwar nicht erfunden hatte, die aber unter einem pausenlosen *Ceterum Censeo* in Bayle den wohl größten Missionar gefunden hatte; dann aber auch mit seiner heftigen Ablehnung einer »theonomen Ethik«, einer Ethik, die (im Gegensatz zur autonomen) das sittliche Handeln immer und überall an den Willen Gottes bindet; dann mit seiner Forderung nach einer klaren Trennung von Kirche und Staat, mit seiner Forderung, den Glauben überall und immer frei und ungehindert zu leben.

Geboren 1647 ging Bayle mit neunzehn Jahren (1666) zum Theologie-Studium an die Hugenotten-Akademie von Puylaurens, ein Studium, das er, kaum begonnen, wieder abbrechen mußte, weil es sich nicht weiter finanzieren ließ. Also versuchte er sein Glück in Toulouse und bewarb sich um die Aufnahme an dem dortigen Kolleg der Jesuiten. Bayle wurde angenommen (1669), aber wohl nur unter der Maßgabe, daß er zum Katholizismus konvertierte. Das tat Bayle auch, aber offensichtlich nur widerwillig. Denn bereits nach wenigen Monaten suchte er um die Rückkehr in den Schoß der Reformierten Kirche nach.

Einen positiven Effekt hatte das Zwischenspiel in Toulouse: Die Jesuiten vermittelten dem jungen Bayle profunde Kenntnisse in der Philosophie, die zur soliden Basis für seine Studien und seine späteren philosophischen Forschungen wurden. Ja, man kann sagen, daß Bayle für einen reformierten Theologen philosophisch außergewöhnlich gut gebildet war.

Die erste Station nach Toulouse wurde Genf. Hierhin flüchtete Bayle im Jahre 1670, weil er in Frankreich Repressionen der Katholiken wie auch der Hugenotten befürchtete. Galt der religiöse Seitenwechsler in den Augen beider Gruppen doch als »Abtrünniger«, als jemand, dem man keine Charakterstärke zutraute, geschweige denn mit einem Amt versehen konnte.

Mit diesem zweimaligen Konfessionswechsel sah sich Bayle sein Leben lang konfrontiert. Dieser Schritt hatte ihm nämlich klargemacht, daß man »bei größter subjektiver Aufrichtigkeit eine dennoch falsche Entscheidung treffen kann«.[9]

Eine Erfahrung, die Bayle zu einem der heftigsten Verfechter der Toleranz gegenüber Andersgläubigen werden ließ. Und noch eine zweite Erkenntnis zog Bayle aus seinen »Konversionen«: Was Wahrheit oder welche Religion »die wahre« sei, könne man objektiv nicht wissen. Und damit könne man auch objektiv nicht sagen: Der da ist ein Häretiker, dieser da ist es nicht. Die Frage nach der Wahrheit sei letztlich eine Frage von Macht und Gewalt.

Das Studium in Genf brachte Bayle, trotz einiger hochgeschätzter Lehrer, zunächst nicht die erhoffte intellektuelle Befriedigung. Das begonnene Theologie-Studium führte er nicht weiter. Denn welche Konfession sollte ihm Dach, Brot und Heimat geben?

Bayle stürzte sich auf die Philosophie; Grundkenntnisse hatte er bereits in Toulouse erworben. Vor allem Descartes' Lehre fesselte den jungen Studenten. Vier Jahre verbrachte er in Genf und schlug sich als Hauslehrer durch, um seine Studien finanzieren zu können. Dann kehrte er nach Frankreich zurück. Auf Vermittlung seines Freundes Jacques Basnage bekam er eine Professur für Philosophie an der Hugenotten-Akademie in Sedan.

Seitensprung mit Folgen

Jacques Basnage war die Schlüsselfigur im Leben des jungen Bayle. Sechs Jahre jünger als Bayle, war er bemüht, dem Pastorensohn in Frankreich wieder die Türen zu Kirche und Gesellschaft zu öffnen. Um nicht die Häscher des Sonnenkönigs auf seine Spur zu bringen, hatte Bayle bereits in Rouen, wo er für kurze Zeit als Erzieher gearbeitet hatte – und das ebenfalls auf Vermittlung von Basnage –, seinen Namen – auch phonetisch – in »Bêle« abgewandelt. Nach mehreren Anläufen gelang es Basnage, seinen Freund Bayle in Sedan unterzubringen, nachdem dieser sich bei den Bewerbungsprüfungen, obwohl er den für die Professur in Sedan notwendigen akademischen Universitätsabschluß nicht vorweisen konnte, gegen die örtliche Konkurrenz hatte durchsetzen können. Am 11. November 1675 begann er mit Vorlesungen über die Logik.

Daß Bayle den Zuschlag für Sedan bekam, verdankte er aber im wesentlichen jedoch einem bereits in Sedan etablierten Professor: Pierre Jurieu (1637–1713). Diesem kam – sah er sich bei Bayles Vorstellung gerade einem akademieinternen »Mobbing« ausgesetzt – der Vorschlag Basnages, den in Sedan völlig unbekannten Achtundzwanzigjährigen Renegaten der reformierten Sache zu berufen, sehr gelegen.

Zudem hatte Jurieu umgehend die intellektuellen und schriftstellerischen Qualitäten des jungen Bayle erkannt, Qualitäten, die Jurieu möglicherweise für seine Pläne einzuspannen gedacht. Deshalb sah er auch großzügig über den katholischen Seitensprung Bayles hinweg und öffnete ihm sogar sein Haus.

Nicht ohne Hintergedanken auch hier. Denn Jurieu, zehn Jahre älter als Bayle, war der Wortführer der Auseinandersetzungen der reformierten Kirche in Frankreich mit den Jansenisten und vor allem mit Jacques-Bénigne Bossuet, dem einflußreichen Bischof von Meaux und Hoftheologen Ludwig XIV.

Bossuet hatte 1682 unter anderem für den König die *Declaratio cleri Gallicani de ecclesiastica potestate* aufgesetzt, die Erklärung des französischen Klerus, in der die Grundsätze des französischen Staatskatholizismus gegenüber den Ansprüchen von Papst und Kurie in Rom formuliert waren; Grundsätze, die Papst Alexander VIII., der vormalige Pietro Ottoboni, 1690 dann verurteilen sollte.

Jurieu also schickte sich an, zum Sprecher der Calvinisten in Frankreich zu werden. Bayle, so wissen wir aus Briefen an seine Familie, bewunderte Jurieu, der dem mittellosen Kollegen, dem die Akademie nur ein Hungergehalt zu zahlen bereit war, finanziell kräftig unter die Arme griff. Von ihrer späteren Feindschaft gab es noch keinerlei Anzeichen. Während Jacques Basnage später doch noch heiratete, beschloß Bayle für sich, ledig zu bleiben.

Nur in Sedan konnte Bayle nicht bleiben. Denn 1681 wurden auf Anordnung des Königs alle Hochschulen der Reformierten in Frankreich geschlossen. Bayle stand auf der Straße, während Jurieu in Sedan eine hauptamtliche Anstellung als Prediger fand.[10]

Ein Reich, eine Religion

Bayle ging in die Niederlande, die für Glaubensflüchtlinge gerne die Grenzen öffnete. Sogar Jansenisten fanden in den Niederlanden Zuflucht. Und Bayle gelang der Neuanfang, bevor der Sturm über Frankreich hinwegfegte. Denn vier Jahre später, 1685, widerrief Ludwig XIV. das sogenannte »Edikt von Nantes« seines Vorgängers Heinrich IV., das 1598 den Calvinisten in Frankreich die freie Ausübung ihrer Glaubensüberzeugungen zugestanden hatte. Zudem hatte das Edikt den Hugenotten, wie man die Calvinisten in Frankreich nannte, an allen Schulen, Universitäten und bei der Aufnahme in Hospitäler Gleichberechtigung zugesichert.

Auch der Zugang zu öffentlichen Ämtern war ihnen nicht weiter aufgrund ihrer Konfession verwehrt worden. Bedeutende Persönlichkeiten in der Armee und Verwaltung Frankreichs waren in der Folgezeit Hugenotten gewesen, wie etwa Finanzminister Maximilien de Sully und der General Henri de Turenne, einer der erfolgreichsten Feldherren seiner Zeit und ein ebenso bedeutender Militärschriftsteller. Ludwig XIV. hatte ihn wegen seiner Verdienste sogar in der Königsgruft von Saint-Denis beisetzen lassen, und Napoleon I. ließ ihn im Jahre 1800 in den »Invalidendom« überführen.

Da der König – Heinrich IV. war als Hugenotte aufgewachsen und erzogen worden – seinen ehemaligen Glaubensbrüdern erlaubt hatte, Konsistorien zu etablieren und Synoden abzuhalten, hieß das letztlich auch, daß die Regierung den französisch-reformierten Protestantismus als Konfession im Lande anerkannte. Das Edikt von 1598 ging sogar so weit, daß die Hugenotten auf Grund ihrer Privilegien schließlich einen Staat im Staate bildeten, mit eigener Verwaltung und sogar mit eigenen Truppen.

Verständlich, daß für einen derart absolutistisch denkenden und politisch handelnden Herrscher wie Ludwig XIV. die Hugenotten eine Gefahr darstellten und mit ihren Vorstellungen von Staat und Kirche der etablierten Staatsideologie, nach der es nur ein Reich, einen Herrscher und eine Religion in Frankreich geben sollte und durfte, diametral entgegenstanden.

Der Widerruf des Edikts führte zu einem wahren Exodus der Hugenotten aus Frankreich, ein Exodus, der Frankreichs Wirtschaft an den Rand des Zusammenbruchs zu bringen drohte. Doch den Hof in Versailles scherte das wenig.[11]

Der »heilige« Usurpator

In Rotterdam eröffnete man Bayle nun die Möglichkeit, als Lehrer an die soeben gegründete Schola illustris, an die »*École illustre*« zu gehen. Kaum angestellt, schlug Bayle der Schulleitung vor, auch Pierre Jurieu aus Sedan kommen zu lassen. Und so finden sich beide, Jurieu und Bayle, im Jahr darauf, d. h. 1682, als Professoren in Rotterdam wieder.

Hier konnte aus »Bêle« wieder »Bayle« werden. Und in Rotterdam veröffentlichte Bayle, inzwischen 35 Jahre alt, erstmals auch eigene Werke, was er in Frankreich aus Furcht vor Verfolgungen nicht gewagt hatte. In der ersten Schrift geißelte er – anonym, wie zur damaligen Zeit nicht unüblich – unter dem Titel »Brief über die Kometen« die abergläubischen Vorstellungen, die mit dem Auftauchen dieses Himmelsereignisses die Menschen überfallen hatten. Er machte Front gegen Aberglauben und Intoleranz und erklärte, wer Gott leugne, gerate nicht notwendigerweise in den Bann der Unmoral. Wo der Glaube nur eine nicht verpflichtende Überzeugung des Kopfes bleibe, sei der Einfluß der Religion auf die Moral gering, welcher Konfession man auch angehören möge.

Die andere Schrift, die *Critique générale de l'histoire du calvinisme de Mr. Maimbourg*, war eine Gegenrede zur »Geschichte des Kalvinismus«, die ein gewisser Louis Maimbourg verfaßt hatte, ein ehemaliger Jesuit. Darin forderte dieser, wie seinerzeit Ignatius von Loyola mit Blick auf Luther, den König von Frankreich unmißverständlich auf, der reformierten »Ketzerei« im Land endlich ein Ende zu machen. Denn die Calvinisten seien der Grund für die andauernden Religionskriege, sie seien extrem subversive Kräfte, die, so Maimbourg, der Staat auszumerzen habe.

Der Hof in Versailles, solidarisch mit den Ideen Maimbourgs, war außer sich und ließ ein Exemplar der Schrift gegen Maimbourg öffentlich von einem Henker verbrennen. Und da Pierre Bayle nicht zu fassen war, verhafteten die Behörden Bayles Bruder Jacob, der nach wenigen Monaten, im November 1685, im Gefängnis starb.

Ein Jahr später übernahm Bayle, zusätzlich zu seinen Aufgaben als Professor, die Schriftleitung der von Henri Desbordes in Amsterdam herausgebrachten Zeitschrift *Nouvelles de la République des Lettres*, eine Aufgabe, die ganz auf Bayles literarisch-wissenschaftliche Ambitionen zugeschnitten war. Die Revue bot Bayle die Bühne, um seine Gedanken unter die Leserschaft zu bringen, Gedanken, die Bayle fast durchweg zur Verteidigung des in Frankreich dem Untergang ausgelieferten Calvinismus dienen sollten.

Diese Arbeiten machten Bayle und seine Zeitschrift in ganz Europa mit einem Schlag berühmt. Keiner der Aufklärer des Kontinents kam nun an Bayle vorbei, der somit in gewisser Weise zum Stein des Anstoßes wurde. Und nicht nur wegen seiner ungewohnten Themenbehandlung. Auch politisch geriet Bayle ins Feuer der Kritik. Seine im Grunde »dürftigen« politischen Ansichten brachten ihn dennoch mehr und mehr in Gegensatz zu Pierre Jurieu, seinem alten Freund und Gönner, der sich inzwischen zu einem dogmatischen Calvinisten gewandelt hatte und als apologetischer Parteigänger Wilhelm III. von Oranien auftrat. Den Oranierfürsten hatte Bayle sich publizistisch »vorgenommen«. Er attackierte ihn – mit Blick auf die Vorgänge in England – als einen Usurpator der Macht, und verglich ihn darin mit dem alttestamentlichen König David, der in den Augen Bayles ebenfalls ein Ursupator war.

Pierre Jurieu schlug zurück. Brutal und heftig. Er denunzierte Bayle wegen politischer Unzuverlässigkeit, was umgehend (1693) seine Entlassung als Professor an der *École illustre* nach sich zog. Jurieu hatte sich unter anderem auch deswegen mit Bayle überworfen, weil er strikt jede religiöse Toleranz ablehnte. Der Missionsauftrag der Schrift gebiete es, die Menschen zum Glauben zu bekehren, und zwar zum richtigen Glauben. Dabei schloß Jurieu, ohne es auszusprechen, ganz folgerichtig Zwang und Gewalt nicht aus.

Steinbruch des Wissens

Nach seiner Entlassung aus dem Schuldienst widmete sich Bayle verstärkt einer Arbeit, die zu seinem Haupt- und in gewisser Weise auch zu seinem Lebenswerk werden sollte: dem *Dictionnaire historique et critique*. Dieses historisch-kritische Wörterbuch, wurde für die »Aufklärer« jener Tage zum schier unerschöpflichen »Steinbruch« der Argumentation. Nicht von ungefähr war und ist Bayle immer noch der Lieblingsautor der Aufklärung, trotz Diderots 17bändiger Enzyklopädie. Denn auch sie hatte sich den *Dictionnaire* von Pierre Bayle zum Vorbild genommen, der zu einem philosophischen Klassiker geworden ist und Jahrzehnte später Voltaire zum Vorbild für dessen *Dictionnaire philosophique portatif* (1764) diente.

Bayles »Wörterbuch« wollte, wie jedes bedeutende philosophische Werk, das Wissen und die Erkenntnis der Zeit seines Entstehens widerspiegeln und gleichzeitig diese Zeit durch die geballte Ansammlung von Wissen und Erkenntnis prägen, beeinflussen, ja sogar steuern.[12]

Den Plan, ein »Wörterbuch« herauszugeben, faßte Bayle bereits um 1690. Es sollte ein kritisches Wörterbuch sein, ein Buch, das alle Fehler aufgreifen sollte, die »sowohl den Verfassern von Wörterbüchern wie auch anderen Schriftstellern unterlaufen waren, und das unter jedem Personen- oder Städtenamen die Fehler hinsichtlich dieser Person oder dieser Stadt aufführen sollte«. Ein merkwürdiges Unterfangen, wie die meisten Gelehrten jener Zeit befanden – unter ihnen auch Leibniz –, als Bayle 1692 in einigen ersten Artikeln seinen Plan veröffentlichte. Welchen wissenschaftlichen Wert, so fragten sie, sollte eine Sammlung von Fehlern haben, die aus anderen *Dictionnaires* (nur) zusammengetragen und gesichtet worden war?

Bayle reagierte schnell und beschloß »ein historisch-kritisches Wörterbuch« aufzulegen, das den Wissenschaftsansprüchen jener Tage entsprach, zumal Leibniz bis dahin die Arbeiten Bayles mit viel Wohlwollen begleitet hatte. Und mit diesem Schritt, die Beiträge im *Dictionnaire* nach historisch-kritisch Kriterien auszuarbeiten – was immer Bayle sich auch darunter zunächst vorgestellt haben mag –, machte Bayle, so ist die Forschung heute überzeugt, das historische Forschen zur Wissenschaft, gleichberechtigt neben anderen »vernünftigen« Wissenschaften. Auch historische Ereignisse, so Bayle, seien genauso sicher wie die Sätze der Mathematik; ebenso bedeutsam, wenn nicht sogar bedeutsamer als die Mathematik für die menschliche Existenz sei die Geschichte allemal.

Doch auf Bayles ureigenes Denken, auf seine Ansichten über das, was vernunftorientierte Objektivität in seinen Augen zu sein hatte – so, wie sie etwa nach Bayles Vorstellungen in der angewandten Geschichte ihren Sitz im Leben besaß –, ließen sich nur wenige seiner Zeitgenossen und Schriftstellerkollegen ein.

Für Bayle bestand »die Vollkommenheit eines historischen Berichts darin«, daß er »für alle Sekten und Nationen unangenehm zu sein« habe. Denn das zeige nur, daß »der Autor weder den einen noch den anderen« schmeichle, sondern vielmehr die »Wahrheit« sage.

Im *Dictionnaire* beschreibt Bayle das Problem der »Objektivität« eines Historikers so: »Ein Historiker als solcher ist wie Melchisedek: vater- und mutterlos und ohne Stammbaum.« Und wenn man ihn nun frage, woher er stamme, dann müsse er antworten, daß er »weder Franzose, noch Deutscher, noch Engländer, noch Spanier« sei: »Ich bin Weltbürger und stehe weder in den Diensten des Kaisers noch des Königs von Frankreich, sondern einzig in den Diensten der Wahrheit. Das ist meine einzige Königin, ihr allein habe ich den Gehorsam geleistet. Ihr geweihter Ritter bin ich und trage als Ordensband denselben Schmuck wie das Oberhaupt der Gerechtigkeit und des Priestertums der Ägypter.«[13]

Mit dieser Ansicht stand Bayle allein auf weiter Flur.

Nach vier Jahren intensiver Arbeit erschien, Ende 1696, der *Dictionnaire* auf dem Markt. Der Verkaufspreis war zwar gesalzen, aber das Werk fand seine begeisterten Leser und wurde, modern gesagt, zu einem Bestseller: zum meist gekauften Buch des 18. Jahrhunderts.

Das Werk fand aber nicht nur Zustimmung. Mehr und mehr geriet Bayle nämlich mit seinem »Wörterbuch« in Gegensatz zur hugenottischen Exilgemeinde in Rotterdam, seiner religiösen Heimat. In ihrem Schoß häuften sich die Vorwürfe: Er lobe die Tugendhaftigkeit der Atheisten, schüre den Skeptizismus und stelle ihn über die Offenbarungswahrheiten. Man verzieh ihm auch nicht, daß er – in der politischen Auseinandersetzung mit Jurieu und dessen Unterstützung für Wilhelm III. von Oranien – den »königlichen Propheten«, den David des Alten Testaments, in den Schmutz gezogen habe: Einen David rühre man nicht an.

Zudem warf man Bayle vor, sein »Wörterbuch« sei nicht sehr aufbauend, es sei vielmehr skeptisch-destruktiv. Bayle wollte jedoch nicht zerstören. Sein Bemühen ging vielmehr dahin, durch das Aufdecken falscher Dinge die Wahrheit zu fördern. So etwa, wenn er ein eingebildetes Wissen als Scheinwissen bloßstellte. Das demütige die Menschen zwar, meinte Bayle, aber dadurch helfe man den Menschen, moralisch besser zu werden.

Widerspruch fand das Wörterbuch bei den Frommen auch deshalb, weil es einige Artikel enthielt, die mit, modern gesagt, geradezu pornographischen Einsprengseln gespickt waren. Möglicherweise nicht ohne Grund. Schließlich war Bayles Verleger Reinier Leers kein Philanthrop, sondern Geschäftsmann. Er wollte mit dem durchgängig doch so »trokkenen« Wörterbuch auch Geld verdienen, und dazu mußte der Absatz des Werkes angekurbelt werden. Bayle verteidigte sich daher in einer umfangreichen »Klarstellung«, die der zweiten Auflage seines »Wörterbuchs« beigegeben wurde, gegen den Pornographievorwurf – und strich keine Zeile.

Insgesamt viermal griff Bayle auf sogenannte »Klarstellungen zurück, um seine Überzeugungen gegen seine Gegner zu verteidigen – doch letztlich ohne großen Erfolg.

Die einen hielten das Baylesche »Wörterbuch« für zu katholisch, also für zu dogmatisch, andere hingegen sahen in den Artikeln den calvinistischen Geist vorherrschen.

Und so entsteht in seinen letzten Lebensjahren eine Flut von Schriften, die seine Positionen gegen die Angriffe seiner Gegner oder auch der vermeintlichen Gegner zu verteidigen suchten. Immer wieder überarbeitete er das »Wörterbuch« auf Grund eigener Studien wie auch auf Grund neuer wissenschaftlicher Erkenntnisse und Forschungsergebnisse, soweit diese ihm zugänglich waren.[14]

Aufklärer und Glaubender

Gestritten und fast zerstritten haben sich die Zeitgenossen wie die Nachwelt darüber, welchen Einfluß Bayles Elternhaus, seine calvinistische Erziehung, seine Suche nach Wahrheit, nach Einsicht und Vernunft auf Bayles Leben und Arbeiten genommen haben. Eine Frage, die – so meinten viele immer wieder – Bayle doch schon selbst beantwortet habe: »Ein wahrhaftig Gläubiger, ein Christ, der den Geist der Religion wirklich begriffen hat, erwartet nicht, daß diese mit den Weisheiten einer Mittelschule übereinstimmt noch daß er fähig sei, allein durch die Kräfte der Vernunft die Schwierigkeiten der Vernunft zu überwinden. Er weiß durchaus, daß die natürlichen Dinge keineswegs harmonisch mit den übernatürlichen übereinstimmen und, wollte man von einem Philosophen verlangen, die Geheimnisse des

Evangeliums und die Axiome der Aristoteliker auf die gleiche Ebene und in vollkommene Übereinstimmung zu bringen, dann würde man von ihm etwas verlangen, was wesenhaft unmöglich ist« (Dictionnaire historique et critique, Bd 2, 1697).

Glaube und Vernunft: Das paßt doch nicht zusammen, das ist doch gar nicht »kompatibel«. So würde man es heute sagen.

Dennoch gibt es eine merkwürdige Spannung im Werk Bayles, auf die bereits Voltaire hingewiesen hat: »Niemand hat ihn je der Gottlosigkeit überführen können; er hingegen schuf die Gottlosen, indem er unsere Dogmen dermaßen brilliant attackierte, daß er (damit) jeden mittelmäßigen Glauben aus den Angeln hob. Unglücklicherweise haben die meisten Leser (der Baylschen Schriften) nur einen sehr mittelmäßigen Glauben.«

Niemand, so Voltaire, habe Bayle also jemals einer blasphemischen Äußerung überführen können. Der Sohn eines calvinistischen Pfarrers kannte seine Kirche; er kannte sich aus in der reformatorischen Theologie. Und genau dieses Wissen um seine Religion, um sein Bekenntnis und seinen Glauben versetzte Bayle in die Lage, die Schwachstellen, die Dummheiten und Plattitüden der Religion aufzuspießen und zur Disposition zu stellen: »Man muß notwendigerweise wählen zwischen der Philosophie (der Vernunft) und dem Evangelium.« Doch an diese seine eigene Feststellung hat sich Bayle selbst wohl nicht konsequent gehalten.

Da Bayle nachweislich bereits seit 1680 die Philosophie Descartes, die er zuvor so hoch geschätzt hatte, nunmehr nur noch als eine unter den vielen philosophischen Systemen gelten ließ, führte ihn dieser Umstand möglicherweise wieder in die Nähe der Religion, nicht aber in die Nähe der (reformierten) Kirche.

Die Philosophie, d. h. die Vernunft, könne nun mal, so Bayle, keine einheitliche Sicht der Welt erreichen. Es sei die Vollkommenheit und die unendliche Weisheit Gottes selbst, die den Menschen daran hindere, das Wesen und Handeln Gottes zu begreifen. Ja, letztlich könne der Mensch sogar sich selbst nicht verstehen: Denn Vorurteile und Leidenschaften hinderten ihn daran, ein vernunftgemäßes Leben zu führen. Also könne die menschliche Vernunft des Menschen auch die göttlichen Offenbarungswahrheiten nicht begreifen. Ein Großteil der Dogmen, der zu glaubenden Lehrsätze, seien für die Vernunft letztlich »unverständliche Geheimnisse«. Mit der Folge, daß die Menschen – trotz der Aufforderung, Gott zu folgen – eher Menschen als Gott gehorchten, da der Mensch lieber seinen Interessen folge als seiner Vernunft.[15]

Intoleranz ist keine Tugend

Nun hat aber die Vernunft, so Bayle, in der Religion nichts zu suchen. In religiösen Angelegenheiten habe der Mensch ausschließlich seinem Gewissen zu folgen, ja er sei, so Bayle, dazu ausdrücklich verpflichtet. Denn das Gewissen sage dem Menschen, ob eine Handlung Gottes Willen entspreche oder nicht. Da der Glaube auf die Zustimmung des Gewissens angewiesen sei, sei es völlig undenkbar, ihn mit rationaler Evidenz absichern zu wollen.

Alles, was das Gewissen als »gut« erkannt habe, gehe mit dem Willen Gottes konform. Wer das Gewissen mißachte, mißachte Gott. Das wußte bereits die Theologie im Mittelalter. Einverstanden, sagt Bayle, aber man muß dem Gewissen als absolute Richtschnur auch zubilligen, daß es irren kann. Und dieses irrende Gewissen hat man in gleicher Weise ernst zu nehmen wie das instruierte, das aufgeklärte Gewissen. Mit der Folge: Wer gegen das irrende Gewissen verstößt, macht sich (sündhaft) schuldig. Jeder ist unter allen Umständen verpflichtet, seinem Gewissen folgen. Das bedeutet aber nicht, daß jede Tat frei von Schuld und Sünde ist: Mord bleibt Mord, auch wenn das Gewissen dazu gedrängt haben mag. Dann habe man es allerdings mit einem pervertierten Gewissen zu tun, pervertiert durch Leidenschaften und Vorurteile.

Das Gewissen gebietet auch, daß man für jene Religion, die man als die einzig wahre erkannt hat, sich einsetzt und sie auch gegen Angriffe verteidigt. Auch jene, die man als »Häretiker« ansieht, können sich, so Bayle, darauf berufen.[16]

Daher hat man Toleranz zu üben, weil allein die Toleranz konfessionelle Auseinandersetzungen, Repressionen, den Einsatz von Gewalt und Macht, sowie auch mögliche Abspaltungen verhindert.

Gegen seinen alten Weggefährten Jurieu, der mit Blick auf die Vorgänge in Frankreich rund um den Widerruf des »Edikts von Nantes«, zum Schutz der Calvinisten aufrief und meinte, man könne keine Religion dulden, die eine andere verfolge und unterdrücke, pochte Bayle auf den Schutz des irrenden Gewissens und forderte unnachgiebig Toleranz ein: Intoleranz sei keine Tugend. Und das Christentum, eine in seinen Augen intolerante Religion, könne sich dabei nicht auf den Glauben berufen. Das Christentum habe nämlich nur den Auftrag bekommen, zu predigen und zu lehren (*… que de prêcher et d'instruire …*). Und dennoch löschten die Christen »mit Feuer und Eisen« all jene aus, »die mit ihnen nicht übereinstimmen« – z. B. die Anhänger des Islam, wobei die christlichen Reformatoren die größte Intoleranz an den Tag legten. Man könne nicht unter Berufung auf den Willen Gottes seine Denk- und Sichtweise von religiösen Wahrheiten – auch wenn man dieses als richtig und wahr erkannt habe – anderen mit Gewalt aufdrängen. Das sei nur dann möglich, so Bayle, wenn dazu ein allgemeines Recht bestehe und anerkannt werde. Nur dann könne und dürfe man anderen die Wahrheit mit Gewalt aufdrängen. Allerdings müsse man dieses Recht dann aber auch jenen Überzeugungen zubilligen, die als allgemein »häretisch« gelten: Nicht nur die »wahre« Religion dürfe eine andere, eine häretische Religion bekämpfen, man müsse man auch der häretischen zugestehen, daß sie die wahre Religion attackiere. Man dürfe nur Dinge tun oder zulassen, die allen gestattet seien.

Also lehnte Bayle derartige Überlegungen ab, weil sie nur die Gewalt legitimierten und in der Folge nur zu Krieg und Untergang führten, zur Ausrottung Andersdenkender.

Das heißt bei Bayle mit Blick auf den Staat, daß der Staat alle Religionsgemeinschaften zulassen muß; er darf also nicht nur eine Religion auf Kosten anderer bevorzugen. Einschreiten in innere Angelegenheiten der Religionen dürfe ein Staat nur dann, wenn die öffentliche Ordnung durch die Aktivitäten der Glaubensgemeinschaften bedroht sei, diese sich also gegen Staat und Gesellschaft richteten. Staaten oder Herrscher dürften nicht den Handlanger der Religion spielen, keine polizeilichen Aufgaben für oder im Namen der möglicherweise einen, staatlich bevorzugten Religion wahrnehmen. Damit verwarf Bayle rundweg die Toleranzformel des Westfälischen Friedenswerks von 1848, nach der – ganz der absolutistischen Ideologie verpflichtet – der jeweilige Landesherr (im *ius reformandi*) das letzte Wort über die Religionsangelegenheiten seiner Untertanen bekommen hatte: *Cuius regio eius religio.* In seinem Glauben ist der Einzelne unabhängig von seinem Herrscher, vorausgesetzt, er achtet die öffentliche Ordnung und stört sie nicht – etwa wie die Katholiken durch Prozessionen. Ein Seitenhieb, der wie ein Fremdkörper im Toleranzdenken Bayles auftaucht. Auch mit den Atheisten ging er streng ins Gericht. Ihnen sprach er die Berufung auf das Gewissen, auch das irrende, rundweg ab, weil der Atheist seine Berufung auf das Gewissen ja nicht mit dem Argument »Gott« begründen kann.

Toleranz findet nämlich bei Bayle ihre höchste Begründung im »christlichen Hauptgebot«, der Gottes- und Nächstenliebe. Toleranz ist – wie die Betonung der Gewissensfreiheit – eine Forderung Gottes an die Menschen. Sie ist also stets nur im Zusammenhang mit Gottes Willen und dessen Erfüllung zu sehen. Ist doch das Gewissen der eigentliche Sitz des Glaubens, der »heilige Ort der Begegnung« zwischen Mensch und Gott.[17]

Glaube als unverdientes Geschenk

Glauben ist im Denken Bayles aber nicht gleich Glauben. Er unterscheidet zwischen einem Glauben, den man gleichsam durch Elternhaus, Kirche und Erziehung vermittelt bekommen hat, und dem man auf Grund dieser Prägung zustimmt. Dieser Glaube ist für Bayle ein toter, weil historisch überkommener und durch fremde Hilfe bekanntgemachter Glaube.

Der lebendige Glaube hingegen, jener Glaube, der auch für die Erlösung wichtig ist, das ist in der Vorstellung Bayles jener, der dem Menschen als Gnade Gottes, als rechtfertigender Glaube durch die Vermittlung des Geistes Gottes geschenkt wird. Diesem rechtfertigenden Glauben könne, so Bayle, der Mensch selbst dann zustimmen, wenn die Vernunft die sogenannten offenbarten Wahrheiten nicht begreifen könne; denn ein Glaube habe nur Bestand, wenn er für den, der glaubt, gewiß sei. Und so sei letztlich ein blinder Glaube für einen Christen der angemessenste. Denn auf diese Weise sei es auch dummen und einfältigen Menschen möglich zu glauben. Gott schenke die Rechtfertigung im Glauben, der Gnade sei. Daher habe sich der Mensch Gott zu unterwerfen. Im Ringen mit dem christlichen Glauben müssen Vernunft und Skeptizismus notwendigerweise scheitern.

Dennoch haben für Bayle Vernunft, d. h. Philosophie, und Skeptizismus mit Blick auf den Glauben eine wichtige Aufgabe zu erfüllen. Diese besteht darin, Aberglauben und irrige Ansichten zu bekämpfen. Daher muß die Welt rational, vernünftig in den Blick genommen werden. Denn nur die Vernunft kann dem Aberglauben, dem selbst aufgeklärte Geister unterliegen, vorbeugen und die Natur, in der angeblich Gott handelt, entmystifizieren.

Der Kreis schließt sich. Denn diese Argumentation bekräftigt erneut die Ausgangsthese Bayles, nach der der Mensch letztlich zwischen zwei Dingen zu wählen habe. Denn »wollte man von einem Philosophen verlangen, die Geheimnisse des Evangeliums und die Axiome der Aristoteliker auf die gleiche Ebene und in vollkommene Übereinstimmung zu bringen, dann würde man von ihm etwas verlangen, was wesenhaft unmöglich ist«. Daher müsse man »notwendigerweise wählen zwischen der Philosophie und dem Evangelium«. Beides zusammen geht nicht![18]

Wobei aber – und dies ist ganz entscheidend für Bayle – der Glaube gegenüber den Argumenten der Vernunft immer »immun« sein wird, da Gott nur im Glauben erfaßt und begriffen werden kann, nicht durch die Vernunft (Joh 13). Die Vernunft kann dem Glauben nichts anhaben, kann ihn – durch welche Argumente auch immer – nicht erschüttern. Somit verhindert der Glaube, daß sich die Vernunft absolut setzt; denn dieser Schritt führe, so Bayle, logischerweise in den Atheismus, da die sich absolut setzende Vernunft in der Konsequenz alles verwerfe, was sie nicht erfassen und erklären könne. Dies hat zur Folge, daß das Betätigungsfeld der Vernunft die natürliche Welt ist, das des Glaubens die übernatürliche.

Dieser Argumentation unterliegt auch die schriftliche Offenbarung: die Bibel. Da der Glaube sich um die übernatürlichen Dinge kümmert, sind die Autorität und die Göttlichkeit der Bibel rational nicht beweisbar. Die Autorität der Bibel beruhe auf der Überzeugung, daß sie ihre Autorität einzig und allein daraus ableiten könne, daß sie Offenbarung des einen Gottes sei.

So haben auch die verschiedenen theologischen Entwürfe, wie etwa die eines Augustinus oder eines Thomas von Aquin, für Bayle keinerlei Wert, es sei den einen ausschließlich religionsgeschichtlichen. Allein die Schrift als Offenbarung Gottes und somit als autorisierte Autorität zählt. Und selbst die Berufung auf die Tradition, wie sie gerade in der Katholischen Kirche unbeirrt hochgehalten wird, hat – so alt und akzeptiert sie auch sein mag – für Bayle nur dann einen Wert, wenn sie in der Bibel ihr Spiegelbild findet.

Als Pierre Bayle, gezeichnet und geschwächt von der Tuberkulose, sich aufs Sterben vorbereitete, schrieb er nur wenige Stunden vor seinem Tod am 28. Dezember 1706 in Rotterdam: »Ich sterbe als christlicher Philosoph, überzeugt und durchdrungen von der Güte und Barmherzigkeit Gottes.«[19]

Die Suprema advocata ecclesiae

Maria Theresia
(1717–1780)
und das unerbittliche Staatswohl

Über die Universitäten in den großen Städten hielt die Aufklärung Einzug in die Politik. Denn etwa seit 1740, als die erste »aufgeklärte Generation« der Studenten in die Berufe drängte, hatten die aufklärerischen Ideen breitere Schichten der gebildeten Öffentlichkeit erreicht. Die Herrschenden und ihre Regierungen öffneten sich den Ideen und Idealen der Aufklärung, die als Ganze unausgesprochen zum »Staatsziel« wurde; gleichsam von oben führte man – vorsichtig zwar, aber immerhin – die als notwendig erachteten Reformen ein, wobei die Untertanen pädagogisch straff am Gängelband gehalten wurden und ein ausgeklügeltes Polizeisystem die Einhaltung der behördlich verordneten aufgeklärten Wohltaten durch die Bevölkerung überwachte und notfalls auch durchsetzte.

Denn im Gegensatz zur mittelalterlichen Staatsauffassung erkannte der »Souverän« des ausgehenden 17. und des 18. Jahrhunderts keine Macht über sich an, mit der er seinen politischen Anspruch hätte teilen müssen. Der universale Staat war zum »begrenzten«, zum eingegrenzten Staat geworden, der folglich weder ein universales Recht noch eine universale Kirche akzeptieren konnte. Die oberste Idee des neuen Staates war dessen Einheit, zusammengehalten durch den Willen des Souverän, der sich oft sogar über und neben Recht und Gesetz stellte. In ihrer Konsequenz hatte diese Vorstellung zuerst und unübertroffen in Frankreich Gestalt angenommen. »Ein Staat, ein Herrscher, eine Religion«, lautete die Maxime Ludwig XIV., der um dieser Maxime willen sogar den folgereichen Fehler beging, das »Edikt von Nantes« seines

Großvaters Heinrich IV. aufzuheben, ein Vorgang der in den Augen des Historikers Jakob Burckhardt »das größte Molochopfer« war, »welches je einer Einheit, das heißt dem königlichen Machtbegriff dargebracht worden ist«.

Aus dieser Idee der Staatseinheit ergab sich konsequenterweise, daß der Souverän keinen »Staat im Staate« dulden konnte, also auch keine über den Staat hinausreichende Kirche. Denn sie war jene Autorität, die auf Grund ihres Selbstverständnisses dem Staat, gegen seinen Anspruch, die Macht über die Gewissen streitig machte und ihm diese sogar entziehen konnte. Für den absolutistischen Staat ein unerträglicher Gedanke; galt doch die Hingabe an den Staat als die höchste sittliche Forderung. Ein Postulat, das die Französische Revolution gut 100 Jahre später blutig einfordern sollte.

Hier folgte die absolutistische Idee bereits vorgezeichneten Wegen. Schon Kardinal Richelieus Politik hatte in Frankreich auf die religiösen und konfessionellen Gegensätze keine Rücksicht mehr genommen. Und seit dem 18. Jahrhundert gab es bereits christliche Staaten, die mit dem Reich der Türken, mit Muslimen, also mit Ungläubigen, politische Bündnisse eingingen. Die Kreuzzüge und die »Seeschlacht von Lepanto« am 7. Oktober 1571, die ein letztes Mal die christlichen Staaten Europas in einer gemeinsamen Front gegen die »Türkengefahr« zusammenführte, waren damit endgültig Teil der Geschichte geworden.

Die scholastische Staatstheorie, welche den Staat religiös und universell begründete, wurde, weil sie die sich anbahnenden geistigen Veränderungen nicht mehr zu stützen vermochte, einfach über Bord geworfen.

Jean Bodin, Hugo Grotius, Thomas Hobbes, John Locke und Samuel Pufendorf begründeten die neuen Staatsideen, nach denen der Staat das logische und natürliche Ergebnis eines Vertrags zwischen Untertanen und Herrschenden war. Der Staat bekam greifbare Grenzen, die man verschieben konnte oder verteidigen mußte: Er war angreifbar. In diesem Gebilde lebte ein Staatsvolk, das zwar noch nicht diesen »modernen« Namen trug, jedoch im Ansatz schon im 16. Jahrhundert existent war.[1]

Die neuen Ideen bewirkten, daß auch das seit Jahrhunderten hochgehaltene Gottesgnadentum der Herrscher, das noch in der zweiten Hälfte des 17. Jahrhunderts alles und jeden bestimmte, verblaßte. Der Staatszweck wurde rein diesseitig verstanden, weil der Staat sich von der Vormundschaft der Kirche und der Religion befreite. Der Herrscher war nicht mehr für das Seelenheil seiner Untertanen verantwortlich, wenngleich – auch in katholischen Landen – die »Dienstaufsicht« des Staates über die Kirche keineswegs in Frage, sondern sogar noch verstärkt wurde: Der Alleinherrscher und seine allgegenwärtige Verwaltung, mit der Polizei an der Spitze, hatten alles unter Kontrolle.

Die reine Macht

»Un roi, une loi, une foi – Ein Herrscher, ein Land, eine Religion.«

So lautete die Maxime der französischen Staatsphilosophie im Frankreich der zweiten Hälfte des 17. Jahrhunderts. Der Staat, geeint in seinen Grenzen mit dem Herrscher an der Spitze, kann mit Rücksicht auf seine innere Ordnung und mit Blick auf das Wohlergehen von Wirtschaft und Gesellschaft in seinem Machtbereich nur eine Religion zulassen. Und das wegen des inneren Friedens. Denn es ist Sache der Staatsgewalt, für Ordnung, Rechtssicherheit und Frieden unter den Bürgern zu sorgen. Unterschiedliche Konfessionen und Religionen schüren den Unfrieden.

Es war ein Franzose, der 1530 geborene Jean Bodin, der erstmals in den langen, grausamen Wirren der innerfranzösischen Hugenottenkriege zwischen 1562 und 1598 diesen grundlegenden Staatsgedanken entwickelt hatte – lange vor dem Engländer Thomas Hobbes, der in Anknüpfung an Bodin dessen Ideen weiterentwickelte: nur mit anderen Ergebnissen.

Bodin hingegen, ganz auf die politische wie gesellschaftliche Lage in Frankreich fixiert, forderte in Übertragung mittelalterlicher Ordovorstellungen auf die französische Staatswirklichkeit, daß es im Staat nur eine einzige, unabhängige, gesetzgebende Kraft geben dürfe: die des Alleinherrschers. Er sollte das Recht haben, allen Untertanen auch ohne deren Zustimmung Gesetze aufzuerlegen.

»Diese Gewalt, Gesetze zu erlassen oder aufzuheben, umfaßt zugleich alle anderen Rechte und Kennzeichen der Souveränität, so daß es streng genommen nur dieses eine Merkmal der Souveränität gibt. Alle anderen Souveränitätsrechte sind darunter subsumierbar: die Entscheidung über Krieg und Frieden, das Recht zu letztinstanzlicher Entscheidung, das Ernennungs- und Absetzungsrecht für die obersten Beamten ...«

Diese zentrale Ordnungsgewalt (»le pouvoir neutre«) sollte nach den Vorstellungen Bodins – der seine Karriere zunächst als Mitglied im Karmeliterorden begonnen hatte, also in einer zentral gesteuerten kirchlichen Ordensgemeinschaft, und der sich mit den Strukturen und Mechanismen der mittelalterlichen Gesellschaftsordnung bestens auskannte – neutral und absolut sein: unabhängig von äußeren und innerstaatlichen Mächten, insbesondere unabhängig von Kaiser und Papst. Bodin, der seit 1560 als Jurist in Paris arbeitete und ab 1571 in den Diensten des Herzogs von Alençon stand, forderte weiter, daß der absolut und unabhängig agierende Souverän zudem über allen binnenstaatlichen Gruppierungen zu stehen habe und damit – in der Konsequenz – seinen eigenen Gesetzen nicht unterworfen sein könne. Dennoch ist nach Bodin, der von 1577 dann bis zu seinem Tod im Jahr 1596 als Staatsanwalt in Laon arbeitete, die souveräne Staatsgewalt nicht schrankenlos, wie es nach ihm dann Thomas Hobbes gefordert hat. Für Jean Bodin, den gebürtigen Angeviner und ehemaligen Ordensmann, blieb die höchste absolute irdische Gewalt immer und überall an göttliches und natürliches Recht gebunden; an ein Recht, das der Staat unter allen Umständen zu wahren und zu schützen hatte.

Ohne Gegenleistung allerdings sollte bei Bodin der Souverän seine absoluten Rechte aber nicht zugestanden bekommen. Der absolute Herrscher hatte im Gegenzug seinen Untertanen Religionsfreiheit und Sicherheit zu garantieren.[2]

Widerstand ist unzulässig

Welche Religionsfreiheit? Die der einen, staatlich anerkannten, weil staatstragenden Religion?

Bei den Generalständen von Blois des Jahres 1576 war Jean Bodin – als Deputierter des Dritten Standes – entschieden für religiöse Toleranz eingetreten, also für Toleranz gegenüber vielen, anderen Religionen. In einer seiner späten Schriften sollte Bodin diesen Gedanken erneut aufgreifen: in dem religionsphilosophischen Werk von 1593 mit dem Titel: *Colloquium heptaplomeres de rerum sublimium arcanis abditio*. Darin forderte Bodin ohne Umschweife die Anerkennung der religiösen Bekenntnisse in ihrer Verschiedenartigkeit und den Verzicht auf Wiederherstellung der Glaubenseinheit. Eine Forderung, die nicht nur das französische Königtum betraf, sondern alle Staaten, die von den Glaubenskriegen betroffen waren.

Andererseits hat Jean Bodin mit seinen staatsphilosophischen Ideen den Vorstellungen von einer absoluten Monarchie entscheidend den Weg bereitet: »Alle Stände sind dem König untertan, der weder ihren Rat sucht, noch sich nach ihrem Willen richtet« – so ließ er sich dazu in seinen »Überlegungen zur Republik« von 1576 vernehmen.

Selbst wenn der Souverän Gesetze erläßt, so sind ausschließlich seine Untertanen an diese gebunden, postulierte Bodin. Den Souverän binden sie nicht. Er ist und bleibt auch weiterhin frei, künftig andere, neue Entscheidungen zu treffen, gegen die, so Bodin, kein aktives Widerstandsrecht seitens der Untertanen zulässig sei.

Nachdem Bodin vor diesem Ideenhorizont alle möglichen Staatsformen durchgespielt hatte, resümierte er, daß das absolute Souveränitätsrecht im strengen Sinn nur in einer Monarchie in seinen richtigen Dimension zu verwirklichen sei; denn nur ein Einziger könne im Staat souverän sein, und das sei der absolute Alleinherrscher, der Monarch.[2]

Und welcher Platz war der Religion in einer derartigen Staatsidee zugewiesen? Es gab zwar neben der einen, der christlichen Religion in Europa noch die jüdische; aber diese spielte politisch überhaupt keine Rolle.

Für den Herrscher eines derartig konzipierten Staatsgebildes war der willigste Helfer nicht etwa das Militär oder die um Ruhe und Ordnung besorgte Wirtschaft: Es war die Religion. So jedenfalls sah es Giovanni Botero (1540–1617), ein gebürtiger Piemontese. In seinen

Überlegungen zur »Staatsraison« (*Della ragione di Stato*) schrieb er 1589: »Unter allen Gesetzen gibt es keines, das den Fürsten günstiger wäre als das christliche, denn es unterwirft ihnen nicht nur die Leiber und die Güter der Untertanen ..., sondern auch die Seelen und die Gewissen, und bindet nicht nur die Hände, sondern auch die Gefühle und die Gedanken.«[3]

Der ehemalige Jesuit, der zeitweise als Sekretär in Diensten des Mailänder Erzbischofs Carlo Borromeo gestanden hatte, und der zu den heftigsten Kritikern Niccolò Machiavellis zählte, verfolgte mit dieser Feststellung keineswegs die Absicht, das Christentum zu diskreditieren. Selbst in einer Note der päpstlichen Kurie von 1599 an den Apostolischen Nuntius in Frankreich ist nachzulesen, der ein Jahr zuvor (1598) verstorbene König von Spanien, Philipp II., habe nach 1664 stets auf die Beachtung der Konzilsbeschlüsse von Trient gedrängt; und daß nicht nur, weil es die selbstverständliche Pflicht eines katholischen Herrschers sei, sondern auch »weil er wußte, daß ihm dies friedliche und gehorsame Untertanen bescheren werde«. Wobei die Order aus Rom aber wohlweißlich verschwieg, daß Philipp II. die Konzilsbeschlüsse von Trient nur unter Wahrung der »königlichen Rechte« angenommen hatte.

Veränderte Rollenverteilung

Darum also ging es: gehorsame und friedliche Untertanen für die weltliche Obrigkeit heranzuziehen. Selbst im Lager des erstarkten konfessionellen Gegners hatte man erkannt, daß »eine Religion in einem Lande ... verbindet«, und daß sie »die Gemüther der Unterthanen unter sich und gegen ihre Obrigkeit viel stärker (verknüpft) »und besser Vertrauen erhält« (Dietrich Reinkingk, 1653).

Die Idee der alten, gleichberechtigten Partnerschaft von Politik und Religion, von Reich und Reichskirche, von Herrschaft und Glauben schien – trotz der sich mehr und mehr abzeichnenden religiösen und politischen Veränderungen, trotz der Vorarbeiten der Staatstheoretiker und Machtspekulanten – das Denken weitgehend doch noch bestimmt zu haben. Was auf den ersten Blick aus der Rückschau wie eine Instrumentalisierung der Religion durch die Politik aussieht, war gegen Ende des 16. Jahrhunderts noch kein Thema, jedenfalls nicht im Sinne moderner Auseinandersetzungen zwischen Staat und Religion. Erst mit dem blutig ausgetragenen Gegensatz der Konfessionen und den absolutistischen Herrschaftsattitüden der Mächtigen in Europa, zementiert durch die Beschlüsse des westfälischen Friedens, war die geistliche Macht an der Seite der irdischen Mächtigen, war die christliche Religion, institutionalisiert in den zwei, später dann drei Kirchen, als Partner und Teilhaber der Macht überflüssig geworden. Nur einer konnte noch die Macht verkörpern: der Alleinherrscher. Die Kirchen sollten, vorbereitet im sogenannten »Landeskirchentum«, und bereits lange vor Luther umgesetzt, nur noch Teil der Untertanenkaste werden. Und da sie auch als wirtschaftlicher Faktor eine bürgerbindende Institution waren, bekamen sie nun neue Aufgaben zugewiesen – im Rahmen der von der absoluten obersten Macht angeordneten Zielsetzungen, daß die Religion sich nahtlos ins Planspiel der neuen Staatsideologie einpassen lassen müsse.

In Frankreich löste Ludwig XIV. den durch seinen Vorgänger Heinrich IV. ausgelösten latenten Staat-Kirche-Konflikt, indem er zunächst einmal zur alten, überkommenen Religion zurückkehrte: zur römisch-katholischen, allerdings in ihrer eigenartigen französischen Prägung. Die Grundsätze dieses als »Gallikanismus« in die Geschichte eingegangenen eigenen Charakters der französischen Staats-Kirche wurden 1682 in der »Erklärung des französischen Klerus« zusammengefaßt; in einem Text, den Ludwigs Hoftheologe, Jacques-Bénigne Bossuet, Bischof der Stadt Meaux, redigiert hatte.

Darin wurde zwar der Anspruch von Papst und Kurie auf »Gewalt über geistliche und auf das ewige Heil bezügliche Dinge« nicht bestritten; mit Nachdruck wurde hingegen festgehalten, daß die Kirche keine Gewalt habe »über die bürgerlichen und zeitlichen Dinge«, daß »Könige und Fürsten … nach göttlicher Anordnung in weltlichen Dingen keiner kirchlichen Gewalt unterworfen« sind, sie also »durch die kirchliche Schlüsselgewalt weder unmittelbar noch mittelbar abgesetzt werden« können und daß »ihre Untertanen nicht von Treue und Gehorsam und dem geleisteten Treueide entbunden werden« können.

Zudem hielt diese Erklärung am Dekret »Über die Autorität der allgemeinen Konzilien« fest, das von der Vollversammlung des Konzils von Konstanz am 6. April 1415 angenommen worden war. Danach ist das Ökumenische Konzil die oberste Instanz der Katholischen Kirche, der sich jeder, auch der Papst, zu unterwerfen habe. Der neugewählte Papst Martin V., mit bürgerlichem Namen Ottone Colonna, hatte diesem Beschluß zunächst zugestimmt, dann aber in Rom wieder verworfen, da er sich die päpstliche Macht nicht beschneiden lassen wollte. Die *Declaratio cleri Gallicani* ignorierte diesen Schritt des Papstes und stellte kurz und bündig fest: »Die Satzungen der Väter bleiben unerschüttert.« Das Urteil des Papstes habe keinerlei Wert und Gültigkeit, wenn »nicht die Zustimmung der Kirche hinzugetreten« ist.

Papst Alexander VIII., zuvor Pietro Ottoboni genannt, verurteilte diese Artikel, veröffentlichte seine Bulle *Inter multiplices* gegen den Gallikanismus jedoch erst auf dem Sterbebett: am 31. Januar 1691. Einen Tag später war der Papst tot.[4]

Wir befehlen, wir verbieten …

Ludwig XIV. hatte aber nicht nur versucht, die katholische Konfession zu bändigen. Auch gegen die reformierte Kirche im Land, die »Hugenotten« – eine Verballhornung des Wortes ›Eidgenossen‹ als Synonym für die Schweiz, wo der Calvinismus seinen Ursprung hatte – ging der absolutistische Herrscher vor, treu der Devise von der einen Religion für das eine Land. Heinrich IV. hatte im sogenannten »Edikt von Nantes« seine ehemaligen Glaubensbrüder mit großzügigen und weitreichenden Privilegien ausgestattet.

Mit dem »Edikt von Fontainebleau« legte Ludwig den Rückwärtsgang ein. Die »Toleranz«, für die sich Generationen von Denkern stark gemacht und für die sie ihre intellektuellen Fähigkeiten, ihr Engagement in den Ring der Auseinandersetzungen geworfen hatten, fiel einer brutalen Staatsideologie zum Opfer: »Infolgedessen wollen Wir und gefällt es Uns, daß alle Tempel der … vorgeblichen reformierten Religion unverzüglich zerstört werden … (und) verbieten Unseren Untertanen von der vorgeblichen reformierten Religion, sich noch ferner zu versammeln, um den Gottesdienst nach der besagten Religion an irgend einem Orte oder in einem Privathause, unter welchem Vorwande es auch sein könnte, zu halten.

Wir befehlen ernstlich allen Predigern der besagten vorgeblichen reformierten Religion, die sich nicht bekehren und die katholische, apostolische und römische Religion annehmen wollen, vierzehn Tage nach der Veröffentlichung Unseres gegenwärtigen Ediktes Unser Königreich und die Länder Unserer Botmäßigkeit zu verlassen ... bei Strafe der Galeeren.«

Die angeordneten Maßnahmen sind unmißverständlich; sie zielten darauf ab, dem Calvinismus in Frankreich das Rückgrat zu brechen: »Wir verbieten die besonderen Schulen der vorgeblichen reformierten Religion zum Unterrichte der Kinder und insgemein alles und jedes, was ein Zugeständnis, welcher Art es auch sei, zugunsten der besagten Religion bedeuten könnte.«

Besonders bei der Erziehung und Formung der Kinder, so stellt das Edikt unmißverständlich fest, ist Vorsicht geboten. Die Weitergabe von Glaubensinhalten, von religiösen Überzeugungen und Traditionen sowie von bestimmten Geisteshaltungen entscheiden, so weiß auch der König, über den endgültigen Niedergang der reformierten Kirche. Daher ordnete das Dekret an, daß alle Neugeborenen aus hugenottischen Familien unter Androhung einer saftigen Geldstrafe umgehend von den katholischen Orts-Pfarrern getauft und »in der katholischen, apostolischen und römischen Religion erzogen werden« sollen. Die staatliche Aufsicht über den Vollzug haben die örtlichen Gerichte, die dem König gegenüber Rechenschaft schuldig sind.

Um der reformierten Kirche die intellektuelle Oberschicht zu rauben, droht die französische Regierung nicht nur mit Strafen. Sie versucht auch, die »Prediger« der Hugenotten mit umfangreichen Privilegien und staatlichen Beihilfen zur Konversion zu bewegen: »Wir wollen, daß diejenigen der besagten Prediger, welche sich bekehren werden, fortfahren, während ihres Lebens, und nach ihrem Tode ihre Witwen, solange sie im Witwenstand bleiben, dieselbe Befreiung von Steuern und Einquartierung zu genießen, die sie während der Ausübung ihres Amtes als Prediger genossen haben; und überdies wollen

Wir den besagten Predigern zeitlebens ein Jahrgeld zahlen lassen, das um ein Drittel größer ist als die Einkünfte, die sie als Prediger bezogen, von welchem Jahrgeld im Todesfall die Hälfte ihre Frauen, solange sie im Witwenstande bleiben, ebenfalls genießen sollen. Wenn etliche der besagten Prediger wünschen, Anwälte zu werden oder den Doktorgrad in der Rechtskunde zu erwerben, so wollen und gebieten Wir, daß sie von den drei Studienjahren, die durch Unsere Verordnungen vorgeschrieben sind, entbunden werden; und wenn sie die vorgeschriebenen Prüfungen abgelegt haben und dadurch für fähig befunden sind, sollen sie zu Doktoren ernannt werden, indem sie nur die Hälfte der Sporteln bezahlen, die man zu dem Ende an jeder Universität zu nehmen gewohnt ist«.

Um – mit Blick auf die Sicherung von Pfründen und Abgaben sowie die Versorgung des Landes mit Lebensmitteln – keinen dramatischen Bevölkerungsschwund erleben zu müssen, verbietet das königliche Dekret kategorisch die Auswanderung: »Wir verbieten ganz ausdrücklich und wiederholt allen unseren Untertanen von der genannten vorgeblichen reformierten Religion, ihnen, ihren Frauen und Kindern aus Unserem besagten Königreiche, Ländern und Gebieten Unserer Botmäßigkeit auszuwandern oder ihre Güter und Besitztümer daraus zu entfernen, bei Strafe der Galeeren für die Männer und Einziehung von Leib und Gut für die Frauen.«[6]

Der Griff nach der Kirche

Im ersten Zusatzartikel von 1791 zur Bundesverfassung der USA aus dem Jahr 1787 steht unter anderem, daß der Kongreß kein Gesetz erlassen darf, das die Einführung einer Staatsreligion zum Ziel hat oder das die freie Religionsausübung verbietet.

Mit dieser Verfassungsbestimmung ist die religiöse Toleranz institutionell abgesichert – bis heute.

Die Konfessionsgegensätze haben das vertraute Bild einer wohlgeordneten Welt erschüttert. Religion ist in der Geschichte immer nur dann mächtig gewesen, wenn sie einen starken Partner zur Seite hatte, wenn politische, wirtschaftliche, aber auch kulturelle Präsenz und

Größe zusammenkamen. Und diese Umstände haben der Religion stets auch dazu verholfen, bei den »Gläubigen« Erfolg zu haben. In den Konfessionskriegen haben Macht und Ansehen des »Reiches« und damit auch der Religion Schaden genommen. Mit dem Erstarken der Fürsten im Herzen Europas bekam die Religion nun ein janusköpfiges Aussehen.

Auf der einen Seite gab es die hoch-adelige institutionelle Reichskirche, die als Partner und Teil des Reichs und seiner Ordnung über starke, auch territoriale Pfründe »steuerfrei« abgesichert war. Kirchliche Würdenträger stellten gleichsam auch die höchsten »Beamten« des Reiches, etwa im Amt des Reichs-Kanzlers. Davon gab es drei: Für Deutschland war es bis 1806 jeweils der Erzbischof von Mainz, für Italien der Erzbischof von Köln, für Gallien und Burgund der Erzbischof von Trier.

Diese auch als »Erzämter« bezeichneten Ehrenämter, waren jeweils – bis auf das Amt des »Erzjägermeisters«, des Markgrafen von Meißen – mit der Kurwürde verbunden.

Diese Kirche war und blieb unantastbar.

Auf der anderen Seite geriet sie in den Sog der immer stärker werdenden Territorialfürsten und mußte sich mehr und mehr »Übergriffe« seitens der Herrschenden, der »Politik« gefallen lassen, zumal ihre Gläubigen mehr und mehr in Gleichgültigkeit verfielen. Zeichen dafür, daß Macht und Recht bei den Untertanen an »Glauben« verloren, an Glauben, auf den Macht und Recht existentiell angewiesen sind.

Gleichsam – modern gesagt – ein interaktiver Prozeß.

Dabei wurde die mittelalterliche »Reichsidee« aber auch selbst langsam ausgehöhlt, je mehr die Einzelterritorien an Einfluß und Macht gewannen und – wie nach 1648 – sogar ihre eigene »Außenpolitik« betreiben konnten, soweit diese nicht gegen die Interessen des Reichs gerichtet war.

Aber was bedeutete das schon im Gesamtgeflecht der Faktoren, die zur der Erosion der Reichsidee beitrugen, der mit zahlreichen Kriegen – auch gegen das Reich selbst – nachgeholfen wurde? Krieg bedeutet immer auch Kosten, Schuldenmachen, Geldeintreiben, bedeutet Steuern erheben. Dazu bedurfte es einer effizienten Verwaltung, die ebenfalls wieder Kosten verursachte. Steuerbewilligungen waren Sache der Parlamente – soweit sie sich bereits dieses Recht gegen die Oberste Herrschaft erstritten hatten – die Anfänge reichen in England schon in das ausgehende 13. Jahrhundert zurück.[7]

Auch auf die Religion nahm der Staat mehr und mehr Einfluß.

Im Zuge des Entstehens der unterschiedlichen Konfessionen im Schoße der einen christlichen Religion, die ohne die Duldung und Unterstützung der jeweiligen landesherrlichen Obrigkeit – der katholischen wie der protestantischen – nicht möglich gewesen ist, wurden alle Fürsten, ja selbst der Kaiser als Landesfürst (Habsburg), nicht müde, nach Wegen zu suchen, die ihnen den Zugriff auf die Kirche und damit eine Kontrolle der Überzeugungen der Untertanen eröffneten.

Die Reformation hatte dieser Entwicklung, die sich bereits im hohen Mittelalter ankündigte, mächtig Vorschub geleistet. Viele der unter dem Kirchenregiment protestantischer Landesfürsten entwikkelten Mechanismen im Umgang mit der Kirche und den religiösen Praktiken der Untertanen sind im Staatskirchentum des 18. Jahrhunderts auch in den katholischen Territorien übernommen und bestimmend geworden. Dazu gehörten u. a. die Genehmigungspflicht für kirchliche Verfügungen, der Vorrang weltlicher Gerichtsbarkeit vor der kirchlichen, die Ausübung des Nominationsrechts im Rahmen des Kirchenpatronats, das Recht zur Kirchenvisitation und zur Reform von Klöstern, die Übernahme und der Ausbau des kirchlichen Unterrichtswesens durch den Staat, die Behinderung des binnenkirchlichen Abgabewesens (um den Transfer von Geldern ins »Ausland« – sprich an die päpstliche Kurie – zu verhindern), das Verbot, kirchlichen Grundbesitz mittels Erbschaften, Schenkungen und Ankauf über sogenannte Amortisationsgesetze zu vermehren, der Aufbau einer »landeskirchlichen Hierarchie«, das heißt die Besetzung kirchlicher Ämter mit »Einheimischen«, sowie der Auf- und Ausbau von Landesbistümern usw.[8]

Kaiserin Maria-Theresia (1717–1780) war nicht unbedingt jene »aufgeklärte« Frau, die man sich mit Blick auf ihre Regierungszeit und die Position an der Spitze der habsburgischen Lande und der ihr übertragenen Königreiche Ungarn und Böhmen vorstellen möchte.

Ihr Vater, Kaiser Karl VI., dessen Wahlspruch lautete: *Constanter continet orbem* (Das Weltreich hält er fest zusammen), hatte die vielen Territorien im Rahmen eines einzigen Staates zusammengefaßt und zur Sicherung dieses Besitzes 1713 die sogenannte »Pragmatische Sanktion« verkündet. Dieses »Hausgesetz der Habsburger«, 1724 zum Staatsgrundgesetz erhoben, regelte nach dem Erstgeburtsrecht die Erbfolge auch für die weiblichen Mitglieder des Hauses Habsburg, sollte der männliche Stamm eines Tages ausgestorben sein. Dadurch sollte verhindert werden, daß die Besitzungen geteilt oder Teile aus dem Ganzen herausgebrochen werden konnten. Karl regelte die Erbfolge aber in besonderer Weise für seine eigenen Nachkommen, denn Karls Töchter sollten in der Erbfolge vor denen seines Bruders Joseph stehen. Karls Vorgehensweise entsprach voll und ganz den Grundsätzen der absolutistischen Staatsräson, nach denen in Frankreich schon seit Jahrhunderten Politik gemacht wurde.

Der so entstandene Staat, zusammengesetzt aus vielen Territorien, beruhte noch auf der überkommenen Ordnung; alle Länder, alle Landtage, alle Ständevertretungen hatten dieser Neuordnung ihre Zustimmung geben müssen. Jedes Territorium regelte mit einer eigenen Verwaltung und Beamtenschaft, mit eigenen Landesbehörden, deren höchste Vertreter allerdings beim Hof zu Wien angesiedelt waren, ihre Belange nämlich selbst.

Als Karl VI. 1740 starb, war das Haus Habsburg »im Mannesstamm« untergegangen. Die Erbin des Thrones hieß Maria-Theresia, 23 Jahre alt und älteste Schwester des Erbprinzen Leopold-Johann, der 1716 nur wenige Monate nach seiner Geburt gestorben war.

Die Anerkennung des habsburgischen Hausgesetzes hatte Karl VI. zu Lebzeiten europaweit nicht mehr durchsetzen können. Daher wurden umgehend, nach dem Muster vorausgegangener Erbfolgekriege,

Ansprüche auf bedeutende Teile aus diesem Erbe erhoben, und zwar von Sachsen und Spanien, vor allem aber von Preußen und Bayern. Zudem erhob Kurfürst Karl-Albrecht von Bayern (1697–1745) aufgrund seiner Herkunft auch noch den Anspruch auf die Kaiserkrone. Und auch Frankreich schlug sich gegen Habsburg auf die Seite der Erbforderungsparteien. Es begann der österreichische Erbfolgekrieg 1740–1748, in dem Maria-Theresia ihr Erbe im Sinne ihres Vaters und des Hausgesetzes zu verteidigen suchte.

Zum deutschen König und römischen Kaiser wählten die Kurfürsten aber nicht die Tochter des Habsburgers Karl, sondern Karl-Albrecht, den Sohn Herzog Max-Emmanuels von Bayern, der 1726 seinem Vater als Kurfürst und Herzog nachgefolgt war. Am 12. Februar 1742 wurde Karl VII. von seinem Bruder Klemens-August, Erzbischof und geistlicher Kurfürst von Köln, gekrönt.

Das bedeutete Krieg – Krieg mit dem alten »Vorposten der Fürstenopposition« im Reich –, einen Waffengang gegen ihren angeheirateten Cousin, den Mann Amalia-Marias. Ihm wollte sie nicht ausweichen, hatte doch Amalia-Maria bei ihrer Eheschließung auf jeglichen Erbanspruch in Österreich verzichtet. Zudem konnte Maria-Theresia – um die Krone des Reiches zurückzugewinnen und die damit verbundenen politische Führung durch das Haus Habsburg durchzusetzen – diesem Konflikt nicht ausweichen. Ihr war klar, daß sie als Frau die Krone des Reiches niemals tragen werde. Aber da war ja noch Franz-Stephan von Lothringen, mit dem Maria-Theresia seit 1736 verheiratet war. Für ihn wollte sie die Krone des deutschen Reiches erkämpfen.[9]

Ein doppelter Einsatz also.

Jesuitenschülerin

Mit der »Pragmatischen Sanktion« von 1713 hatte Karl VI. weitblikkend vorgesorgt. Noch war der Thronfolger Leopold-Johann nicht geboren (1716), noch keine der nachfolgenden drei Töchtern, von denen die älteste Maria-Theresia war (*1717). Ging es bei diesem »Hausgesetz« zunächst um die Sicherung der habsburgischen Territorien, bekam mit dem Tod des Erbprinzen die Frage der weiblichen

Thronfolge höchste staatspolitische Priorität. Solange Karl VI. aber noch auf einen männlichen Thronerben hoffen konnte, durften die Töchter des Kaisers abseits des höfischen Treibens aufwachsen. Maria-Theresia wurde wie schon ihr Vater von den Jesuiten erzogen. Glaubensunterweisung auf der Grundlage der Beschlüsse des Trienter Konzils und im Sinne der Gegenreformation stand an vorderster Stelle des Stundenplans; daneben gab es Unterricht in Geschichte, in Kunst und Musik, in Sprachen und im Tanzen: das übliche Programm für die Töchter des hohen Adels. Zum Pflichtprogramm »Sprachen« gehörten Latein – das war die Amtssprache Ungarns, und Maria-Theresia soll recht gutes Latein gesprochen haben – sowie selbstverständlich Französisch. Deutsch sprach Maria-Theresia üblicherweise nur im jeweiligen »Dialekt« also im wienerischen, so wie beispielsweise Mozart im salzburgischen. Und wie bei Mozart war auch ihre deutsche Orthographie katastrophal. Später übernahm Gräfin Charlotte Fuchs die Erziehung der Erzherzogin und ermöglichte die ersten Kontakte zwischen Maria-Theresia und Franz-Stephan von Lothringen, der bereits mit 15 Jahren an den Wiener Hof gekommen war und ebenfalls hier, in der Umgebung des Kaisers, erzogen wurde.

Aus dem politischen Geschäft wurde das junge Mädchen völlig herausgehalten. Die Erzherzogin war ja (noch) nicht die Thronfolgerin. Zudem hatte der Kaiser immer noch nicht den Tod seines Sohnes Leopold verwunden: Er hoffte weiter auf einen männlichen Thronerben.

Im Sommer 1740 erkrankte der Kaiser, der sich zur Jagd am Neusiedler See aufgehalten hatte, urplötzlich. Nach Wien zurückgekehrt, erholte er sich nicht mehr: Karl starb am 20. Oktober im Alter von 55 Jahren. Maria-Theresia trat in den österreichischen Erbländern die Nachfolge an. Sie war 23 Jahre alt und auf diese neue Aufgabe politisch nicht vorbereitet.

So verwunderte es niemanden, daß sie die gesamte Ministerriege ihres Vaters, seine Berater und Vertrauten in ihren Ämtern bestätigte.

Auf diese erfahrenen Männer war sie auch extrem angewiesen, denn nun brach der Österreichische Erbfolgekrieg (1740–1748) aus, der mit seinen verschiedenen Kriegsschauplätzen, seinem wechselnden Kriegsglück und seinen Friedensschlüssen und immer wieder gebrochenen Abkommen, der jungen Herrscherin schier Unmögliches abverlangte und sie daran hinderte, sich um die schon lange überfälligen Reformen in ihren Erbländern zu kümmern.

Maria-Theresia mußte erst einmal ihre Machtposition absichern und stärken. Im Juni 1741 gewann sie die Anerkennung der ungarischen Stände und Magnaten, die sie in Preßburg zur Königin von Ungarn krönen ließen. Zudem unterstützten die Ungarn ihre von allen Seiten bedrängte Königin mit einem 40 000 Mann starken Aufgebot. Der Erbfolgekrieg weitete sich aus. Böhmen konnte den Bayern wieder abgenommen werden.

Am 12. Mai 1743 krönte der Erzbischof von Ohlmütz Maria-Theresia mit der Wenzelskrone zur Königin von Böhmen.

Mit 25 Jahren, nur zwei Jahre nach Antritt des väterlichen Erbes, war die junge Frau allen Widerständen zum Trotz die Herrin ihrer Erblande, wenngleich der Erbfolgekrieg sowie der Kampf um Schlesien die Kräfte Österreichs noch in einem erheblichen Maße binden sollte und 1764 zum endgültigen Verzicht auf Schlesien führte.[10]

Reformstau

Maria-Theresia, die seit der Wahl ihres Mannes Franz-Stephan zum deutschen König und römischen Kaiser im Jahr 1745 ebenfalls als Kaiserin bezeichnet wurde, begann – beraten von Friedrich-Wilhelm Graf Haugwitz – gegen Ende des Jahrzehnts damit, endlich die als absolut vorrangig erkannten Reformen in Österreich in Angriff zu nehmen: Reformen der inneren Verwaltung, die bis 1848 Gültigkeit haben sollten und die unter dem Begriff »theresianische Staatsreform« in den Geschichtsbüchern überlebt haben. Obwohl sie persönlich mit den Ideen der Aufklärung wenig anzufangen wußte, räumte sie ihren Beratern bei der Umsetzung dieser Reformen weitgehende Freiheiten ein. Das durch den Erbfolgekrieg und die kriegerischen Auseinandersetzungen mit Preußen um die Zukunft Schlesiens ausgeblutete Land, die bleibenden Kriegslasten, zwangen in dieser wirtschaftlich-politischen Notsituation Maria-Theresia, gegen ihre persönlichen Überzeugungen endlich auch grundlegende Reformen in der Wirtschaft anzugehen.

Sie drückten sich zunächst einmal im Aufbau einer zentralen Hofkanzlei für die böhmischen und österreichischen Länder aus. Diese Maßnahme hatte zum Ziel, eine einheitliche Zentralgewalt zu schaffen, um die verschiedenen Territorien enger an die Krone zu binden und besser kontrollieren zu können. Damit verlor Böhmen seine selbständige, von Wien weitgehend unabhängige Stellung. Zudem wurden nun auch die Aufgaben der Kanzlei neu organisiert. Waren bislang die gesamten administrativen, wirtschaftlichen, kulturellen und religiösen Aufgaben bei einer Behörde zentral angesiedelt, wurden sie nun aufgeteilt: Die Hofkammer allein war für Verwaltungsaufgaben zuständig; um die sogenannten *Cameralia*, also um das Geld, kümmerten sich Hofkammer, Zentralkasse und Hof-Rechnungskammer. Mit der Einrichtung einer obersten Justizstelle wurde ganz im Sinne der Aufklärung die Gewaltenteilung auf den Weg gebracht. Das »Kommerzdirektorium« nahm bereits das spätere Handelsministerium vorweg. Aber erst zwanzig Jahre später, 1769, wurde die Wiener Börse gegründet, lange nach den anderen Haupthandelsplätzen in Europa, von denen manche bereits im 15. Jahrhundert über eine Börse, eine Lonja, verfügten.

Ein bedeutender gesellschaftlicher wie staatlicher Reformschritt war die Beschränkung der Steuerfreiheit des Adels. Trugen bislang v. a. Bauern und Handwerker die Steuerlast des Staates zog Maria-Theresia nun auch den Adel zur Finanzierung der Staatsaufgaben mit heran. Die Ausgaben für Ausrüstung der Armee und die Finanzierung der vielen Kriege sowie der Auf- und Ausbau einer differenzierten Verwaltungsstruktur in dem wachsenden Flächenstaat waren mit erheblichen Kosten verbunden, die der Staat aus den vorhandenen schwachen Ressourcen nicht mehr finanzieren konnte. Wobei der Adel gegenüber den anderen Ständen weiter begünstigt blieb, versuchte Maria-Theresia die Erhebung von Steuern der Willkür korrupter örtlicher Gewalten zu entziehen, indem sie – eine geschichtlich bleibende Errungenschaft – die Steuerbemessung auf eine einheitliche Grundlage stellen ließ: Königliche Kommissäre hielten die ermittelten Besitzwerte der

Steuerpflichtigen in Listen, den Katastern, fest, wonach dann die Steuern nachkontrollierbar bemessen wurden. Um die Willkür einzudämmen, wurden Aufsichtsinstanzen geschaffen, die gegen jegliche Unterdrückung der Untertanen vorzugehen hatten und bei Mißbrauch von Privilegien Strafen auszusprechen und durchzusetzen hatten.

Daneben schuf sich Maria-Theresia einen »Staatsrat«, der – ohne exekutive Befugnisse – die Aufgabe hatte, im Zusammenspiel mit der Monarchin und den Hofbehörden für das Habsburgerreich eine einheitliche Politik zu entwerfen und zu sichern. Auch nach innen.

Denn, so bekannte Maria-Theresias bevorzugter Berater, der spätere Fürst Kaunitz, daß es einem Staat zum großen Vorteil gereiche, wenn die »Staatsverwaltung sich ausschließlich oder doch vorzüglich mit wahrer Verbesserung des inneren Zustands aufmerksam beschäftigen kann ... Bekanntlich war ich von jeher der Meinung, daß die österreichische Monarchie durch weise Staatseinrichtungen sich eine Stärke der Macht zu verschaffen im Stande ist, wodurch die glänzendsten Eroberungen entbehrlich würden« (Franz A. J. Szabo). Krieg war für Kaunitz »eine Störung der öffentlichen Ordnung«.[11]

Aufholjagd

Diese nach innen gerichtete Politik nahm verstärkt als erstes das Bildungswesen in den Blick, das als gesamtstaatliche Aufgabe bislang kaum begriffen worden war. Denn wie das gesamte althabsburgische Herrschaftssystem und die Kirche war auch das Bildungswesen in den vom Konzil von Trient und der gegenreformatorischen Ideologie gezogenen Grenzen eingezwängt. Der Staat hatte bislang an einer Volksbildung kein Interesse. Für die Arbeit der Landbevölkerung waren Lesen und Schreiben und schon gar das Rechnenkönnen nicht notwendig. Der katholisch geprägte Habsburger-Staat war, ganz im Sinne der Überlegungen eines Giovanni Botero (s. o.), nur daran interessiert, gehorsame Untertanen zu haben. Wichtig war für ihn daher die »Christenlehre«, also das mechanische Einüben wichtiger Glaubensgrundsätze an Hand des Katechismus, aus dessen »Vorschriften« sich ja die für die Aufrechterhaltung der politischen und sozialen Ordnung so unerläßlichen Verhaltensmaßregeln ableiten ließen.

Interesse hatte der Staat lediglich am höheren und obersten Bildungswesen: den Universitäten und den Gymnasien, durchweg geleitet von den Jesuiten.

Das höhere Bildungswesen an den Universitäten, den Gymnasien und Klosterlehranstalten sowie an den Ritterakademien in Böhmen und Mähren war nach damaligem Verständnis vor allem Angelegenheit der höheren Stände: von Klerus, Adel und Landesfürst. Und jeder dieser Stände war daher bemüht, seine Bildungsbedürfnisse selbst zu regeln. Nur die Universitäten standen nach damaligem Verständnis über allen Bildungseinrichtungen und galten als *affaire d'État* – als Staatsangelegenheit.

»Gerechtigkeit, Bildung, allgemeine Wohlfahrt, technischer und sozialer, vor allem aber auch kultureller Fortschritt, das waren die Ziele, die sich die Politik im Sinne der Aufklärung steckte« (Emil Franzel).

Und hier setzte nun die aufklärerische Bildungsreform der Monarchin an. Denn ihre Vorgänger hatten die »weltlichen« Fakultäten, hatten die Naturwissenschaften zugunsten der »geistlichen«, der Philosophie und der Theologie finanziell stark vernachlässigt. Das sollte sich nach den Vorstellungen von Gerhard van Swieten, einem katholischen Niederländer in Diensten der österreichischen Monarchin, nun grundlegend ändern und zugleich die Möglichkeit eröffnen, das Schulwesen in Österreich generell neu zu ordnen. Mit dem aufgeklärten van Swieten, der auch Maria-Theresias persönlicher Arzt war, bekam der Geist der Empirie in den Naturwissenschaften und in der Medizin Zutritt zum Wiener Hof. Van Swieten war es, der mit unnachgiebiger Strenge darauf drang, die Fakultäten im Geist der Aufklärung zu modernisieren und zu zentral verwalteten und staatlich finanzierten Einrichtungen zu machen. Er setzte als Bücherzensor in Wien auch die Freigabe des *Febronius* durch: jene auf fünf Bände angelegten kirchenpolitischen Skizzen des Weihbischofs in Trier, Nikolaus von Hontheim, zur Stärkung des Episkopalismus und der Zurückdrängung der päpstlichen Primatansprüche in Deutschland. Mitgetragen wurde der *Febronianismus* durch die Erzbischöfe von Köln, Mainz, Trier und Salzburg, die eine von Rom weitestgehend unabhängige deutsche Nationalkirche anstrebten.

Van Swieten forderte jene Reformen ein, die bereits seit einem halben Jahrhundert in den anderen europäischen, vor allem protestantisch geprägten, Staaten mit mehr oder weniger guten Erfolgen angelaufen waren – in Preußen etwa seit 1700!

Der Konkurrenzdruck aus dem Ausland forcierte diesen Entschluß erheblich. Obwohl eine der führenden Mächte in Europa, gehörten die Habsburger – abgesehen von Einzelmaßnahmen an den Universitäten von Freiburg, Innsbruck und Wien – im Bildungswesen mit zu den Schlußlichtern.[12]

Wer es sich leisten konnte, hatte seinen Nachwuchs zum Studium ins Ausland geschickt: Nach Frankreich ging man wegen der hier anerkanntermaßen gut organisierten Offiziers- und Diplomatenausbildung. An preußische und sächsische Akademien und Universitäten zog es die Juristen, weil die Ausbildung hier sehr viel praxisbezogener war als anderswo in Europa. Zudem war die Ausbildung auf deutsch, was für Verwaltung und Rechtsprechung von großem Vorteil war. Da man zudem in Wien der Ansicht war, das Geld für Studien sollte besser im Inland ausgegeben werden, trug dieses »Marktinteresse« erheblich zur Reform des Bildungswesens mit bei. Dabei halfen auch die vielen Intellektuellen, die aus den Niederlanden, aus dem Reich und aus Italien an den Wiener Hof geströmt waren und die einen erheblichen geistigen Einfluß ausübten.

Das Ergebnis war dann 1774 die »Allgemeine Schulordnung für die deutschen Normal-, Haupt- und Trivialschulen in sämtlichen Kaiserlich-Königlichen Erblanden«, verfaßt von Johann-Ignaz Felbiger, Abt des Klosters Sagan in Schlesien. Ein für das Habsburgerreich ungeheures Politikum, stellt man in Rechnung, wie jesuitenfreundlich Maria-Theresia erzogen worden war, wie kirchentreu und fromm, ja fast bigott die Monarchin zeitlebens gewesen ist.

Dieser »Schulkodex« wurde das wichtigste Dokument für die Entwicklung des österreichischen Bildungswesens. Zudem war er eine der bedeutendsten nationalen Schulordnungen Europas, die viele Nachahmer gefunden hat. Sie war die Stiftungsurkunde der Volksschule in Österreich und des staatlichen gewollten und geförderten Lehrer-Berufstands.[13]

Die Folgen waren bedeutend und bisweilen brutal.

Zunächst wurden erst einmal die alles beherrschenden Jesuiten aus dem Unterrichtswesen verdrängt.

Bei dieser Aufgabe waren sich alle einig.

Wenn die Avantgarde bremst ...

Waren an den Universitäten zwar noch andere Ordensgemeinschaften in den Lehrkörpern vertreten, so hatten die Jesuiten das untere Schulwesen fest und vollständig in der Hand. Und zudem in Wien. Hier hatte Jahrzehnte zuvor Petrus Canisius – er war 1552 als enger Freund Kaiser Ferdinands I. an den Hof zu Wien gekommen – auf Kaiser und Hof entscheidenden Einfluß nehmen können.

Die Jesuiten beherrschten aber nicht nur die Schulen: An den Universitäten hatte man ihnen vor allem die philosophische Ausbildung anvertraut. Und nun waren sie nur noch ein Störfaktor, denn in der philosophischen Ausbildung lag im aufgeklärten Sinn der eigentliche Ansatz, um organisatorisch wie didaktisch Reformen überhaupt angehen zu können. Die universitäre Ausbildung war immer noch nach dem überkommenen scholastischen Fächerkatalog geordnet. Denn bevor ein Student Medizin, Jura oder auch Theologie studieren konnte, mußte er die Fächer Logik, Metaphysik und Physik an der philosophischen Fakultät durchlaufen haben. Und wenn hier die Lehrkräfte blockierten, bremsten sie das gesamte Reformunternehmen.

Van Swieten war entsetzt über den Stand der medizinischen Ausbildung. Wer es sich leisten konnte, ging zum Studium nach Italien und erwarb dort den Doktortitel, um ihn dann in Österreich, gegen gutes Geld versteht sich, anerkennen zu lassen. Mit der Folge, daß die Bevölkerung medizinisch miserabel versorgt war.

Und so begann man gleich nach Ende der heißen Phase des Erbfolgekriegs, d. h. 1748 nach dem Friedensschluß von Aachen, mit der Reform der Medizinerausbildung. Geeignete Lehrer ließ Swieten im

Ausland anwerben, um die Zeit zu überbrücken, bis Österreich selbst einen solide ausgebildeten Stamm von Medizinern für die Universitätsausbildung herangezogen hatte.

Die Jura-Studenten mußten sogar nach Bamberg und Würzburg gehen. Ihre katholischen Universitäten konnten mit Blick auf die Rechts- und Geschichtsvorlesungen den Vergleich mit den protestantischen Universitäten annähernd aushalten. So konnte man bei gleichen Ausbildungsgängen auch die Übernahme der Universitätsabsolventen in das Berufsleben formalisieren und Prüfungen unterstellen; damit war die bisherige Praxis, den Einstieg ins Berufsleben von informellen oder persönlichen Beziehungen abhängig zu machen, ausgehebelt. Ausbildung ersetzte die bislang gültige Geburt als Eintritt in den Staatsdienst; und der Verdienst um den Staat beförderte, nicht das Wappen und die Treue der Vorfahren.

Nach der Universitätsreform nahm man sich die Gymnasien und Akademien vor. Nachdem die Jesuiten ausgebootet worden waren und der Orden auf Drängen der katholischen Staaten, vor allem der Bourbonen, 1773 durch Papst Klemens XIV. (Lorenzo Ganganelli) gegen seine Überzeugung aufgehoben wurde, war der Weg frei für eine generelle Schulreform.

Endlich schienen sich »die Möglichkeiten für einen Neubeginn zu eröffnen, als jener Orden, der in seiner hermetischen Abgeschlossenheit und Rombezogenheit einer Beeinflussung und Kontrolle von außen unzugänglich schien«, nun die Koffer packen mußte.

Übrigens hatte sich die Jesuitenschülerin Maria-Theresia aus den Diskussionen um das Für und Wider eines generellen Jesuitenverbots weitgehend herausgehalten; und als es dann zum entscheidenden Schritt kam, hatte sie ihre Neutralität erklärt. Was sie andererseits aber nicht daran hinderte, gemeinsam mit anderen Staaten in Rom Protest einzulegen, als der Papst den gesamten Besitz der Jesuiten an sich ziehen wollte. Der Papst steckte zurück, und der Ordensbesitz wurde von den betreffenden Staaten übernommen …

Nur Friedrich II. von Preußen und Rußlands Zarin Katharina verboten in ihren Ländern die öffentliche Bekanntmachung und damit die Durchführung des päpstlichen Dekrets zur Aufhebung des Jesuitenordens. Beide Herrscher hatten kein Interesse daran, das funktionierende Schulwesen in Schlesien und in Weißrußland, ihren mehrheitlich römisch-katholischen Landesteilen, zusammenbrechen zu sehen. Die Jesuiten konnten hier ungestört weiterarbeiten.

Im übrigen Europa versetzte das Verbot des Jesuitenordens dem katholisch-gegenreformatorischen einen herben Schlag, nachdem schon durch die Vertreibung der Jesuiten aus Portugal und Spanien die Missionsarbeit des Ordens in Europa und besonders in den Kolonien praktisch zum Erliegen gekommen war.

»Unter Klemens sank das Ansehen des Papsttums auf seinen niedrigsten Stand seit Jahrhunderten« (John N. D. Kelly).

Angeführt von Gratian Marx füllten die Piaristen, die 1617 in Rom als ausgesprochene Schul- und Erziehungsinstitution gegründet worden waren, die entstandenen Lücken. Aber auch ehemalige Jesuiten bekamen eine neue Chance; da sie nun nicht mehr an die Weisungen ihrer Ordensleitung gebunden waren, wollten sie ihr Können und Wissen im Dienst und im Sinn des Staates unter Beweis stellen und einsetzen – eine Hoffnung, die sich allerdings nicht erfüllen sollte.[14]

Auch für Österreich ging es nicht darum, die Kirche aus der Erziehung herauszuhalten oder auf ihre organisatorische Mitwirkung ganz zu verzichten. Ziel war nur, das Erziehungs- und Ausbildungs-Monopol der Jesuiten aufzubrechen, sie aus den Schlüsselpositionen an der Universität zu entfernen. Andere Orden, wie die Piaristen, sollten die entstandenen Lücken füllen.

Nur mit der Kirche, nicht gegen sie

In allen Phasen der Reform mit einbezogen war der Wiener Erzbischof Johann-Joseph Graf von Trautson (1707–1757), ein Kirchenmann, der vor allem die praktische Seelsorge mit aufklärerischen Ideen neu zu beleben suchte. So wetterte er etwa gegen eine übertriebene barocke Glaubenspraxis mit ihrer überhitzten Heiligenverehrung, ging gegen kasuistische Moral- und Drohpredigten vor, forderte von seinen Christen aber Glaubensstrenge, Einfachheit im Lebensstil und tätige Nächstenliebe. Sein Vorbild war das Ur-Christentum, was immer er sich auch darunter vorgestellt haben mag. So hatte er beispielsweise keinerlei Einwände gegen die Abschaffung etlicher »überflüssiger« kirchlicher Feiertage, wie sie von der »Wirtschaft« gefordert worden war: Die Masse des Volkes sollte zu mehr Disziplin erzogen werden, zum Wohl des Staates arbeiten und nicht die kostbare Zeit beim Beten zubringen.

Die Monarchin selbst legte großen Wert darauf, daß die Schule unter den Heranwachsenden das Staatsbewußtsein umfassend fördere. Wie hatte Hofrat Heinke es doch ausgedrückt: »Dem Fürsten ist seine Gewalt von Gott allein anvertraut, mit welcher das Schutzrecht der Religion und der Kirche so unzertrennlich verbunden ist, daß er sich dieser Schuldigkeit niemals entziehen darf; denn nicht ohne Ursache ist ihm von Gott dieses Recht verliehen worden. Er beschirmet aber das Heiligtum des Herrn am kräftigsten, wenn er selber dasjenige abstellt, was an sich selbst den Anlaß zu unheilbaren Wunden für den seligmachenden Glauben geben kann und wirklich gegeben hat« (zitiert nach Herbert Jedin, Handbuch der Kirchengeschichte).

Die Kirche allgemein stellte sich willig in den Dienst der Idee, den Staat zu modernisieren, ohne daß die alten Privilegien – von denen der Jesuiten einmal abgesehen – angetastet oder abgeschafft wurden. Daß auch der Klerus zur Steuerabgabe herangezogen wurde, war ärgerlich und verstieß nach Ansicht der Kirche auch gegen überkommenes Recht; dennoch beugte man sich dem Wunsch der *Suprema advocata ecclesiae*, der obersten Verteidigerin der Kirche; denn der Staat seinerseits anerkannte die Erfahrung der Kirche – nicht zuletzt aus Mangel an geeigneten Beamten und Lehrern – und wies ihr die Kontrolle über das Schulwesen »vor Ort« zu, behielt sich aber die höchste »politische« und strukturelle wie inhaltliche Aufsicht über das faktisch nunmehr staatliche Unterrichtswesen vor. Die Kirche war von der Heilsanstalt zur Erziehungsanstalt geworden, hatte die Sorge um die Seelen gegen die Sorge um den rechten, staatstreuen Geist eingetauscht. Ein Wechsel, den sich dann Maria-Theresias Nachfolger, Kaiser Joseph II., zunutze machen sollte und wegen andauernder finanzieller Engpässe auch wohl mußte, indem er das gesamte Kirchenwesen auf allen Ebenen der absoluten und strengen Kontrolle des Staates unterstellte. Ohne die Vorarbeiten seiner Mutter hätte er diesen Schritt nicht so leicht machen können, obwohl Papst Pius VI. (Giovanni Angelo Braschi) scharf protestierte und sogar den Kaiser in Wien aufsuchte, um ihn zur Rücknahme der Maßnahmen gegen die Kirche zu bitten. Aber da hatte der »Josephinismus« bereits in Österreich und vielen Teilen Europas Fuß gefaßt.

Ein Netz von Schulen, dreifach gegliedert, überzog das Land. Die *Normalschule*, mit dem Sitz der jeweiligen Schulkommission, dann die *Hauptschule* in den großen Städten sowie in den kleineren Orten die *Trivialschule.* Zahlreiche Staaten im deutschsprachigen Raum nahmen sich das Habsburger Schulmodell zum Vorbild und reformierten diesem entsprechend das eigene Schulwesen oder bauten neu auf, hatte doch das Schulwesen keinen Eigenzweck zur Hebung eines Bildungsnotstands, sondern die Aufgabe, ein glückliches, loyales und zufriedenes Staatsvolk heranzuziehen. Selbst Universitätsvorlesungen untersuchten dieses Staatsziel, wie etwa die von Karl Heinrich Seibt, Professor der schönen Wissenschaften und der Moral an der Universität Prag. Seine Vorlesungsmitschriften erschienen 1771 unter dem vielsagenden Titel: »Von dem Einfluß der Erziehung auf die Glückseligkeit des Staates«, indem es u. a. heißt, der »moralische Charakter jeder Nation« sei gleichsam jener »Mittelpunkt ... aus welchem die Linien laufen, die den Umfang der gemeinen Wohlfahrt beschreiben« (zitiert nach Karl Wotke).

Schulbildung sollte aber auch die Wirtschaftskraft eines Landes stärken helfen, wie der Bischof von Leitmeritz, Ferdinand Kindermann, ein Seibt-Schüler und »Oberaufseher des deutschen Schulwesens« in Böhmen festhielt. In seiner Rede zur Eröffnung der Prager Normalschule 1775 betonte er: »Die aufgeklärtesten Länder überzeugen uns von der Wahrheit, daß, je aufgeklärter die Nation ist, desto arbeitsreicher sie ist. Hingegen folgt die Faul- und Trägheit immer der Dummheit nach« (Wotke).

Das Ergebnis der Reform war zudem eine Modellschule, das »Theresianum«, das bis 1918 die klassische Erziehungsstätte für den Nachwuchs für die hohe und höchste Beamtenschaft in Österreich bleiben sollte. Die 1753 in Wien eröffnete Konsularakademie sollte den diplomatischen Nachwuchs heranbilden und die neue Militärakademie in

Wiener Neustadt den Offiziersnachwuchs formen. 1768 veranlaßte sie die Erarbeitung eines neuen Strafgesetzbuchs, der *Constitutio Criminalis Theresiana*, schaffte 1776 die Folter ab und milderte die bäuerliche Leibeigenschaft sowie die verpflichtenden Frondienste.[15]

Mit der Folge: Nur einige wenige aus dem hohen Klerus und Adel trugen diese Reformen mit; der überwiegende Teil widersetzte sich. Man befürchtete langfristig den Verlust gewohnter Privilegien und verweigerte sich den vom Hof angestoßenen Veränderungen. Um den Erfolg der Reformen zu sichern und irreversibel im Denken der Öffentlichkeit zu verankern, mußte man bei den wachsenden Verwaltungsaufgaben mehr und mehr nun auch auf nicht-adelige Beamte zurückgreifen. Dieselben Probleme ergaben sich im Bereich von Wissenschaft und Bildung.

»Denn auf die Dauer werden die adeligen Diener der Staatsgründer ebenso wie ihre bereits von römischer Rechtskultur geprägten geistlichen Mitarbeiter ... durch Universitätsabsolventen ... bürgerlicher Herkunft abgelöst, die im Gegensatz zu Adel und Klerus für Statusgewinn und -behauptung ausschließlich auf den Fürstendienst angewiesen und daher zuverlässiger sind als jene« (W. Reinhard).

Fromm bis bigott, assistiert und bestärkt in ihren barock-religiösen Gefühlen von einem ebenso religiös-geistigen Franz-Stephan, ihrem Ehemann, wußte Maria-Theresia als Monarchin und Landesfürstin offensichtlich doch zu unterscheiden zwischen ihren persönlichen Überzeugungen und dem Wohl ihrer Länder. Ihr Vater, Karl VI., ebenso fromm wie intolerant, hatte in Schlesien die Rekatholisierung mit Nachdruck betreiben lassen und war in der Steiermark und in Kärnten entschieden gegen aufbrechende Ketzerei – sprich gegen den Protestantismus – vorgegangen. Habsburg war katholisch und sollte es bleiben – unter der geistlichen Führung der einen wahren, katholischen und apostolischen, römischen Kirche. Das Ketzertum in Form der protestantischen Konfessionen fand ebensowenig Gnade wie ein im Schlepptau der Aufklärung vorsichtig sich zeigender Atheismus. Und auch der »ultrakatholische« Ferdinand II., der mit dazu beigetragen hatte, den Dreißigjährigen Krieg über Gebühr am Leben zu erhalten, hatte im Hause Habsburg seine Spuren hinterlassen.

Die Ratgeber der Monarchin, obwohl mehrheitlich bereits schon zur Regierungszeit ihre Vaters am Hof, waren aus einem anderen Holz geschnitzt. Sie waren in erster Linie Politiker, die ein Geschäft betrieben, und dieses war darauf ausgerichtet, Österreichs Glanz und Gloria zu sichern und, wenn möglich, weiter auszubauen. Frieden, Gerechtigkeit, Prosperität für die Untertanen waren für sie eher zweitrangig, solange dem Hause Habsburg kein Schaden drohte.[16]

Dabei hatte die Monarchin keineswegs das »Modell Preußen« vor Augen. Nicht Friedrich II. war das Vorbild. Näher stand man in Wien Frankreich oder gar England, der »Wiege« des neuen Denkens für Land und Leute. Folgerichtig hob Österreich 1781 durch Joseph II. die Leibeigenschaft auf – noch vor allen anderen deutschen Staaten –, wenngleich die Abgabenlasten der Bauern in Österreich erst durch das Gesetz vom 7. September 1848 abgeschafft wurden. Auch in den anderen deutschen Staaten war dieser Prozeß erst 1848 beendet:

»Grundsätzlich nahm bereits Maria Theresia alle *Iura circa sacra* in Anspruch, so daß sich das »theresianische« Staatskirchentum vom »Josephinismus« nur durch Nuancen und den stärkeren Einfluß der Aufklärung unterscheidet. Von einer ungebrochen kirchlich-katholischen Haltung Maria Theresias wird man nicht mehr sprechen können, sie vielmehr als »Mutter des Josephinismus ansehen müssen« (Jedin / HdKG)

Pietas Austriaca

Der Untertan im Habsburg-Reich hatte loyal zu sein, gottesfürchtig, friedlich und gehorsam. Die christliche Religion hatte den Auftrag, diese Eigenschaften zu fördern, denn sie »bindet nicht nur die Hände, sondern auch die Gefühle und Gedanken«.

Die Habsburger förderten die Frömmigkeit, die Wallfahrten, die Heiligenverehrung, besonders die von Gestalten, die mit der Gegenreformation verbunden waren: Theresia von Avila, die Namenspatronin der Monarchin, dann Johannes von Nepomuk, der Nationalheilige Böhmens, aber auch der Mailänder Erzbischof Karl Borromäus, dem zu Ehren Theresias Vater ab 1714 die Karlskirche in Wien erbauen ließ.

Und besonders den Joseph aus den sogenannten »Kindheitsgeschichten Jesu« im Neuen Testament, den Kaiser Leopold zum Patron der habsburgischen Länder bestimmte, und der dem ältesten Sohn Maria-Theresias den Ruf- und Taufnamen geben sollte. Diese *Pietas Austriaca*, diese typisch österreichische Frömmigkeit strahlte ins gesamte Land hinein und drückte ihm seinen bis heute unverwechselbaren Stempel auf.

Dabei hatte diese barocke Religiosität, von den Jesuiten beeinflußt und kontrolliert, bereits längst vor Maria-Theresias Regierungsübernahme Widerspruch gefunden. Der einflußreichste Gegner war der aus Frankreich kommende »Jansenismus«, der – im Rückgriff auf Augustinus – in schroffem Gegensatz zu dem von den Jesuiten entwikkelten kasuistischen Moralsystem stand. Von Böhmen aus, übersetzt und gedruckt auf dem Landsitz des Grafen Franz-Anton von Sporck, fanden die jansenistischen Schriften Zugang zum Habsburgerland. Von Italien her fanden die Ideen von dem 1672 in Vignola geborenen Lodovico-Antonio Muratori den Weg über die Alpen nach Österreich. In seiner 1714 anonym erschienenen Schrift *De ingeniorum moderatione in religionis negotio* forderte er Forschungsfreiheit für die Wissenschaft, verwarf die kirchliche Bücherzensur und geißelte die barokken Frömmigkeitsformen. Gegen den religiösen Triumphalismus der Jesuiten stellte er Christus selbst, sein Wort und seinen Tod am Kreuz in den Mittelpunkt der Frömmigkeit. Marienkult und Heiligenverehrung sollten eingeschränkt und die große Zahl an kirchlichen Festen zusammengestrichen werden, weil sie die armen Leute immer wieder daran hinderten, ihren Lebensunterhalt zu sichern.[17]

Die Kirche in Österreich hatte sich also zwei Herausforderungen zu stellen: Die eine Seite repräsentierte innerkirchliche Reformbestrebungen wie der Jansenismus oder Muratori; die andere Seite die an den Ideen der Aufklärung ausgerichteten Staatsauffassung – oder was man im theresianischen Zeitalter dafür halten mochte.

Für diese aufgeklärte Staatsauffassung stehen vor allem zwei Namen: Wenzel-Anton Graf von Kaunitz Rietberg, Staatskanzler und erster Berater der Monarchin, sowie Franz-Joseph Ritter von Heinke, Hofrat und »Graue Eminenz« der Staatskanzlei.

Kaunitz (1711–1794), der 1764 Reichsfürst wurde, bestärkte seine Monarchin in der Überzeugung, die Länder der Habsburg-Monarchie in einen modernen, aufgeklärten und absolutistischen Staat umzuwandeln, in dem die Kirche bekanntermaßen nicht mehr Partner und Teilhaber der Macht sein konnte. Der Staat hatte zwischenzeitlich erkannt, daß Religion aus pädagogischen Erwägungen heraus durchaus nützlich war für das Volk, daß der Staat – auch der nichtkatholische – die Religion als konfessionelle Grundlage zur Begründung seiner Macht aber nicht mehr benötigte: Religion und damit auch die Kirche(n) waren nur noch nützliche »Untertanen«.

Um die Umsetzung dieses Projekts nicht als allzu brutal erscheinen zu lassen und damit möglicherweise zu gefährden, wurde zunächst die Lombardei als Experimentierfeld ausersehen. Hier sollten die einzelnen Schritte zur stufenweise Unterordnung der Kirche durchgespielt werden: Die Besetzung von Bischofsstühlen, die Einvernahme kirchlicher Güter zur Finanzierung staatlichen Vorhaben, die Besteuerung des Klerus, die Abschaffung der kirchlichen Zensur und die Reduzierung der Autorität der Ordensoberen sowie die Auflösung kleiner Ordensgemeinschaften.

Als Papst Klemens XIII. 1768 Herzog Ferdinand II. von Parma, dem künftigen Schwiegersohn Maria Theresias – er heiratete 1769 Tochter Maria-Amalie – wegen Ungehorsams gegenüber päpstlichen Anordnungen schwerste Strafen für den Fall androhte, sollte der Herzog nicht zurückstecken, war europaweit der Rubikon im Staat-Kirche-Verhältnis überschritten.[18]

Parma, die kleinste der bourbonischen Herrschaften in Europa, hatte per Gesetz die Steuerfreiheit und den besonderen Gerichtsstand für den Klerus abgeschafft und das »Plazet«, eingeführt, was bedeutete, daß päpstliche Erlasse künftig der staatlichen Zustimmung bedurften. Den Angriff auf die Privilegien der Kirche konterte der Papst unter Hinweis auf die in der sogenannten »Abendmahlsbulle« (*In Coena Domini*, 1627) aufgelisteten Vergehen gegen Papst und Kirche unverhohlen mit der Androhung des Kirchenbanns.

»Dieser Versuch hatte schlimmste Folgen: der Herzog antwortete auf eine Weise, wie es in früheren Jahren der mächtigste König nicht gewagt haben würde; die gesamten Bourbonen nahmen sich seiner an. Avignon, Benevent, Pontecorvo wurden von ihnen besetzt« (Leopold von Ranke, Die römischen Päpste …).

In dieser politisch schier ausweglosen Lage wandte sich Klemens XIII. an Maria-Theresia, sein einziger Trost auf Erden, wie er ihr schrieb; sie möge doch »nicht zugeben, daß man sein Alter mit Gewalttätigkeiten erdrücke«. Die Monarchin antwortete ausweichend: Das Ganze sei eine »Sache des Staates und nicht der Religion«; sie würde unrecht tun, sich da einzumischen (zitiert nach Ranke).

Gesetz über Geburt

Aber auch Maria-Theresias politische Geduld gegenüber Papst und Kurie schien erschöpft. Kaunitz, ein unerbittlicher Modernist, beschnitt in den darauffolgenden Jahren nach und nach den Sonderstatus der Kirche im Reich der Habsburger. Als erstes grenzte er in Absprache mit der Monarchin durch das Amortisationsgesetz den Erwerb von Vermögen durch die Kirche – etwa auf Grund von Erbschaften und Zuwendungen aus privater Hand – radikal ein. Rom selbst suchte fieberhaft die kuriale Unbedachtsamkeit von 1767 herunterzuspielen. Im Jahre 1770 verbot der Papst Klemens XIV. die jährliche Verlesung der Abendmahlsbulle *In Coena Domini*.

Kaunitz gab keine Ruhe. Nun nahm er sich die Ordensgemeinschaften vor, die schon lange auf der Liste der zu reformierenden Institutionen gestanden hatten. Er verbot die Ablegung der Ewigen Gelübde bei eintrittswilligen jungen Männern vor dem Erreichen des 24. Lebensjahres und schaffte die Klosterhaft für Ordensmitglieder ab. Wie andere Aufklärer auch war Kaunitz der Ansicht, daß Aufgaben und Rechte, die ihrer Natur nach dem Staat zukamen, auch vom Staat wahrgenommen werden sollten; wobei die jeweiligen Zuordnungen bisweilen willkürlich geregelt wurden, im Einzelfall wurden sie – modern gesagt – von den »Folgekosten« abhängig gemacht. Staatssache war auf jeden Fall die Kriminalgerichtsbarkeit über geistliche Personen.

Für Kaunitz stand das Gesetz über den Privilegien – wie alt und verwurzelt sie auch sein mochten. Logisch folgte für ihn aus dieser Argu-

Maria Theresia und Kaunitz

mentation, daß weder der Staat noch der Herrscher über oder außerhalb des Gesetzes stehen können: *La loi, toute la loi, rien que la loi*! Dennoch war Kaunitz einsichtig genug festzustellen: »Gewaltsame Maßnehmungen (habe ich) nie für ein Mittel gehalten, die Meinungen eines Volkes zu bessern.«

Das Beharren auf dem Gesetz, einer der Grundzüge bis heute etwa der französischen Staatsauffassung, war um so vordringlicher, als der Staat nicht mehr bereit war, sich dem kirchlichen Anspruch, allein für die Gerichtsbarkeit zuständig zu sein und dem Staat nur die Umsetzung von Urteilen zu überlassen, unterzuordnen. Und hier liegt auch einer der großen Streitpunkte zwischen Staat und Kirche am Vorabend der Französischen Revolution, ein Streit, der zugunsten des Staates beendet wurde: Niemand war mehr bereit, sich vom Kirchenrecht oder durch päpstliche Verfügungen die Grenzen der eigenen Gerichtsbarkeit abstecken zu lassen.

Als Kaunitz ernst damit machte, ging eine Welle der Empörung durch das Land; man verwünschte die Monarchin, weil sie es an nötiger Achtung gegenüber der geistlichen Obrigkeit fehlen lasse. Die Monarchin blieb hart. Nichts, aber auch gar nichts sollte den Umbau der Kronländer zu einem modernen Staatswesen behindern. Zudem waren die kirchlichen Rechte auch in Österreich niemals ganz so unbeschränkt gewesen, wie es der Klerus in seinen Klagen vorbrachte. Denn bereits die Landesfürsten des Mittelalters hatten in Österreich ein weitreichendes »Kirchenregiment« ausgeübt, das mehr war als nur ein bloßes Zustimmungs- oder Aufsichtsrecht. Der Zugriff auf kirchlichen Besitz, die Besetzung kirchlicher Pfründe und die Gerichtshoheit über den Klerus sind wichtige Bestandteile dieses Regiments gewesen, das im Laufe der Zeit und unter den wachsenden kirchlichen Ansprüchen des 17. und 18. Jahrhunderts mehr und mehr in Vergessenheit geraten war. Daß es dieses Regiment einmal gegeben haben soll, »war für die kanonische Doktrin des 18. Jahrhunderts fast unvorstellbar« (Rudolf Reinhardt). In gewisser Weise knüpfte der Staatskanzler, sicher ohne im einzelnen die »archaischen Ursprünge der Frühzeit« genau zu kennen, an diese Vorbilder an, die in den aufgeklärten Umbauplänen von Staat und Gesellschaft letztlich Kontinuität historische Legitimität aufscheinen lassen konnten.

Kaunitz' unbeirrbare Überzeugung, daß es – ganz gleich, unter welchem Vorwand auch immer – kein Zurück mehr geben könne zum alten Verhältnis von Staat und Kirche, hat die wenigen Reformimpulse, die das Jahr 1792, in dem Leopold II. starb, überlebten, für die

Nachwelt ausschließlich mit den Namen Maria-Theresias, ihres Sohnes Joseph und seines eigenen bleibend verbunden.[19]

Maria-Theresia »war … eine … Herrscherin, die mit sicherem Spürsinn die Schwächen des alten Staatswesens erkannte und ohne Vorurteile, in der Art einer tüchtigen Hauswirtin, alles Neue aufgriff und mutig verwirklichte, was dem Wohle des Staates zu dienen schien … Als einziger der großen Staaten Europas hatte Österreich das Glück, im Zeitalter der Aufklärung nicht einfach einem Ideologen überantwortet zu sein, der den Staat zum Versuchsfeld seiner Lehren machte, sondern eine … Herrscherin zu besitzen, die nicht aus der Philosophie, sondern vom Leben selbst die entscheidenden Anregungen empfing. Das Zusammentreffen eines zeitgeschichtlichen Moments mit dem historischen Auftritt dieser … Frau kennzeichnet die maria-theresianische Epoche der österreichisch-ungarischen Geschichte« (E. Franzel, a. a. O.).

Der Mann aus Granit

Abbé Grégoire (1750–1831) und der Blutrichter der Revolution

»*La justice, c'est l'égalité* – Gerechtigkeit bedeutet Gleichheit!«

Dieser Satz war gleichsam die große Zauberformel, mit der die Französische Revolution von 1789 die Ideen der Aufklärung in der politischen und gesellschaftlichen Alltagswirklichkeit des ausgehenden 18. Jahrhunderts umzusetzen versuchte.

Sie entstand in der Phase des Umbaus von Staat und Nation in Frankreich, als grundsätzlich alle Standesprivilegien verworfen und eine Nation gleichberechtigter Bürger gefordert wurde. Zunächst noch in einer konstitutionellen Monarchie, dann aber, nach 1793, in der Staatsform der Republik.

Aber die Vorstellung von der Gleichheit aller als höchster Ausdruck gesellschaftlicher und politischer Gerechtigkeit sollte sich in der Folgezeit sehr schnell als politische Utopie herausstellen.

»Gerechtigkeit heißt Gleichheit«: Daß diese Vision trotz ihrer unbestrittenen gesellschaftlich verändernden Kraft letztlich schon im Ansatz eine Utopie gewesen war, zeigte sich schon vor der Verabschiedung der Erklärung der Menschen- und Bürgerrechte. Im Juli 1789 kippte die Nationalversammlung, unter Verweis auf den internen »Kriegszustand«, das bis dahin auch vom Ancien Régime gewahrte Briefgeheimnis – eine Ausnahme machte Ludwig XIV. Und in unseren Tagen erleben wir erneut, daß es sich um eine Utopie handelt. Denn die Autoritätskrise zeigt auf, daß weder die Gesellschaft noch die Politik noch die Religion die Ideologie der Gleichheit einzulösen imstande und auch nicht einzulösen gewillt sind. Denn es sind die echten wie die vermeintlichen Privilegien, die die Umsetzung einer wirklichen Gleichheit, und gerade auch die vor dem Gesetz, verhindern. Eine formelle Gleichheit vor dem Gesetz garantiert ja noch keine tatsächliche Gleichheit.

Eine der wichtigsten Apologeten der Idee der »Égalité«, der Gleichheit, war Jean-Jacques Rousseau (1712–1778). Der Philosoph, Pädagoge und Schriftsteller französisch-schweizer Abstammung ist nicht müde geworden, mit beißender Schärfe die hierarchische Ungleichheit des »Ancien Régime« herauszustellen und anzuprangern. Gleichheit war für ihn die Freiheit aller und nicht das feudale Privileg einiger weniger. Aber auch schon Rousseau befürchtete, daß die eingeforderte Gleichheit eine Illusion bleiben könnte; zumal wenn sie nur dazu herhalten sollte, »den Armen in seinem Elend zu belassen und den Reichen in seinem widerrechtlich angeeigneten Besitz«.

Die Idee, daß alle Menschen gleich sind, sowohl von Geburt an wie auch als Untertanen vor dem Staat und vor seinen das Zusammenleben regelnden Gesetzen, war zwar die letzte notwendige aber auch die schwierigste Folgerung aus dem aufgeklärten Denken. Damit war ja noch nicht geklärt, wie man diese Gleichheit in der Gesellschaft durchsetzen könnte. Denn wenn sich die Gleichheit vor dem Gesetz nicht realisieren ließe, wäre die Freiheit nur als ein weiteres Privileg der Mächtigen zementiert worden. Was Rousseau visionär in der Theorie beklagte, sollte im Augenblick der Tat (1789) zu einem schier unüberwindbaren Problem werden.

Denn die Erklärung und Verabschiedung von Menschen- und Bürgerrechten bedeutet für den Rechtsalltag noch lange nicht, daß diese Rechte universell und auch einklagbar waren.

Das *Comité de salut public*, das berüchtigte Wohlfahrtskomitee um Danton, Saint Just und Robespierre, versuchte zwischen 1793 und 1795 mit Terror die Gesellschaft in das verordnete Korsett von Freiheit und Gleichheit zu zwingen. Und mit derselben rücksichtslosen Gewalt ging man auch gegen die wirklichen und vermeintlichen Widerständler vor. Aber auch die Jakobiner konnten die Idee von der Gleichheit für alle nur im Tod auf der Guillotine erzwingen. Auch die Revolutionäre mußten einsehen, daß ihre Verordnungssucht schlichtweg an den beharrenden, tiefverwurzelten Kräften in der Gesellschaft scheiterte. Trotz Terror, trotz brutalster Strafandrohungen, trotz hundertfachem Mord, wie Fouché dies 1793 in Lyon im Namen der Freiheit und der neuen Ordnung erbarmungslos inszenierte.[2]

Revolution ist Männersache

Die Revolutionäre scheiterten aber auch an ihren eigenen tiefsitzenden Vorurteilen.

Molière hat 1662 in seinem Theaterstück »Die Schule der Frauen« (*L'École des Femmes*) die verbreitete, frauenfeindliche Macho-Erziehung aufs Korn genommen. Vergeblich. Als 100 Jahre später dann Molières Vorbild von der Rechtsphilosophin und Schriftstellerin Olympe de Gouges aufgegriffen wurde und sie in ihrer »Erklärung der Rechte der Frau und Bürgerin« (*Déclaration des droits de la femme et de la citoyenne*) im Zuge der Umgestaltung der französischen Gesellschaft konsequent die Abschaffung aller männlichen Privilegien und die völlige Gleichberechtigung der Geschlechter einforderte, da scheiterte diese mutige und weitblickende Revolutionärin erstaunlicherweise an jenen Revolutionären, die doch mit der Gleichmacherei ernst machen wollte; sie scheiterte an einer immer noch und bewußt männerdominierte Gesellschaft. Man verwarf den Vorstoß der de Gouges als »Anschlag auf die Souveränität« des Volkes, und das Pariser Revolutionstribunal verurteilte sie kurzerhand zum Tode: Am 3. November 1793 starb Olympe de Gouges unter dem Messer der Guillotine.

Die Hinrichtung der couragierten Revolutionärin war auch eine Folge einer nach wie vor fortlebenden Naturrechtsvorstellung im Denken des 18. Jahrhunderts. Dieses »Recht« war dermaßen tief im allgemeinen Bewußtsein verankert, daß nur wenige glaubten und zu hoffen wagten, über einen deklaratorischen Willensakt – und gleichsam am Naturrecht vorbei – andere, neue, bislang nicht gedachte Rechte und Freiheiten in Staat und Gesellschaft schaffen zu können. Daß Frauen ebenfalls Rechte haben könnten, kam auch den Revolutionären von 1789 nicht in den Sinn. Selbst Frauen, die in der Aufklärung bereits eine eminent wichtige Rolle gespielt hatten, wie etwa die französische

Mathematikerin und Philosophin Gabrielle-Émilie Le Tonnelier de Breteuil, die Marquise du Châtelet, die bei der Durchsetzung der newtonschen wie auch der leibnizschen Physik in Europa eine so bedeutende Rolle gespielt und die als erste an eine Synthese von Empirismus und Rationalismus zu denken gewagt hatte, die aber erst später von Kant vollzogen wurde, war als Frau gegenüber den Männern selbstverständlich im Nachteil: Sie galt keineswegs als gleichgestellt.

Dabei hatte der *Nominalismus*, zur Zeit eines Wilhelms von Ockham, erstmals die sogenannten »natürlichen Rechte« in den Blick genommen und der philosophischen Diskussion ausgesetzt. Es ging dabei um das Recht auf Leben, um das Recht auf Freiheit sowie um das Recht auf Eigentum. Diese »Trias« hat dann John Locke aufgegriffen und – losgelöst vom ewigen Weltgesetz und somit auch von der Theologie und ihrer konfessionellen Interpretation – in das Zentrum seiner Staatstheorie gestellt. Weiterentwickelt von Aufklärern wie Hugo Grotius, vor allem aber durch Samuel von Pufendorf und mit Einschränkungen auch durch Johannes Althusius, versuchte die aufgeklärte Zeit ein umfassendes System absolut gültiger Gesetze auszuarbeiten, das alle Bereiche des Rechts abdecken und diese somit jeglicher Subjektivität entziehen sollte.

In diesem System war die Gleichheit, die Freiheit, das Recht auf Eigentum »reine Männersache«. Frauen kamen als Rechtssubjekte nicht in den Blick. Sie waren – ganz im Sinne alttestamentlich-mittelalterlicher Sichtweise – Eigentum des Mannes und über diesen im wesentlichen definiert.[3]

Wenn die Vorstellung von allgemeinen Menschen- und konkreten Bürgerrechten in den Köpfen Wurzeln bilden sollten, konnte dies nicht über das tradierte römische Recht gelingen: In diesem gab es keinen juristischen Begriff des Menschen, ganz zu schweigen von Menschen-Rechten. Die Anwendung der aufgeklärten Theorien mit Blick auf den Staat und die Rechte seiner Bürger mündete in Frankreich – und anders als bei der amerikanischen Unabhängigkeitserklärung vom 4. Juli 1776 – folgerichtig zunächst in die Erklärung der »natürlichen und unveräußerlichen und geheiligten Menschenrechte« und dann erst in die Autorität der »Körperschaft«, die im »Ursprung aller Souveränität«,

d. h. dem Volk, ihre Berechtigung findet. Dem Entstehen des neuen Staates wurden am 26. August 1789 »in Gegenwart und unter dem Schutz des höchsten Wesens« (*être suprême*) die Menschen- und Bürgerrechte gleichsam vorgeschaltet. Ist doch »der Endzweck aller politischen Vereinigung … die Erhaltung der natürlichen und unabdingbaren Menschenrechte« (Artikel 2). Diese in 14 Artikeln ausgeführte Erklärung gab der künftigen Verfassung 1791 ihre rechtliche Grundlage. Sie schuf den neuen Menschen in einem neuen Staat. So die Überzeugung.

»Indem die Französische Revolution die Lehre von den subjektiven öffentlichen Rechten aufnahm und sie in der Erklärung der Menschen- und Bürgerrechte durch Europa trug, setzte sie die Staatenwelt des 19. Jahrhunderts auf eine neue Grundlage« (Schnabel).

Aber bis dahin war es noch ein langer Weg. Denn Grundrechte sind keine unbestrittenen Grundsätze, aus denen die einzelnen Gesetze natürlicherweise abzuleiten sind. Immerhin waren die verabschiedeten Grundrechte den Revolutionären der ersten Stunde stets heilig, dem künftigen Alleinherrscher Napoleon aber schon nicht mehr.

Der Staat bin ich

Die Aufklärung hatte in ihren unterschiedlichen Etappen der philosophischen Diskussionen und rechtspolitischen Entwicklungen den Nationalstaat und damit auch die »Nation der Bürger« unumgänglich gemacht. Das absolutistische Staatsverständnis hatte dieser Entwicklung den entscheidenden letzten Schub gegeben, indem es den Staat, repräsentiert durch den absoluten Monarchen, buchstäblich vergöttlichte. Loyalität gegenüber dem König war Loyalität gegenüber dem Staat und seinen Institutionen. Der Staat aber, Teil der hierarchischen Ordnung, wurde in der Person des Königs sichtbare und greifbare Wirklichkeit: »*L'état, c'est moi!* – Der Staat bin ich!«. Was Ludwig XIV. noch ganz folgerichtig und unangefochten feststellen konnte, traf wenige Jahrzehnte auf seinen Nachfolger nicht mehr zu. Gegen Ende des 18. Jahrhunderts erreichte diese Entwicklung eine Geschwindigkeit, die selbst die kühnsten Reformer jener Tage erstaunte.

»Sechs Monate (die 1. Hälfte des Jahres 1789) sollten reichen, um ein Herrschaftssystem zu demontieren und zugrundezurichten, das seit 300 Jahren mit der Geschichte Frankreichs untrennbar verbunden schien« (Frédéric Bluche).

Die Gründe für diesen Niedergang scheinen einleuchtend: Zwar besaßen Adel und Geistlichkeit auch Ende des 18. Jahrhunderts immer noch ihre Privilegien und nahmen immer noch die ersten Stellen am Hofe ein, doch nicht mehr unbedingt im Staatsdienst. Das Aufblühen von Handel und Gewerbe hatte in Frankreich eine neue Form von Vermögen und eine neue Klasse entstehen lassen: das bewegliche Eigentum und das Bürgertum, das seit dem 14. Jahrhundert als »Dritter Stand« in den Generalständen seinen Platz gefunden hatte. Einem immer wichtiger werdenden Platz. Das Bürgertum füllte über seine Abgaben ständig die Kassen eines geldsüchtigen Staates auf. Aus seinen Reihen rekrutierte der Staat seine wachsende Beamtenschaft, die von der Philosophie der Aufklärung und den National-Ökonomen ihr intellektuelles Gerüst bekam.

Die gesellschaftliche Rolle des Adels und der Einfluß der Geistlichkeit verloren nachhaltig an Bedeutung: Wirtschaftsmacht, Leistungsfähigkeit und Zukunftsaussichten lagen beim Bürgertum, beim »Dritten Stand«, wenngleich die überkommene Rechtsstruktur den Adel und die Geistlichkeit an der Spitze des Staates beließ. Diese nicht mehr kompatible gesellschaftliche Wirklichkeit hat die Revolution von 1789 revidiert, wobei sie allerdings den Zusammenbruch der zentralen Macht, die möglicherweise den Gang der Ereignisse mäßigend hätte steuern können, in Kauf nahm. Und es war nicht der »Dritte Stand«, der diesen Zusammenbruch 1788/1789 provozierte: Es waren Adel und Geistlichkeit, die sich auf Kosten des Königtums ihre alten politischen Machtbefugnisse, die ihnen ein mächtig gewordenes Königtum im Verlauf der vergangenen mehr als 500 Jahre kontinuierlich abgetrotzt hatte, zurückzuholen suchten.[4]

Sieg der Aristokratie

Diese beiden Stützen des überkommenen Feudalsystems haben den Umsturz angezettelt. Sie wollten die Zeit zurückdrehen und den Staat tiefgreifend im Sinne ihrer alten politischen und gesellschaftlichen Positionen umwandeln (das Wort Revolution ist abgeleitet von *revolvere*). Es waren, wie bereits Chateaubriand feststellte, nicht die »sprachlosen« Bürger, die die Abrißbirne auf das morsch gewordene Regime niederfallen ließen: »Die Patrizier begannen die Revolution, die Plebejer haben sie vollendet.«

Demnach war der erste Akt der Revolution »ein Triumph des Adels«. Indem dieser aber »die königliche Macht lähmte, die seine gesellschaftliche Vorrangstellung deckte, öffnete der Adel den Weg für die Revolution der Bürger, dann für die Revolution des Stadtvolks und schließlich für die der Bauern – und wurde selber unter den Trümmern des Ancien Régime begraben« (Georg Lefebvre).

Anfang Mai 1789 traten erstmals wieder seit 1614 – und nun zum letzten Mal – die »Generalstände« (*États généraux*) des Königreichs zusammen: der Geburtsadel, die Geistlichkeit und das breite Untertanen-Sammelbecken des Bürgertums, dem auch die leibeigenen Bauern und Handwerker zugeordnet waren: »vom reichsten Bürger bis zum elendsten Bettler« (Lefebvre). Das Zahlenverhältnis der drei Stände untereinander ist nur schätzungsweise bekannt: Im Königreich mit seinen etwa 23 Millionen Einwohnern gehörten zwischen 100 000 und 150 000 dem Kleriker- und Ordensstand, gut 400 000 dem Adel an. Alle anderen bestimmten, soweit sie berechtigt waren, ihre Abgeordneten für den sogenannten »Dritte Stand«.[5]

Die größten Privilegien besaß die Geistlichkeit. Sie zahlte keine direkten Steuern, sondern entrichtete – vom König allerdings dazu gezwungen – eine freiwillige Abgabe (*le don gratuit*), deren Höhe die Geistlichkeit aber selbst festsetzen durfte. Der Adel war weniger begünstigt als die Geistlichkeit. Er stellte keine Körperschaft dar und mußte daher auch noch die Kopfsteuer zahlen, eine Ergänzungsabgabe zur *taille*, der Königssteuer schlechthin. Aber auch hier gab es, wie für manche Bürger, eine ganze Reihe von Ausnahmenregelungen, so daß die Hauptlast der Staatsfinanzierung in Frankreich vom »Dritten Stand« getragen wurde.

Noch im Jahre 1776, am Vorabend der Revolution von 1789, rechtfertigte das mächtige Parlament von Paris die Steuerbefreiung für Klerus und Adel folgendermaßen: »Der Dienst des Klerus besteht darin, sich um den Unterricht zu kümmern, um die liturgischen Dienste und um die Armenpflege. Der Adel tritt als Verteidiger des Staates und als Ratgeber des Herrschers auf. Die letzte Klasse schließlich, die dem Staat nicht in gleicher Weise dienstbar sein kann, entrichtet ihre Abgaben, treibt Handel und widmet sich der manuellen Arbeit.«

Damit war die Zerrissenheit der Nation weiter gefestigt. Die Kirche, besonders aber der Adel, waren letztlich immer noch ein Staat im Staat, eine Nation in der Nation.

Die letzten Stunden des Ancien Régime in Frankreich läutete der nordamerikanische Unabhängigkeitskrieg gegen Großbritannien (1778 bis 1783) ein. Denn die materielle wie finanzielle Unterstützung dieses Kampfes durch Frankreich bei gleichzeitiger Aufstockung der eingeführten Steuern und der Kürzung von Renten und Pensionen führten – nachdem eine einberufene Versammlung von Notabeln, die Regierung und das Parlament zu Paris sich in Rechts- und Machtstreitigkeiten ergangen hatten, wobei sie den weiteren Verfall der Finanzkraft des Staates nicht aufhalten konnten – 1788 in den faktischen Staatsbankrott.

Nun sollten die »Generalstände«, die in der Zeit vor Ludwig XIV. eigentlichen Rechtsträger zur Bewilligung neuer Steuern gewesen waren, den gordischen Knoten lösen.

Das Pariser Parlament forderte aber, daß die drei »Stände«, wie schon 1614, sich jeweils »mit der gleichen Anzahl von Abgeordneten zu je einer Stimme« zusammenfinden sollten, »so daß Geistlichkeit und Adel das Sagen behielten. Die Aristokratie hatte gesiegt« (Lefebvre). Und mit ihr die Advokaten.[6]

Die Geburt der Nation

Nun stellte sich die Frage, ob sich der *Tiers*, der dritte Stand, von den Aristokraten politisch manipulieren ließe oder nicht. Als die Generalstände am 5. Mai 1789 in Versailles zusammentraten, waren die entscheidenden Weichen bereits gestellt. Und zwar in der Schrift des Abbé Sieyès »Was ist der Dritte Stand?«, einer philosophisch-politischen

Grundsatzüberlegung zur Frage einer neuen Gesellschaftsordnung, die keine Standesprivilegien mehr kennt, sondern nur noch eine Nation gleichberechtigter Bürger.

In diesen Forderungen sahen die überwiegend konservativ und königstreu eingestellten Mitglieder des Dritten Standes – vor allem Juristen wie Buzet und Robespierre, dann Mediziner, Vertreter des bäuerlichen Landadels, drei Priester, unter ihnen der Abbé Sieyès, »der Theoretiker der konstituierenden Gewalt, die Seele der juristischen Revolution«, aber nur wenige Intellektuelle – mit ihren Klagen aus ihren »Beschwerdeheften«, den *cahiers de doléances*, durchaus widergespiegelt. Der Dritte Stand fordert vor allem die volle Gleichheit für alle Staatsbürger und die völlige Abschaffung der Leibeigenschaft. Eine Haltung, die – allerdings erst gegen große Widerstände, auch in den eigenen Reihen – den »Dritten Stand«, der sich als der wahre Vertreter des Volkes betrachtete, zum Motor der konstituierenden Nationalversammlung am 17. Juni 1789 werden ließ. Denn für die Revolutionäre des Jahres 1789 sind Freiheit und Gleichheit untrennbar verbunden: im Grunde Wörter, die dasselbe bedeuten.

Der König erkannte die Versammlung unter dem Druck der Pariser Bevölkerung am 27. Juni an; wenige Tage später, am 9. Juli, erklärte sie sich dann zur verfassunggebenden Nationalversammlung, die über die Erklärung der Menschen- und Bürgerrechte vom 26. August 1789 den rechtlichen Boden für die zu erarbeitende Verfassung des neuen Frankreich vorbereitete.

Die Menschenrechte sind jene Rechte, die dem Menschen unabhängig von seiner Stellung in Staat und Gesellschaft, in Familie, Beruf, Religion und Kultur schon deswegen zukommen, weil er als Mensch geboren ist. Hautfarbe, Geschlecht, Sprache, politische oder sonstige weltanschauliche Vorstellungen, die nationale oder soziale Herkunft beeinflussen die Objektivität der Menschenrechte nicht, deren Zentrum die Menschenwürde ist.[7]

Die Vertreter von Adel und Geistlichkeit gerieten angesichts des Elans, den die Vertreter des Dritten Standes in den Sitzungen der Generalstände entwickelten, ins Hintertreffen; obwohl sie mit Charles-Maurice de Talleyrand-Périgord, dem Bischof von Autun, oder mit dem Abbé Jean-Sifrein Maury kluge Köpfe und temperamentvolle Redner in ihren Reihen hatten. Unter den Adeligen war es etwa der Herzog von La Rochefoucauld, ein vielbeachteter und einflußreicher Fachmann für Fragen, die Wirtschaft und Handwerk betrafen.

In den Diskussionen waren die beiden privilegierten Stände nur zu unbedeutenden Kompromissen bereit, auf gar keinen Fall wichen sie gegenüber den Forderungen nach einem neuen Steuer- und Abgabensystem zurück, das in der Konsequenz die überkommenen Privilegien in Frage stellen mußte.

Von der abgeordneten Pfarrgeistlichkeit wurde nur Henri Grégoire, der »Abbé Grégoire«, Pfarrer von Emberménil und Vertreter des Kantons Nancy im »Zweiten Stand«, einer breiteren Öffentlichkeit bekannt.

Den Beginn der Revolution retteten unter anderen ein Teil der Geistlichkeit und die sogenannten »liberalen« Vertreter des Adels in den Generalständen. Gegen den entschiedenen Widerstand des größten Teil des Adels, der sich bereits am 15. Juni 1789 aus den Beratungen und Kulissengesprächen der Generalstände ausgeklinkt hatte, beschlossen die Vertreter der Geistlichkeit, nicht zuletzt auf Einladung des Königs vom 27. Juni, das Angebot der Plebejer anzunehmen und sich mit den Abgeordneten des Volkes zur »Assemblée Nationale«, zur Nationalversammlung, zu vereinigen. Diese hatten sich zuvor, am 20. Juni im sogenannten »Ballhausschwur« darauf verständigt, nicht eher ihre Arbeit zu beenden, bis man eine neue Verfassung für das Land erarbeitet habe. Selbst militärischen Interventionen wollte man heroisch widerstehen.[8]

Der Jakobiner und Revolutionsmaler Jacques-Louis David (1748–1825) hat zu einem späteren Zeitpunkt in einem Monumentalgemälde den *Serment du Jeu de Paume* festgehalten. Im Zentrum dieses Gemäldes stehen drei Personen; unter ihnen, mit Blick zum Betrachter, der Abbé Grégoire, der sich bereits am 16. Juni mit 18 anderen Pfarrern dem Dritten Stand angeschlossen hatte. Ihm zur Linken der reformierte Pastor Rabaut Saint-Étienne und zur Rechten der Kartäuser Dom Gerle, der allerdings am Ballhausschwur gar nicht beteiligt gewesen ist.

Abbé Grégoire

Im Jahre 1911 überquerte Jacques Godechot, der Altmeister der französischen Revolutionsgeschichtsschreibung, an der Hand seiner jüdischen Mutter den Karmelplatz in seiner Geburtsstadt Lunéville. Da habe ihm seine Mutter mit dem Verweis auf eine der dort stehenden Statuen gesagt, so berichtete Godechot später: »Da schau, mein Kind, das ist der Abbé Grégoire. Ihm verdanken wir, was wir (Juden) heute sind!«[9]

Gut 100 Jahre zuvor, am 27. September 1791 – die neue französische Verfassung war gerade mal drei Wochen alt – hatte die *Assemblée Constituante*, die verfassungsgebende Versammlung, bevor sie sich am 30. September auflöste, den Juden in Frankreich das volle Bürgerrecht zugestanden. Eine Entscheidung, die einen Großteil der französischen Gesellschaft vor den Kopf stieß: eine Gesellschaft, die in weiten Teilen immer noch vom feudalen und theokratischen Denken des Mittel-

Henri Grégoire

alters geprägt war, und damit auch vom überkommenen ausgeprägten Antijudaismus der katholischen Kirche.

Und es war gerade ein Kirchenmann, der Abbé Grégoire, der die vollen Bürgerrechte für die Juden in der »Konstituante« durchgesetzt hatte.

Wer war dieser Mann, der in seiner gradlinigen republikanisch-revolutionären Gesinnung sogar den Geburtshelfer der Revolution von 1789, den Abbé Sieyès, hinter sich lassen sollte. Während Sieyès – verschreckt durch eine vom Volk getragenen Revolution – nach dem 14. Juli die Feudalrechte und die Besitztümer der Kirche verteidigte und später sogar zur Absicherung der »Herrschaft der Notabeln« mit Napoleon den Staatsstreich vom 18. Brumaire des Revolutions-Jahres VIII (9. November 1799) vorbereitete, durchführte und sichern half, wurde Henri Grégoire, der große Befreier und Patriot, Opfer der Aussöhnung zwischen Napoleon und der Kirche: Fallengelassen und fast vergessen war der Abbé Grégoire, und für jene, die sich noch an seine Verdienste um die Revolution und das Land erinnerten, war er letztlich nur noch der militante und verachtete Jakobiner ...[10]

Die Nacht des 4. August

Das Zusammengehen der drei Stände zur »Nationalversammlung« bedeutete noch lange nicht, daß die drei Gruppierungen nun auch juristisch aufgelöst waren. Und damit waren auch nicht die alten Privilegien der beiden ersten Stände hinfällig geworden.

Zudem stand die Versammlung der drei Stände unter dem Druck der verschiedenen Bauernaufstände in den Regionen des Königreiches: Welche Antwort sollte man den Forderungen der Aufständischen geben, trotz der bisweilen anarchischen Auswüchse ihres Vorgehen? Daß die Forderungen der Bauern berechtigt waren, wurde selbst von einigen Adeligen, wie etwa dem steinreichen Herzog von Aiguillon, anerkannt.

In den Tagen vor der historisch folgenschweren Nachtsitzung, in der erstmals in einem europäischen Land das überkommene Feudalsystem abgeschafft werden sollte, taktierten der erste und der zweite

Stand – diskret unterstützt von einigen mit Privilegien reich ausgestatteten Städte und Provinzen – gegen die sich abzeichnende Abschaffung der Privilegien von Adel und Kirche.

Doch der sogenannte »Bretonische Club« – in dem viele Angeordnete nach den Sitzungen der Nationalversammlung zusammenkamen, um die politisch-parlamentarischen Schritte und Schachzüge für die anstehenden Debatten im Plenum vorzubereiten und abzusprechen – hatte, wie es der Abgeordnete von Bar-sur-Seine, François Parisot, anderntags für die Nachwelt festhielt, bereits vorgesorgt: »Wir waren zur Überzeugung gelangt, daß Adel und Klerus nur Zeit gewinnen ... wollten, und daß, so lange die beiden privilegierten Klassen überhaupt noch Privilegien behielten, das Partikularinteresse immer stärker sein würde als das Gemeinwohl.«[11]

Es war ein armer Schlucker, Louis-Marie Vicomte de Noailles und Schwager des Marquis de La Fayette – dem ersten Kommandanten der nach dem 14. Juli gegründeten revolutionären Französischen Nationalgarde – dem das historische Verdienst zukam, die Abschaffung eines Teils der Feudalrechte zu beantragen. Er forderte die Steuergleichheit und die Möglichkeit, sich von Herrenrechten freizukaufen. Entschädigungslos hingegen sollten die Hand- und Spanndienste, sowie sämtliche persönlichen Hörigkeiten abgeschafft werden.

Sein kurzgeraffter Überblick der Lage der Bauern machte Eindruck. Ihm pflichtete mit ähnlichen Argumenten der Herzog von Aiguillon bei. Er verwies aber darauf, daß zwar jedes Eigentum heilig sei, die Feudalrechte andererseits aber für das einfache Volk eine Belastung, demgemäß ein »ständiges Ärgernis« darstellten. Daher verbiete es, so Aiguillon, die Billigkeit, »den Verzicht auf irgendein Eigentum zu verlangen, ohne den Eigentümer, der den Genuß der Verfügungsgewalt dem allgemeinen Vorteil opfert, angemessen zu entschädigen«.

Donnernder Beifall für den selbstlosen Vorschlag der beiden Aristokraten. George Lefebvre: »Die Hand- und Spanndienste und alle an die Person gebundenen Leistungen wurden entschädigungslos abgeschafft, während Bannrechte, Wäge- und Maßrechte sowie Schürfrechte, vor allem aber die Realabgaben für ablösbar erklärt wurden. Gegen den Wegfall der Steuerprivilegien erhob sich ... überhaupt keine Stimme mehr … Anschließend beantragte der Marquis de Foucault mit Erfolg die Überprüfung der Pensionen, womit er vielleicht Noailles oder dessen Familie treffen wollte. Nach ihm ließ der Vicomte de Beauharnais die Gleichheit der Strafen und den Zugang aller Staatsbürger zu den öffentlichen Ämtern beschließen. Jean-Baptiste Lubersac, Bischof von Chartres, nahm sich daraufhin das Jagdrecht vor, und mehrere Adlige erklärten, sie verzichteten auf das Vorrecht der Wildeinzäunung und der Taubenhaltung. Cottin, Abgeordneter von Nantes, ließ die grundherrliche Gerichtsbarkeit abschaffen, worauf ein Abgeordneter des Adels umgehend beantragte, die Rechtspflege solle fortan kostenlos sein, und gleich den Ämterkauf mit abschaffen ließ. Der Herzog von Châtelet stellte den Kirchenzehnten zur Debatte, dessen Umwandlung in eine ablösbare Geldverpflichtung sogleich beschlossen wurde. Schließlich kam die Reihe an die Provinzen mit eigenen Ständeversammlungen, an die Provinzen und Städte, die allesamt auf ihre Privilegien verzichteten, nachdem die Vertreter der Bretagne und der Dauphine mit gutem Beispiel vorangegangen waren.«

Nur die Geistlichkeit hielt sich mit Vorschlägen sehr zurück. Immerhin boten die Pfarrer an, die Seelsorgedienste sollten künftig kostenlos sein. Die Deputierten »sattelten noch drauf«: Sie verboten den gleichzeitigen Besitz mehrerer Pfründe und untersagten den Bischöfen, an den Papst die sogenannten »Annaten« abzuführen, also den Jahresertrag eines Bistums, den »der Bischof dem Papst auf Grund der Investitur schuldete«.

Damit war auch die Kirche von Frankreich unter das Fallbeil der Reformen geraten. Morgens um zwei Uhr wurde die Nachtsitzung geschlossen.[12]

König der Franzosen

Das böse Erwachen kam am anderen Morgen. Die Abschaffung des Feudalsystems – denn das war im Grunde diese »magische Operation« der Nacht des 4. August 1789 – war nicht mit Absichtserklärungen zu erledigen. Die Beschlüsse waren nur unter Formulierungsvorbehalt gefaßt worden.

In den Sitzungen der darauffolgenden Tage (5.– 11. August) nahmen sich die Abgeordneten jeden einzelnen Punkt der Absichtserklärungen vom 4. August vor. Und nun begann das Feilschen, begannen die Distanzierungen, die Vorbehalte zu greifen.

Grundsätzlich sollte es nur um den Wortlaut der Durchführungsverordnungen gehen. Doch die Auseinandersetzung um den endgültig zu formulierenden Text führte nun zu immer neuen Veränderungen des Inhalts.

Erhebliche Widerstände kamen auch von außerhalb der Versammlung: Adel und Hof schäumten vor Wut. Man war nicht bereit, sich die Privilegien einfach so streichen zu lassen. Denn immer noch war nicht geklärt, auf Grund welcher Rechtsvollmacht die Abschaffung des Feudalsystems möglich war. Denn die Abgeordneten, so das immer wieder vorgetragene Argument, hätten ausschließlich über den Verzicht auf die geldwerten Privilegien abstimmen dürfen. Statt dessen hätten sie das Eigentum zerstört. Der Adel übersah willentlich oder unwissend die finanziellen Vorteile, die sich aus den abzulösenden Privilegien für sie ergaben.

Und auch der König gab den Beschlüssen erst sehr viel später seinen – unter Druck provozierten – rechtskräftigen Segen. Fast über einen Monat mußte die Nationalversammlung erleben, daß sie rechtlich machtlos war. Bereits am Tag nach der Abschaffung des Feudalsystems schrieb der König an Erzbischof Jean-Marie Dulau von Arles: »Ich werde niemals der Ausplünderung meiner Geistlichkeit und meines Adels zustimmen. Ich werde meine Sanktion nicht geben für Dekrete, die sie ausplünderten.«[13]

Und so wurde bereits in diesen Tagen deutlich, daß der König als Rechtsträger dem Erfolg der Revolution letztlich im Wege stand: Und deshalb war das Urteil gegen den König am 19. Januar 1793 denn auch ein politisches. Denn wenn man dem König weiter das Recht zugestand, die Beschlüsse der Nationalversammlung zu blockieren und zurückzuweisen, hieß das doch nur die teilweise Rückkehr zur alten Ordnung. Und um die Zustimmung des Königs zu bekommen, hätte die Nationalversammlung stets einen Kompromiß mit der Aristokratie suchen müssen. Und das kam nach der Nachtsitzung vom

4. August nun nicht mehr in Frage. Der Rechtsträger mußte also jemand anderes werden: Es wurde die Nation, die dann nach dem 14. Juli und der allgemeinen Erklärung der Menschen- und Bürgerrechte, die Befugnisse der Krone scheibchenweise beschnitt, bis dem König zuletzt die gesamte Macht aus den Händen genommen worden war. Er machte keinerlei Anstalten, sich dagegen zu wehren und ließ das Militär, das er hatte anrücken lassen, in der Kaserne. Die Zeit hatte Ludwig XVI. überlebt. Im Oktober wurde Ludwigs Titel eines »Königs von Frankreich und Navarra« in den eines »Königs der Franzosen« umgewandelt. Von da an gründete sich seine Stellung als erblicher und unverletzlicher Souverän auf die französische Verfassung und nicht mehr auf göttliches Recht ...[14]

Die Vorwürfe aus den Reihen des Adels und der Kirche richteten sich vor allem gegen die Vertreter des Adels in der Nationalversammlung. Diese traten nun aber unter dem Eindruck dessen, was sie angerichtet hatten und auf Druck der »Ultras« im eigenen Lager, umgehend den verbalen Rückzug an: man müsse erst einmal die Wähler konsultieren. Pfarrer widersetzten sich nun der Ablösbarkeit des Zehnten, die Adligen der Ablösbarkeit der Herrenabgaben und der Aufhebung der grundherrschaftlichen Gerichtsbarkeit.

Doch die Mehrheit in der Nationalversammlung wollte hinter die Beschlüsse des 4. August nicht zurückgehen. Im Gegenteil: Manche Erklärungen wurden in den Diskussionen noch schärfer gefaßt, und manche Privilegien, die man durchaus hatte bestehen lassen wollen, wurden nun ersatzlos gestrichen. Etwa die Bannrechte bei Mühlen, Backöfen oder das Wäge- und Maßrecht.

George Lefebvre: »Wenn sich der Adel noch Illusionen hingegeben hatte, belehrte ihn schon der erste Satz des endgültigen Dekrets ... eines anderen: ›L'Assemblée nationale détruit entièrement le régime féodal – Die Nationalversammlung hebt das Feudalregiment vollständig auf.‹ Eine Feststellung, die durch manche Ungereimtheiten eingeschränkt wurde, etwa wenn die Feudalabgaben zwar gestrichen wurden, die Bauern aber in einem Aufruf unmißverständlich aufgefordert wurden, diese Abgaben erst einmal weiter zu entrichten, was bei ihnen auf zorniges Unverständnis stieß.

Hitzig wurde die Debatte, als es um die Abschaffung des Kirchenzehnten ging. Sie entwickelte sich geradezu bedrohlich für die Geistlichkeit und endete mit einer entscheidenden Neuerung gegenüber den Beschlüssen vom 4. August: Die Kirchengüter gehörten der Nation, lautete nun die allgemeine Überzeugung. Denn als Finanzminister Necker in der Sitzung vom 8. August eine Anleihe zur Behebung der Finanzmisere vorschlug, schlug der Marquis de Lacoste »ohne Wenn und Aber« die Abschaffung des Zehnten vor und darüber hinaus auch, daß die Kirchengüter als Sicherheit für die Anleihezeichner verwendet würden. Die Mehrheit stimmte zu. Damit war auch die Abschaffung des gesamten Kirchenguts nur noch eine Frage der Zeit – sie erfolgte am 2. November 1789.

Der redlichste Mann Frankreichs

Henri-Baptiste Grégoire gehörte mit zu den umstrittensten Persönlichkeiten der revolutionären Jahre zwischen 1789 und 1830.

Er war Lothringer von Geburt. In der Nähe von Lunéville, in Veho, im heutigen Département Meurthe-et-Moselle, wurde er als Sohn eines Schneiders 1750 geboren. Nach einigen Grundschuljahren kam er 1758 in die Obhut des Pfarrers von Emberménil, Abbé Cherrier. Weil er Priester werden wollte, verschaffte ihm Abbé Sanguiné, Theologieprofessor in Nancy, Zugang zum dortigen Jesuitenkolleg. Nach der Aufhebung des Jesuitenordens in Lothringen konnte sich Henri Grégoire 1768 an der Universität von Nancy einschreiben. Nach seinem Examen erhielt er eine Anstellung als Lehrer am Kolleg von Pont-à-Mousson. Doch wenige Zeit später fand er Aufnahme im Priesterseminar zu Metz und wurde Schüler von Adrien Lamourette, dem späteren konstitutionellen Bischof von Lyon und theologischen Berater von Mirabeau. Aus seiner Feder stammte Mirabeaus Rede über die »Grundzüge der Zivilkonstitution des Klerus«. Unter dem »*Terreur*« wurde Lamourette Anfang 1794 vom Revolutionstribunal in Paris der Konterrevolution bezichtigt und am 11. Januar hingerichtet. Nach seiner Weihe am 6. Januar 1776 und sechs Jahren Vikarszeit in Marimont-la-Masse, wurde Grégoire 1782 nach dem Tod von Abbé

Cherrier Pfarrer von Emberménil. Hier machte er sich zum Vorkämpfer einer politischen, gesellschaftlichen und religiösen Juden-Emanzipation, allerdings unter der Voraussetzung, daß die Juden zur Konversion bereit sind: »Religiöse Freiheit ist der erste Schritt hin zu einer Verbesserung ihrer Lage, die aber nur darin bestehen kann, daß sie sich zum Christentum bekehren lassen« (Jacques Le Goff).

Seine Vorstellungen legte der »Abbé Grégoire« in einem »Essay« über die »physische, moralische und politische Wiedergeburt der Juden« vor, das 1789 in Metz im Druck erschien. Grégoire hatte sich an einem philosophisch-literarischen Wettbewerb der dortigen Akademie zu den Möglichkeiten einer Juden-Emanzipation beteiligt. Den Preis der Akademie durfte sich Grégoire mit drei anderen Laureaten teilen. Dennoch, so vermerkte er später, waren die Literaten »sehr berührt zu sehen, daß ein katholischer Geistlicher sich zum Verteidiger eines verfolgten Volkes machte; den größten Erfolg hatte mein Buch in England« (Plongeron). Weniger Beifall bekam Grégoire von seinen Pfarrerskollegen in Lothringen, die ihn des Non-Konformismus bezichtigten, weil er – wie ein gelehriger Schüler des Febronius – als eine seiner ersten »Taten« alle Statuen und Bilder aus seiner Kirche verbannte und beim Predigen auf das Birett-Tragen verzichtete.

Christlicher Aufklärer

Am 5. Mai 1789 nahm Henri Grégoire an der feierlichen Eröffnung der Sitzung der Generalstände durch Ludwig XVI. in Versailles im großen Saal des *Hôtel des Menus-Plaisirs* an der Avenue de Paris teil. Er war Deputierter des Kreises Nancy, zusammen mit Bischof de la Fare von Nancy, mit dem sich Grégoire absolut nicht verstand. Umgehend machte der junge Abbé in den Beratungen seines Standes auf sich aufmerksam, wenn zunächst auch nur in seiner äußeren Erscheinung, wie in den Memoiren des Grafen Antoine de Thibaudeau, selbst Mitglied der »*Convention*« und im »Rat der 500« unter dem »*Directoire*«, nachzulesen ist: »Wenngleich von Kopf bis Fuß und bis in den letzten Winkel seines Herzens Priester, war er doch einer jener Abgeordneten, für den ich den größten Respekt und die höchste Sympathie hatte. Er war eine überaus ehrliche Haut, war aufrichtig und mutig und der revolutionären und patriotischen Sache ganz ergeben. Von angenehmer Gestalt und Wesen besaß er ein offenes, vertrauenerweckendes Lachen. Sein leichter Silberblick war fein und durchgeistigt ... Ohne sich bewußt als Republikaner zu erkennen zu geben, dachte und handelte er wie ein Republikaner, und er stand auch im Ruf, einer zu sein. Nicht gerade ein begabter Redner, so war seine Redeweise doch kühn, warmherzig und flüssig. Er war der ganze Stolz des niederen Klerus; vor allem seit seinem Aufsehen erregenden Schreiben ›An die Abgeordneten-Pfarrer in den Generalständen‹ (vom Juni 1789), in dem er sie eingeladen hatte, sich mit den Abgeordneten des Dritten Standes zusammenzuschließen.«[15]

Als in Paris das Staatsgefängnis, die *Bastille*, belagert und erobert wurde, leitete Abbé Grégoire für 72 Stunden die Sitzungen der Nationalversammlung. Angesichts der sich überstürzenden Ereignisse in Paris und der verängstigten Zuschauer auf den Tribunen des Sitzungssaals beschwor er die Abgeordneten, Courage zu zeigen und die *Liberté naissante*, die aufscheinende Freiheit, unbedingt zu retten.

Dieser Sache widmete er sich in den darauffolgenden Monaten mit einer beeindruckenden Hingabe. Eine Denkschrift nach der anderen aus seiner Feder landete auf den Tischen der Abgeordneten. Nachhaltig und mit Erfolg vertrat er die politischen Rechte der Juden im August 1789. Er dachte auch an die Zukunft der nicht-weißen Bevölkerung in den französischen Besitzungen in Amerika und der Karibik, von denen er vorausschauend annahm, daß sie »eines Tages den Ozean überqueren würden, um als Abgeordnete in Paris« mitzudiskutieren. Man könne letztlich, so seine Schlußfolgerung, die Sklaverei nicht mehr aufrechterhalten, wolle man nicht hinter die Erklärung der Menschen- und Bürgerrechte zurückfallen.

Er plädierte – gegen den heftigsten Widerstand gerade aus den Reihen der Volksvertreter, die in Übersee Besitzungen hatten, die von Sklaven bewirtschaftet wurden – für die ersatzlose Abschaffung der Sklaverei. Zudem fordert er im Mai 1791 ein Petitionsrecht für alle Bürger.

Ein – modern gesehen – linker Priester südamerikanischen Zuschnitts der späten sechziger Jahre des 20. Jahrhunderts? Kaum. Der Abbé Grégoire ist das reine Produkt einer kirchlichen Aufklärung, die sich jeglichen Formen eines politischen Extremismus verweigerte und nur einen Gegner kannte: den vielgesichtigen Despotismus – ob er nun sich in der Kirche zeigte oder in Politik und Gesellschaft auftrat.

Daher verweigerte sich Grégoire während der Diskussionen über die Menschenrechte, nur von Rechten zu sprechen. Es gebe auch Pflichten, und auch diese müßten, um das Bild der Menschen- und Bürgerrechte in sich logisch ruhend abzurunden, mit aufgenommen werden. Die Nationalversammlung wies Grégoires Vorschlag mit einer Mehrheit von 570 gegen 433 Stimmen zurück. Was den Abbé aus Nancy keineswegs entmutigte. Als die Frage auftauchte, ob man – mehr als 200 Jahre vor den Diskussionen über einen Gottesbezug in der Präambel der Verfassung der Europäischen Union – in die *Déclaration* auch Gott mit einbeziehen sollte, als letzte Rückbindung der Menschenrechte, ließ er am 12. August seine Kollegen in der Versammlung wissen, daß »wenn der Mensch Rechte hat, dann muß man auch von dem sprechen, der sie ihm gibt und der ihm auch die Pflichten beifügt«.

Abgeschmettert! Die Nationalversammlung fand sich nur zu der Formulierung bereit, daß sie »in Gegenwart und unter dem Schutz des höchsten Wesens (*être suprême*) die nachstehenden Rechte des Menschen und des Bürgers« anerkannte und erklärte. Was Abbé Grégoire um so bedauerlicher fand, als er sich bei seinem Vorschlag doch nur auf die überkommenen theologischen Vorstellungen berufen hatte.

Aber die Nationalversammlung hatte erst einmal die Vergangenheit aufzuarbeiten und wollte und konnte daher wohl noch nicht in die Zukunft schauen.

Zunächst mußte das Alte zerschlagen und das Fundament für die neue Gesellschaft, für den neuen Staat gelegt werden. Erst dann konnte man darüber nachdenken, wie die Zukunft der Nation im einzelnen ausgestaltet werden sollte.

Diese seine traditionelle Denkweise behielt Grégoire auch bei, als es darum ging, über die inhaltliche Ausgestaltung der »Zivilkonstitution des Klerus« zu beraten. Der Großteil des Klerus – ausgenommen Talleyrand, dem Bischof von Autun, und Gobel, dem Bischof des auf französischem Gebiet liegenden Teils des Bistums Basel und der nachmalige konstitutionelle Erzbischof von Paris – widersetzte sich den Vorschlägen der »Kirchenkommission« der Nationalversammlung, die eine Reform der französischen Kirche in allen Bereichen ausgearbeitet hatte, ein Dokument, das zur Verabschiedung nun dem Parlament zugeleitet worden war. Was die Bischöfe vor allem erboste, war, daß das Dokument die Wahl eines Bischofs ausschließlich durch ein Wahlmännergremium aus Laien und Klerikern des jeweiligen Bistums vorsah. Eine Ernennung durch den König, wie in Frankreich seit Jahrhunderten üblich und mit anschließender Bestätigung durch den Papst, sollte es fortan nicht mehr geben. Der Widerstand scheiterte: Auch der Klerus habe sich dem Willen der Revolution unterzuordnen, wurde den Bischöfen beschieden. Schließlich gebe es nur noch einen einzigen Stand: die Nation.[16]

Christ, Revolutionär und Demokrat

Grégoire suchte dennoch den Ausgleich und ließ im Artikel vier der Konstitution den Zusatz aufnehmen, daß die Wahl der Bischöfe »unbeschadet der Rechte und der Gemeinschaft des Papstes« geschehen könne. An dieser Position gegenüber Rom haben die konstitutionellen Bischöfe, zu denen seit dem 15. Februar 1791 als Bischof von Blois (Loir-et-Cher) auch der Abbé Grégoire gehören sollte, stets streng festgehalten.

Am 27. Dezember 1790 leistete der Abbé Grégoire als erster Kleriker den *serment civique*, den Eid auf die eine und unteilbare Republik. Er befand, daß die Zustimmung des Klerus zur Zivilkonstitution eine patriotische Pflicht sei, geeignet, »dem Königreich den Frieden zu bringen und die Verbindung zwischen den Hirten und der Herde zu festigen«. Gleichzeitig stellte er sich schützend und verteidigend vor jene, die aus Gewissensgründen den Eid auf die Nation ablehnten. Als die Wühlarbeit der romtreuen Kleriker und Bischöfe, auch aus dem Ausland, gegen die junge Republik zunahmen, kam der Abbé in die

Situation, seine eigene Position und seine Idealvorstellungen des Seelsorgers der Zukunft schärfer formulieren zu müssen: die vom Heranwachsen des Bürgers in der Soutane.

Die Zivilverfassung sollte nicht die Lehre der Kirche ändern, sondern war darauf angelegt, die Organisation der gallikanischen Kirche den neuen administrativen Bedingungen anzupassen. Das schloß auch die Neuordnung der Bistümer ein, die von 135 auf 83, auf die Zahl der neu geschaffenen Verwaltungsbezirke (*Départements*), reduziert wurden. Davon wurden zehn Sitz eines Metropoliten. Neu war auch die Besetzung aller Kirchenämter durch Wahl. Die Kleriker wurden zu vom Staat besoldeten Beamten, die die Pflicht hatten, in ihren Bistümern und Pfarreien zu residieren.

Die Verabschiedung der Zivilkonstitution zog drei Monate später, am 10. März 1791 ihre Verurteilung durch Papst Pius VI. nach sich.

Die politische wie revolutionäre Integrität des inzwischen 40jährigen Abbés festigte seine Stellung in Paris: Am 18. Januar 1791 wählte die *Assemblée constituante* den zum Jakobinerclub zählenden Abbé zu ihrem Präsidenten. Diese Stellung nutzte er geschickt, um seine politische Arbeit im Sinne eines aufgeklärten, revolutionären Geistes weiterzuführen.

Eines seiner bevorzugten Projekte war die Verpflichtung für das gesamte Königreich, die französische Sprache zu erlernen und als Amtssprache zu übernehmen. Bereits in seinen Überlegungen zur Juden-Emanzipation hatte der Abbé die Juden verpflichten wollen, die französische Sprache in allen Bereichen, sogar als Kultsprache zu gebrauchen. In Lothringen hatte er erfahren müssen, daß von den Pfarrern zumeist im Dialekt gepredigt wurde, um sich überhaupt verständlich machen zu können: »Die Regierungen übersehen oder begreifen nicht, wie wichtig die Abschaffung der Dialekte für die Ausbreitung der Aufklärung ist, wichtig auch für die Kenntnis einer entschlackten Religion, für die schnelle Umsetzung von Gesetzen, für das nationale Glück und die öffentliche Ruhe.«[17]

Um die »Französisierung« des öffentlichen Lebens voranzutreiben, machte er mit Hilfe eines Fragebogens eine Erhebung zu diesem Thema unter seinen politischen Freunden und anderen »Persönlichkeiten« der jungen Republik. Dieses für die damalige Zeit absolut neue und ungewöhnliche Verfahren hatte ein erstaunlich positives Echo. In Zusammenfassung der Antworten formulierte Grégoire am 5. Juni 1794 seinen Bericht »Über die Notwendigkeit, die Dialekte zugunsten des allgemeinen Gebrauchs der französischen Sprache zurückzudrängen«.

Sehr gut! War die allgemeine Überzeugung. Aber warum haben Sie, so die Frage aus den Reihen des »Komitees zur öffentlichen Unterweisung«, die lateinische Sprache als Kultsprache der Katholischen Kirche außen vorgelassen? Grégoire korrigierte dieses Versäumnis, indem auf dem Nationalkonzil von 1797 verschiedene Beschlüsse gefaßt wurden, vor allem *ad experimentum* ein Sakramentale in französischer Sprache zu erarbeiten – lange vor den Beschlüssen des Zweiten Vatikanums.

Abschaffung des Königtums

Getreu seiner Intervention bei der Abfassung der Zivilkonstitution informierte er, nach seiner Wahl und Weihe zum Bischof, Papst Pius VI. darüber in einem Schreiben, datiert vom 14. Februar. Darin schreibt er u. a.: »Heiligster Vater, ich habe die kanonische Beauftragung erhalten und bin *rite* geweiht worden. Ich bekenne mit Geist und Herz die katholische, apostolische und römische Religion. Ich erkläre weiter, daß ich, so wahr mir Gott helfe, im Glauben und in der *Kommunion* mit Euch verbunden bin und bleibe: mit Euch, der Ihr in Eurer Eigenschaft als Nachfolger des Hl. Petrus den Ehrenprimat und die Jurisdiktion in der Kirche Jesu Christi besitzt. Ich ersuche Eure Heiligkeit um Euren Segen ...«. Übrigens hat Rom niemals die Gültigkeit der Weihen der konstitutionellen Bischöfe in Zweifel gezogen.[18]

Obwohl er sich um das Bischofsamt nicht gerissen hatte – drei Departements hatten ihm das Amt von sich aus angeboten –, war er mit Hingabe Bischof. Doch war sein Wirken nur von kurzer Dauer. Zum einen mußte er mit Erschrecken feststellen, wie sein Vorgänger im Amt, Alexandre de Lauzières de Thémines, der nach Chambéry geflüchtet war, das Bistum buchstäblich auf den Hund hatte kommen lassen: Dreizehn Jahre lang war im Bistum Blois nicht mehr gefirmt worden. Grégoire bereiste kreuz und quer sein neues Bistum, er predigte, diskutierte, hörte sich die Klagen der Pfarrer an und wurde nicht müde, den Klerus in seiner Hingabe an Kirche und Vaterland zu bestärken. Ohne großen Erfolg, denn seine Bischofsvikare nutzten jede Gelegenheit, ihm Knüppel zwischen die Beine zu werfen. Denn sie wollten, ihrer alten Pfründe beraubt, alles andere, nur keine Seelsorge treiben. Eine De-Christianisierungswelle drohte das Land zu überrollen. Die Orden waren bereits, bis auf einige wenige, aufgelöst, und die Emissäre der Pariser Regierung stachelten die Priester zur Ehe an, was nicht ungehört blieb, denn – so die allgemeine Überzeugung jener Tage –: »Es ist besser auf der Seite der Mörder zu stehen als auf der der Getöteten.«

Von diesem Trauma sollte sich Grégoire nie wieder ganz erholen. Aber es bestärkte ihn in seiner Haltung gegenüber den Anfeindungen und Verdächtigungen, denen er sich – obwohl er ein ebenso überzeugter Jakobiner war wie Robespierre und über jeden Zweifel erhaben, kein aufrechter Patriot zu sein – nun ständig ausgesetzt sah.

Konnte er sich für die *Assemblée legislative* am 1. Oktober 1791 nicht aufstellen lassen, so wurde er aber in die nachfolgende *Convention* (Nationalkonvent) vom Département Loir-et-Cher als Abgeordneter entsandt. Gleich in der ersten Sitzung am 21. September 1792 beschloß die Versammlung auf Antrag des Bischofs von Blois, der nicht mehr als Abbé, sondern als Bischof *en calotte et bas violets* erkennbar auftrat, die Abschaffung des Königtums in Frankreich.

Am 12. März desselben Jahres hatte Grégoire schon in der Kathedrale von Blois erklärt: »Jeder, der nicht hinter der Republik steht, ist ein schlechter Bürger und in Konsequenz auch ein schlechter Christ!«[19]

Aber schon warteten neue Auseinandersetzungen auf Grégoire: Zum einen der Kampf zwischen Girondisten und Jakobinern um den Zugriff auf die Volksvertretung und damit auf die Leitung und Ausrichtung des Staates, zum anderen der Prozeß gegen Ludwig XVI.

Als dieser im Konvent verhandelt wurde, befand sich *le citoyen Grégoire*, der Bürger Grégoire, in Savoyen, zusammen mit zwei anderen Beauftragten; Ziel dieser Mission: die Organisation der beiden neuen

Departements *Savoie* und *Nice* zu beaufsichtigen. Dennoch beteiligten sich die drei Abgeordneten an der Abstimmung im Konvent, und sie ließen ihre Kollegen in Paris wissen, daß sie »die Verurteilung Louis Capets durch den Nationalkonvent ohne Appell an das Volk« befürworteten. Für den Tod des Königs haben sie sich nicht ausgesprochen, was Grégoire in einem persönlichen Schreiben an den Konvent so begründete: Wenn er auch dem Konvent das Recht zubillige, Ludwig XVI. abzuurteilen, so verbiete ihm, Grégoire, aber seine Religion, Blut zu vergießen. Damit setzte sich der Jakobiner Grégoire in Widerspruch zum Chef des Jakobiner-Klubs Maximilien de Robespierre. Und nicht wenige befürchteten, daß man den Bischof von Blois, wie schon so viele andere prominente Abgeordnete vor ihm, unter die Guillotine schicken werde. Und wirklich war er einige Male in Gefahr, als die Zeitung *Sans-Culotte observateur* am 11. November 1793 sogar einen Haftbefehl gegen Grégoire veröffentlichte, von dem man nicht wußte, wer ihn lanciert hatte.[20]

Der haßerfüllte Tugendwächter

Sicher kam er aus dem *comité de salut public*, dem Wohlfahrtsausschuß. Dieser auch vom Alter seiner Mitglieder jungen Einrichtung, war es gelungen, das Ausstellen von Haftbefehlen an sich zu reißen. Das Comité hatte damit ein Züchtigungsinstrument in der Hand, mit dem der totale Schrecken steuerbar war. Es war das eigentliche Kontrollorgan der revolutionären Republik geworden, jene »Revolutionsregierung«, die fast unbeschränkte Vollmachten besaß und vor der sogar der Konvent zitterte. Und Maximilien de Robespierre war seit dem 27. Juni Mitglied dieses »furchtbaren Zirkels«. Selten, so schreibt François Furet, habe es in der Geschichte einen Mann geben, der derart von Haß zerfressen gewesen sei wie Robespierre. Dieser Haß habe diesen »Mann der Schreibstube und des Studierzimmers« in einen »Demagogen« verwandelt, seinen ausgleichenden Charakter in einen »Blutsauger«, den wendigen Parlamentarier in einen »Diktator«, den überzeugten Deisten in einen »Totengräber der Religion«. Doch Robespierres Anfänge waren andere: Gemeinsam mit Grégoire, der ihm ideenmäßig durchaus sehr nahe stand, und anderen überzeugten Aufklärern, votierte er gegen das Kriegsrecht, sprach er sich für das passive Wahlrecht aller Bürger aus, forderte er die Abschaffung der Sklaverei, das uneingeschränkte Petitionsrecht der Bürger an das Parlament: »Er war einer der wenigen, der von Anfang an erkannte, daß der Erfolg der Revolution nur durch das Zusammengehen von Volk und Bourgeoisie gesichert werden könne« (François Furet).

Die Schwierigkeiten bei der Machtausübung lassen ihn, den doch so nüchternen Advokaten und Mann des Gesetzes, jedoch mehr und mehr in utopische Träume abgleiten: hin zu einer Welt, zu einem unverletzbaren Arkadien, das dem blutigen Sumpf des Revolutionsalltags entrückt ist, und in dem er seine Vorstellungen von Gleichheit und Brüderlichkeit, von grenzenloser Freiheit verwirklicht findet.[21]

Für Robespierre, der doch einer ihrer Geburtshelfer gewesen ist, trägt die bürgerliche Revolution in sich selbst das absolut Böse: den Luxus, das schöne, genußreiche Leben, aber auch Atheismus und Interessen-Egoismus, den er über alles verabscheute. »Alle Welt fragt nach der Republik, niemand aber nach Einfachheit und Tugend«, faßte Saint-Just die Gedanken seines Freundes und Vorbilds zusammen, aber auch die Erkenntnis: »Tugend war auf der Welt immer in deiner Minderheitsposition.« Menschen wie Talleyrand war derartiges Denken, obwohl auch er christlich gebildet war, fremd. Nicht aber dem aufgeklärten Abbé aus Lothringen. Nur war dieser, im Unterschied zu Robespierre, kein Utopist, kein Träumer ohne die Rückbindung an die Lebenswirklichkeit, die dem ehemaligen Pfarrer von Emberménil nur allzu gut bekannt war. Auch Grégoire hat man bezichtigt, er sei »heftig, unbeherrscht, verletzend, aufbrausend, von einem Charakter, der so gar nicht in Einklang steht mit seiner Soutane« (Jules Michelet).

Anders als Robespierre war der Jakobinerbruder Grégoire ein ganz im christlichen Glauben ruhender Kopf, der diesen daher nicht einzog, als die Welle der gewollten und gesteuerten De-Christianisierung über Frankreich hinwegrollte und auch vor den hohen Prälaten der Kirche, auch vor denen der »konstitutionellen« nicht Halt machte. Jean-Baptiste Gobel, der Erzbischof von Paris, dankte umgehend ab, um Platz zu machen für das »Höchste Wesen«, das die Nation nun verehren sollte. Gegen diese unwürdigen und dem Gleichheitsgrundsatz der Revolution widersprechenden Machenschaften trat Grégoire am 7. November 1793 im Konvent an das Rednerpult: »Man fordert mich auf, Opfer zu bringen. – Ich bin daran gewöhnt! Geht es um die Einkünfte, die ich in meiner Eigenschaft als Bischof beziehe? – Ich verzichte gerne darauf! Oder geht es etwa darum, daß ich meiner Religion abschwöre? Der Glaube (meine Herren) ist nicht Ihre Domäne. Ich bin Katholik – aus Überzeugung und von ganzem Herzen; das Priesteramt habe ich mir freiwillig ausgesucht, in das Bischofsamt hat mich der Wille des Volkes gebracht. Aber dennoch habe ich meine Beauftragung weder von Ihnen (meine Herren) noch vom Volk bekommen. Ich handle nach heiligen Grundsätzen, die mir teuer sind und die Sie mir nicht nehmen können. Ich habe mir vorgenommen, in meinem Bistum (nur) Gutes zu tun; daher bleibe ich bleibe Bischof, um dies fortsetzen zu können ...« (Bernard Plongeron).

Der Abbé zog sich aus dem Schußfeld, indem er sich aktiv in die Arbeit der Unterrichtskommission des Nationalkonvents einklinkte. Hier wurde auch der Plan geboren und umgesetzt, das berühmte heute immer noch bestehende *Conservatoire des Arts et Métiers* ins Leben zu rufen; dies geschah am 29. September 1794.

Im Konvent war Grégoire, wie Michelet berichtet, ziemlich isoliert: »Während der Zeit des Terrors nahm er regelmäßig an den Sitzungen des Nationalkonvents teil: allein auf seinem Platz in seiner violetten Bischofs-Robe; niemand wagte es, sich zu ihm zu setzen; damit hat er der Nachwelt die Erinnerung an eine Persönlichkeit hinterlassen, wie sie die Revolution möglicherweise so (sonst) nicht gekannt hat.«

Als sich Grégoire Jahre später unter der Restauration im Departement *Isère* auf die Liste der zu wählenden Abgeordneten setzen ließ, versuchten seine Gegner dies zu hintertreiben, indem sie behaupteten, Grégoire habe für den Tod des Königs gestimmt. Selbst der junge Victor Hugo hat an dieser sorgfältig orchestrierten Legende mitgestrickt, eine Legende, die den Abbé Grégoire noch aufs Totenbett schmerzlich verfolgen sollte.

In der Zwischenzeit jedoch ist der Abbé Grégoire ganz der alte Kämpfer für Freiheit, Gleichheit und das Wohl der Nation. Seine Attacken gegen den »revolutionären Vandalismus« der Republik machte sogar des berüchtigte Revolutionstribunals des Antoine Fouquier-Tinville auf ihn aufmerksam. Grégoire wetterte im Frühherbst des Jahres 1794 in drei aufeinanderfolgenden Denkschriften an den Nationalkonvent als Mitglied des staatlichen Informationskomitees nämlich nicht nur gegen die Zerstörungen von Monumenten und Bibliotheken, von Archiven und Forschungseinrichtungen. Er wandte sich – wohl auch mit Blick auf die chaotischen Wochen im Herbst 1793 mit Massenliquidierungen und der Hinrichtung der Königin Marie-Antoinette, denen die Beschlüsse des Nationalkonvents vorgearbeitet hatten – entschieden vor allem gegen Verfolgungen und Hinrichtungen von Wissenschaftlern, von Forschern, Künstlern und Schriftstellern sowie von Poeten, die bisweilen völlig wahllos aufgegriffen wurden und unter den fadenscheinigsten Begründungen aufs Schafott geführt wurden. Gleichzeitig verwahrte er sich dagegen, daß man diese Vorfälle nun dem Informationskomitees in die Schuhe schieben wollte:

»Alle Denkmäler zu zerstören, die den französischen Genius ehren und all jene Männer, die fähig sind, unseren Horizont zu erweitern: Diese Verbrechen loszutreten und uns dann den Prozeß zu machen mit dem Vorwurf, die eigentlichen Unmenschen seien die Mitglieder des Komitees; und dies auch noch das Ausland wissen zu lassen, daß wir an Barbarei sogar noch die Muslime übertreffen, die doch mit Verachtung über die großartigen Ruinen der Antike wandeln – das riecht ja wohl stark nach Konterrevolution ...«[22]

Um die Vorgänge zu stoppen, forderte Grégoire ein Umdenken in der Kulturpolitik: Man brauche ein neues Konzept zur Wahrung des nationalen Kulturguts (*Le Patrimoine culturel*) Natürlich bedürfe es »aufgeklärter« Konservatoren. Aber mehr noch müsse man sich darum kümmern, daß sich die Jugend der nationalen Größe ihrer Kultur bewußt werde und diese gegen so dominante Nationen wie Deutschland und England zu verteidigen wisse. Zudem beklagte er, daß sich die jungen Franzosen so wenig für fremde Sprachen interessierten. Auch hier müsse künftig mehr getan werden.

Der Bischof von Blois hatte die Zeit des großen Terrors zwar nur mit knapper Not überlebt – er mußte ja ständig damit rechnen – und gerade in den Tagen um den 27. Juli 1794, dem 9. Thermidor –, als bekennender Jakobiner mit den anderen Vordenkern im berüchtigten *comité de salut public* verhaftet zu werden.

Aber der Sturz und die Hinrichtung des Blutrichters Robespierre und seiner engsten Gefolgsleute hatten den aufrechten Abbé wie durch ein Wunder nicht in die nachfolgenden politischen Strudel hineingezogen. Im Gegenteil. Als aus den Trümmern des Terrorregimes die neue Republik des Direktoriums emporstieg, fand sich Grégoire 1795 bis 1798 als Mitglied in der neuen Nationalversammlung, im »Rat der 500«, dem *conseil des Cinq-Cents,* wieder. Dieser bestand zu Zweidritteln aus den ehemaligen »Konventualen«, das letzte Drittel stellten die Royalisten, die sich wieder bemerkbar machten und auf Kosten der Revolution eine Restauration der Zustände von vor 1789 anstrebten. Ihre Chancen standen nicht einmal schlecht. Denn das »Alte Regime« stand für Ordnung und Sicherheit. Das Regime der fünf Direktoren wirtschaftete nach und nach das Land gründlich herunter und verspielte jeden Kredit, den die »Thermidoristen« aus dem Sieg über den Terror von 1794 errungen hatten.

Vom Montparnasse ins Panthéon

In dieser sich auflösenden Welt verfolgte der Abbé Grégoire unbeirrbar seinen Weg der Aufklärung, der Unterweisung, der Verständigung. Auf Grund seiner Verdienste um die Republik hatte man ihn zum Mitglied des *Institut* berufen, und zwar in die Sektion *sciences morales et politiques*, den Rückzugsort für Atheisten und Ideologen, wie Napoleon Bonaparte zu lästern pflegte. Unter dem Direktorium, das 1798 die Trennung von Staat und Kirche vollzog, besann sich der Abbé Grégoire vor allem wieder auf sein Amt als Bischof von Blois. Gestützt auf seine Weihe, schickte er sich an, sein letztes bedeutendes kirchlich-politisches Werk in Angriff zu nehmen: die Reorganisation und Wiederbelebung der konstitutionellen Kirche in Frankreich.

Als sich im Frühjahr 1795 auf Grund eines Parlamentsbeschlusses, bei gleichzeitiger Dekretierung der Trennung von Staat und Kirche, die seit einem Jahr geschlossenen Kirchen wieder öffneten, bildete sich in Paris ein kleiner Kreis von Bischöfen mit dem Ziel, eine umfassenden Missionierungskampagne zur Wiederbelebung von Glauben und Kult im Land vorzubereiten. Als erste Maßnahme beschloß man, eine periodische erscheinende Zeitschrift herauszugeben, die *Annales de la Religion*, mit deren Hilfe sich die Bischöfe Gehör zu schaffen versuchten. Redakteure dieses Blattes wurden die Bischöfe Grégoire und Desbois de Rochefort. Am 15. März erschien der erste Hirtenbrief, der ein Nationalkonzil in Aussicht stellte. Man befaßte sich eingehend mit dem Aufbau neuer Leitungsstrukturen, zu denen beispielsweise nun auch gehören sollte, daß im Fall einer Sedisvakanz die gesamte Priesterschaft eines Bistums die gemeinsame Leitung ausüben solle.

Von August bis November 1797 tagte mit 101 Teilnehmern – 31 Bischöfe, 70 abgeordnete Priester und sechs theologische Sachverständige – das Nationalkonzil, das in weiten Teilen den politischen, administrativen und strukturellen Wirklichkeiten Rechnung trug. Man konnte und wollte zu den Verhältnissen vor 1789 nicht zurück. Also dominierte die »konstitutionelle« Sichtweise von Kirche. Dazu gehörte etwa auch, daß einer Bischofsweihe zunächst die Wahl eines Kandidaten durch Laienpriester und sonstige, auch weltliche, Dignitäre, aber alle Katholiken(!), vorauszugehen hatte. Rom sollte, wie schon unter dem Ancien Régime, dann nur noch seine Zustimmung geben dürfen. Auch ein anderes, neues Element wurde nun eingeführt: der »Erzpriester«, das »Auge des Bischofs«.

Die wichtigste Neuerung waren die Synoden, die regelmäßig in den Bistümern, die seit 1790 auf 83 festgelegt waren, entsprechend der Anzahl der Departements, stattzufinden hatten und die in ihrer Idee bereits die Beschlüsse des Zweiten Vatikanischen Konzils von 1962 vorwegnahmen. Auch der Zölibat der Priester wurde wieder vorsichtig, weil gegen entsprechende Bestimmungen der Konstitution des Jahres 1795 verstoßend, zum Maßstab priesterlichen Lebens.[23]

In alle Debatten und Überlegungen ist die Handschrift Abbé Grégoires zu erkennen, der allerdings tief enttäuscht wurde, als Papst Pius VII.) mit dem Frankreich Napoleons 1801 das Konkordat abschloß, daß die Anstrengungen der vorausgehenden Jahre mit einem Federstrich beseitigte und auch der gallikanischen Kirche alter Prägung den Todesstoß versetzte. Vergeblich widersetzte sich Grégoire einem Zustandekommen des Konkordats. Denn nun stand die Kirche – mehr noch als unter Ludwig XVI. – völlig unter der Knute des Staates. Doch diesen Preis zu zahlen, war der Papst bereit. Denn es war ihm endlich gelungen, wieder in Frankreich Fuß zu fassen und den Aufbau der Kirche ganz im Sinne römisch-kurialer Vorstellungen von Grund auf und völlig neu anzugehen. Das hieß aber auch, daß sowohl die Kirche des alten Herrschaftssystems wie auch die der Republik zu verschwinden hatten. Alle Bischöfe wurden gezwungen, ihre Ämter aufzugeben; wer sich weigerte, hatte kaum Chancen, wieder einen Posten zu bekommen. Denn der französische Staat hatte es sich vorbehalten, die Bischöfe selbst zu ernennen – wie weiland die Könige. Der Papst hatte nur noch seine kanonische Zustimmung zu geben: ein Rückfall, der für den Abbé Grégoire nicht schlimmer sein konnte und der mit zu den dunklen Kapiteln der neuzeitlichen Kirchengeschichte zählt.

Die Teilnehmer an den Sitzungen des zweiten Nationalkonzils von 1802, das bereits vor dem Konkordatsabschluß geplant und auf den Weg gebracht worden war, mußten sich mit den neugeschaffenen Realitäten resignierend abfinden. Eine weitere nationale Synode erübrigte sich denn auch.

Wenngleich Grégoire seit 1800 dem *corps législatif* angehörte und 1802 Senator wurde, kam seine politische Karriere, nicht zuletzt auch wegen seiner Opposition gegen Napoleon, nicht mehr richtig auf die Füße. Kaltgestellt wurde er, als Grégoire sich mit vier anderen Senatoren für die Absetzung Napoleons stark machte. Auch hatte er sich öffentlich und vehement gegen die Annullierung der ersten Ehe Napoleons ausgesprochen.

Daher ist es erstaunlich, daß Grégoire nochmals in die Politik zurückkehrte: als Abgeordneter des Departements *Isère* saß er, siebzigjährig, 1819 unter der »Restauration« für die liberale Opposition in der Deputiertenkammer zu Paris. Doch die Rache der Bourbonen kannte keine Großmut: Man entzog ihm, weil unwürdig, *indigne*, per Ministererlaß sein Abgeordnetenmandat, entfernte ihn auf königliche Order hin aus dem *Institut*. Grégoire selbst gab 1822 seinen Titel eines Kommandeurs der Ehrenlegion zurück, den ihm Napoleon verliehen hatte, weil eine königliche Ordonnanz die Erneuerung aller Titel vorsah …

In einem Brief an den Herzog von Richelieu, den Premierminister Ludwig XVIII., schrieb Gegoire unter Verweis auf die permanenten politischen Angriffe, denen er sich seit 1814 ausgesetzt sah: »Ich bin wie der Granit; man kann mich zertrümmern, aber ich beuge mich nicht!«

Im Jahre 1831, am 28. Mai, starb der Abbé Grégoire in Auteuil bei Paris. Hier hatte er seit der Eröffnung der Generalstände am 5. Mai 1789, bei dem Ehepaar Dubois eine kleine Wohnung angemietet, sein *pied-à-terre* in der Hauptstadt. Und hier hatte Grégoire auch unter dem Kaiserreich, nachdem er als Bischof von Blois abdanken mußte, wieder Wohnung genommen, nachdem man ihm seine Pension gestrichen hatte. Um zu überleben, verkaufte er seine umfangreiche Bibliothek. Madame Dubois, seit 1812 Witwe, betreute den Bischof bis zu seinem Tode. Sie wurde auch seine Universalerbin.

Der Erzbischof von Paris, Hyacinthe de Quelen, war nur bereit, seinem Amtsbruder Grégoire die Sterbesakramente zu geben, wenn dieser seinen Eid auf die Zivilverfassung von 1790 förmlich und vor Zeugen zurückzöge. Grégoire weigerte sich … Gegen den Willen der kirchlichen Hierarchie spendete der Abbé Guillon dem Sterbenden dann doch die Sakramente.

Man begrub den ehemaligen Bischof von Blois in einem unauffälligen Grab auf dem Pariser Friedhof von Montparnasse. Der Marquis de Lafayette hatte 2000 alte Mitstreiter aus den Jahren der Revolution aufgeboten, die den Sarg begleiteten. Währenddessen gossen die royalistische und die sogenannte »Kirchenpresse« Kübel von Jauche über den Toten aus.

Zur Zweihundertjahrfeier der Französischen Revolution im Jahre 1989 ließ der damalige Staatspräsident François Mitterand am 12. Dezember unter Protest des Vatikans die sterblichen Überreste des Abbé Grégoire in die Gruft des Panthéon zu Paris überführen und ihn, den *héros de l'humanité* posthum den Großen Frankreichs zurechnen.

War es Absicht oder Zufall der Regie: Ganz in der Nähe der neuen Ruhestätte für den Abbé Grégoire befindet sich das Grab von Jean-Baptiste Caprara, Kardinallegat des Papstes in Frankreich. Er mußte 1801 im Auftrag Pius VII. das Konkordat mit Napoleon unterzeichnen, jenes Konkordat, das die Kirche Frankreichs zerstörte und für lange Zeit wieder in die absolute Abhängigkeit von der Krone bringen sollte. Napoleon dankte es Kardinal Caprara, indem er anordnete, ihn nach seinem Tod im Tempel der Großen Männer, im *Panthéon* beizusetzen.

Erläuterungen

Renaissance-Humanismus im 15. und 16. Jahrhundert Von Rüdiger Achenbach

Das Manifest der Renaissance Giovanni Pico della Mirandola (1463–1494) und das Rätsel der Sphinx

1 Archivio di Stato di Firenze, MAP 478–492
2 Molinari, F., Discorso proemiale alla cronaca della nobilissima famiglia Pico signora della Mirandola scritta da autore anonimo e pubblicata nel secondo volume delle memorie storiche mirandolesi con note e documenti illustrativi, 1875, S. 167 f.
3 Mirandola, G. P. de, Opera, Basilea, Vita, S. 1
4 Reinhardt, V., Die Medici, München 1998, S. 9
5 Garin, E., Astrologie in der Renaissance, Frankfurt a. M. 1997, S. 83
6 Lorenzo de' Medici, Opere, Mailand 1958, Bd. 1, S. 103
7 Monnerjahn, E., G. P. de Mirandola, Wiesbaden, 1960, S. 215
8 Mirandola, G. P. de, De hominis dignitate, Stuttgart 1997, S. 68 f.
9 Ebd., S. 41
10 Ebd., S. 8
11 Fabroni, A., Laurentii Medicis Magnifici Vita, Bd. 2, S. 291
12 Archivio di Stato di Firenze, MAP, flza 51, Nr. 535
13 Ridolfi, R., Vita di Girolamo Savonarola, Rom 1952, Bd. 1, S. 121
14 Garin, E., Ritratti di umanisti, Mailand 2001, S. 182
15 Mirandola, G. P. de, Opera, a. a. O., S. 245
16 Ebd., S. 232
17 Garin, E., Astrologie, a. a. O., S. 126
18 Mähly, J., Angelus Politianus, Leipzig 1864, S. 142
19 Ebd., S. 162

Der Pfaffenkrieg Ulrich von Hutten (1488–1523) und der deutsche Freiheitskampf

1 Kirchen- und Theologiegeschichte in Quellen, Neukirchen-Vluyn 1981, Bd. 3, S. 35 f.
2 Grimm, H., Ulrich von Hutten, Göttingen 1971, S. 9

3 Holborn, H., Ulrich von Hutten, Göttingen 1968, S. 85
4 Ebd., S. 61
5 Böcking, E. (Hg.), Hutteni Opera, Leipzig 1859, Bd. 1, S. 102 und 147
6 Ebd., S. 183
7 Erasmus von Rotterdam, Briefe-Auswahl, Leipzig 1995, S. 124
8 Ebd., S. 260
9 Garin, E., Der Mensch der Renaissance, Frankfurt a. M. 1990, S. 207
10 Erasmus von Rotterdam, Briefe-Auswahl, a. a. O., S. 175
11 Ebd., S. 189
12 Ebd., S. 275
13 Böcking, E., a. a. O., Bd. 4, S. 40
14 Ebd., Bd. 3, S. 20
15 Erasmus von Rotterdam, Briefe-Auswahl, a. a. O., S. 237
16 Ebd., S. 243
17 Ebd., S. 264
18 Ebd., S. 235
19 Erasmi Epistolae, Oxford 1958, Bd. 4, S. 445
20 Erasmus von Rotterdam, Briefe-Auswahl, a. a. O., S. 283
21 Ebd., S. 272
22 Gail, A. J., Erasmus, Reinbek bei Hamburg, 1974, S. 121
23 Erasmus von Rotterdam, Briefe-Auswahl, a. a. O., S. 267
24 Ebd., S. 266
25 Kupisch, K., Kirchengeschichte, Bd. 3, S. 43
26 Ulrich von Hutten, Lateinische Schriften, Darmstadt 1996, S. 68
27 Erasmus von Rotterdam, Briefe-Auswahl, a. a. O., S. 271 f.
28 Böcking, E., a. a. O., Bd. 1, S. 383
29 Ulrich von Hutten, Lateinische Schriften, a. a. O., S. 56
30 Ebd., S. 203
31 Gail, A. J., a. a. O., S. 78
32 Gestalten der Kirchengeschichte, Stuttgart 1981, Reformation I, S. 287
33 Gail, A. J., a. a. O., S. 68
34 Ebd., S. 73
35 Erasmus von Rotterdam, Briefe-Auswahl, a. a. O., S. 327
36 Grimm, H., a. a. O., S. 131
37 Böcking, E., a. a. O., Bd. 2, S. 252
38 Ebd.
39 Ebd.
40 Ulrich von Hutten, Lateinische Schriften, a. a. O., S. 203

Die Inszenierung der Macht
Niccolò Machiavelli (1469–1527) und die Akte Borgia

1 Blasucci, L., Opere di N. Machiavelli, Turin 1986, Bd. 4, S. 4
2 Viroli, M., Storia di Machiavelli, , S. 151

3 Ebd.
4 Ebd.
5 Hoeges, D., Niccolò Machiavelli, München 2000, S. 117
6 Bertelli, S., Opere di N. Machiavelli, Verona 1982, Bd. 1, Discorsi, I, 39
7 Ebd., Discorsi III, 43
8 Machiavelli, N., Il Principe / Der Fürst, Stuttgart, S. 118
9 Ebd., S. 138
10 Reinhardt, V., Alexander VI. Borgia, München 2005, S. 213
11 Ebd., S. 173
12 Viroli, M., a. a. O., S. 53
13 Bertelli, S., a. a. O., Discorsi I, 12
14 Ebd., Discorsi III, 1
15 Ebd., Discorsi II, 2
16 Viroli, M., a. a. O., S. 61
17 Machiavelli, N., Il Principe, a. a. O., S. 198
18 Viroli, M., a. a. O., S. 50
19 Ebd.
20 Ebd., S. 62
21 Machiavelli, N., Il Principe, a. a. O., S. 62
22 Legazioni e Commissarie, Machiavelli, Mailand 1964, Bd. 3, S. 587
23 Machiavelli, N., Il Principe, a. a. O., S. 64
24 Kersting, W., Niccolò Machiavelli, München 1998, S. 62
25 Bertelli, S., a. a. O., Discorsi I, 3
26 Flasch, K., Das philosophische Denken im Mittelalter, Stuttgart 1986, S. 582
27 Barincou, E., Machiavelli, Reinbek bei Hamburg, 1958, S. 126
28 Hoeges, D., a. a. O., S. 181
29 Bertelli, S., a. a. O., Discorsi III, 9
30 Hoeges, D., a. a. O., S. 25
31 Viroli, M., a. a. O., S. 253

Die ungewollte Revolution im Weltall
Philipp Melanchthon (1497–1560) und die Kämpfer gegen ihre Zeit

1 1 Warburg, A., Weissagung zu Luthers Zeit, Heidelberg 1920, S. 90 ff.
2 Ebd.
3 Stuckrad, K. v., Geschichte der Astrologie, München 2003, S. 246 f.
4 Ebd.
5 Ebd.
6 Kirchen- u. Theologiegeschichte in Quellen, Neukirchen-Vluyn 1981, Bd. 3, S. 208
7 Maurer, W., Der junge Melanchthon, Göttingen 1996, Bd. 1, S. 144 f.
8 Ebd.
9 Stupperich, R., Melanchthon, Berlin 1960, S. 25
10 Maurer, W., a. a. O., S. 101
11 Kirchen- u. Theologiegeschichte in Quellen, a. a. O, S. 108

12 Ebd., S. 136
13 Ebd., S. 137
14 Kupisch, K., Kirchengeschichte, Stuttgart 1974, Bd. 3, S. 86
15 Schmidt, K. D., Kirchengeschichte, Göttingen 1979, S. 339
16 Schwab, H.R., P. Melanchthon, Der Lehrer Deutschlands, München 1997, S. 74 f.
17 Gestalten der Kirchengeschichte, Stuttgart 1981, Reformation II, S. 124
18 D. Martin Luthers Werke: kritische Gesamtausgabe, Abt. 2: Tischreden, Bd. 4 (1538–1540), Weimar 1916 (Nachdr. ebd. 1967), 671, 23, Nr. 5121
19 Hayden-Roy, P., Sebastian Franck and the Reformation in Ulm, in: Beiträge zum 500. Geburtstag [...], hrsg. von S. Wollgast, Berlin 1999, S.139
20 Peuckert, W. E.: in Nigg, W., Das Buch der Ketzer, Zürich 1949, S. 427
21 Ebd., S. 429
22 Dilthey, W., Weltanschauung und Analyse, Göttingen ^{9}1970, S. 85
23 Schwab, H. R., a. a. O. S. 75
24 Ebd., S. 114
25 Carrier, M., Nikolaus Kopernikus, München 2002, S. 146
26 Nietzsche, F., Sämtliche Werke, hrsg. von G. Colli und M. Montinari, München 1980, Bd. 12, S. 126
27 Schmidt, K. D., a. a. O., S. 286
28 Kirchhoff, J., Kopernikus, Reinbek bei Hamburg 1985, S. 51
29 Carrier, M., a. a. O., S. 133
30 Ebd., S. 86 f.
31 Kupisch, K., a. a. O., S. 162
32 Schwab, H. R., a. a. O., S. 257
33 Ebd.
34 Guggisberger, H. R., Sebastian Castellio, Göttingen 1997, S. 121
35 Ebd., S. 97
36 Nigg, W., Das Buch der Ketzer, Zürich 1949, S. 419
37 Guggisberg, H. R., a. a. O., S. 253
38 Ebd., S. 165
39 Ebd.
40 Schwab, H. R., a. a. O., S. 258
41 Ebd., S. 258 f.
42 Guggisberg, H. R., a. a. O., S.226
43 Ebd., S. 306

Von der Aufklärung zur Revolution
von Hartmut Kriege

Die philosophierende Bischofin
Sophie von der Pfalz (1630–1714) und die konfessionelle Einheit in Europa

1 Bodemann, E., Briefe der Kurfürstin Sophie von Hannover, Osnabrück 1966, Brief Nr. 69
2 Greschat, M., Gestalten der Kirchengeschichte, Stuttgart, 2. Auflage 1994, Bd. 8 (Die Aufklärung), S. 121 ff.
3 Heussi, K., Kompendium der Kirchengeschichte, Tübingen [18]1991, 1, § 78 f.
4 Heussi, K. , Kompendium, a. a. O., S 354 ff.
5 Schnabel, F., Deutsche Geschichte im 19. Jahrhundert (4 Bde.), Freiburg 1964 (Bd. 1, Buch 1)
6 Repgen, K., Dreißigjähriger Krieg und Westfälischer Friede, Studien und Quellen, Paderborn 1998, S. 711 ff.
7 Heussi, K. , Kompendium, a. a. O., S 354 ff.
8 Duby, G., Histoire de la France, Paris 1999, S. 268 ff.
9 Schnabel, F., Deutsche Geschichte, a. a. O.
10 Heussi, K., Kompendium, a. a. O., S 354 ff.
11 Schnabel, F., Deutsche Geschichte, a. a. O.
12 Knoop, M., Kurfürstin Sophie von Hannover, Hildesheim 1964, S. 49 ff.
13 Ebd, S. 56
14 Ebd. S. 61 ff.
15 Greschat, M., Gestalten der Kirchengeschichte, a. a. O., S. 121 ff.
16 Ebd.
17 Repgen, K., Dreißigjähriger Krieg, a. a. O.
18 Knoop, M., Kurfürstin Sophie, a. a. O.
19 Bodemann E., Briefe der Kurfürstin Sophie von Hannover an die Raugräfinnen und Raugrafen zu Pfalz, Osnabrück 1966 (Neudruck der Ausgabe 1888), Brief Nr. 67
20 Leibniz, G. W., Sämtliche Schriften und Briefe, Akademie der Wissenschaften, Göttingen 2003
21 Ebd.
22 Greschat, M., Gestalten der Kirchengeschichte, a. a. O.
23 Ebd.
24 Ebd.

Der Komet
Pierre Bayle (1647–1706) und ein ethisches Leben ohne Religion

1 Kottje, R. / Moeller, B. (Hrsg.), Ökumenische Kirchengeschichte, Bd. 3, Mainz [4]1989, S. 76 ff.
2 Ebd.

3 Ebd.
4 Ebd.
5 Greschat, M., Gestalten der Kirchengeschichte, a. a. O., S. 121 ff.
6 Kottje, R. / Moeller, B., Ökumenische Kirchengeschichte, S. 56 ff.
7 Greschat, M., Kirchen- und Theologiegeschichte in Quellen, Neukirchen-Vluyn 1997, Bd. 4 (Vom Konfessionalismus zur Moderne), S. 50
8 Greschat, M. , Gestalten der Kirchengeschichte, a. a. O., S. 157 ff.
9 Ebd.
10 Ebd.
11 Ebd.
12 Gawlick, G. / Kreimendahl, L., Pierre Bayle – Historisches und kritisches Wörterbuch, Hamburg 2 002
13 Ebd., S. XVIII
14 Ebd.
15 Stricker, N. , Die maskierte Theologie von Pierre Bayle, Berlin 2003, Arbeiten zur Kirchengeschichte, Bd. 84
16 Ebd.
17 Ebd.
18 Greschat, M., Kirchen- und Theologiegeschichte in Quellen, Neukirchen-Vluyn 1997, Bd. 4 (Vom Konfessionalismus zur Moderne), S. 50
19 Gawlick, G. / Kreimendahl, L., Pierre Bayle – Historisches und kritisches Wörterbuch, S. XIX

Die Suprema advocata ecclesiae
Maria Theresia (1717–1780) und das unerbittliche Staatswohl

1 Reinhard, W., Die Geschichte der Staatsgewalt, München 1999, S. 141 ff.
2 Zippelius, R., Geschichte der Staatsideen, München ^{9}1994, S. 97 ff.
3 Ebd.
4 Reinhard, W., Glaube und Macht: Kirche und Politik im Zeitalter der Konfessionalisierung, Freiburg i. Br. 2004, S. 83 ff.
5 Greschat, M., Kirchen- und Theologiegeschichte in Quellen, Neukirchen-Vluyn 1997, Bd. 4 (Vom Konfessionalismus zur Moderne), S. 50
6 Ebd., S. 51
7 Reinhard, W., Die Geschichte der Staatsgewalt, München 1999, S. 146 ff.
8 Heussi, K. , Kompendium der Kirchengeschichte, Tübingen ^{18}1991, § 111
9 Heimann, H. D., Die Habsburger: Dynastie und Kaiserreiche, München ^{4}2004
10 Ebd.
11 Ebd.
12 Gönner, R., Die österreichische Lehrerbildung von der Normalschule bis zur Pädagogischen Akademie, Wien 1967
13 Ebd.
14 J. N. D. Kelly, The Oxford Dictionary of Popes, Oxford 1986 (Klemens XIV.)
15 Herre, F., Maria Theresia, Köln 1994

16 Heimann, H. D., Die Habsburger: Dynastie und Kaiserreiche, München ^{4}2004
17 Franzel, E. Der Donauraum, München 1958, S. 15 ff. (Dalp-Taschenbücher, Bd. 343)
18 Szabo, F. A. J., Fürst Kaunitz und die Anfänge des Josephinismus im Europa der Aufklärung, (2 Bde.) Wien 1980
19 Klingenstein, G. Der Aufstieg des Hauses Kaunitz, Studien zur Herkunft und Bildung des Staatskanzlers Wenzel Anton, Göttingen 1975

Der Mann aus Granit
Abbé Grégoire (1750–1831) und der Blutrichter der Revolution

1 Greschat, M., Gestalten der Kirchengeschichte, Stuttgart, 2. Auflage, 1994, Bd. 8 (Die Aufklärung), S. 237 ff.
2 Goodwin, A. , Die Französische Revolution, Frankfurt a. M. 1964
3 Fenske, H. (u. a.), Geschichte der politischen Ideen (Von der Antike bis zu Gegenwart), Frankfurt a. M., ^{6}2001, 3. Abschnitt (W. Reinhardt) S. 241 ff.
4 Goodwin, A. , a. a. O.
5 Lefebvre, G., 1789 (Das Jahr der Revolution), Paris 1970 (Neudruck), dt. Ausgabe München 1989
6 Ebd.
7 Greschat, M., Kirchen- und Theologiegeschichte in Quellen, Neukirchen-Vluyn 1997, Bd. 4 (Vom Konfessionalismus zur Moderne), S. 154 f.
8 Goodwin, A. , a. a. O.
9 Le Goff, J. / Remond, R. (Hrsg.), Histoire de la France religieuse, Bd. 3, S. 323
10 Plongeron, B., L'Abbé Grégoire (1750-1831) ou l'Arche de la fraternité, Paris 1989
11 Furet, F. / Richet, D., Die Französische Revolution, Frankfurt a. M. 1968
12 Lefebvre, G., a. a. O.
13 Ebd.
14 Goodwin, A. , a. a. O.
15 Plongeron, B., a. a. O.
16 Furet, F. / Richet, D., a. a. O.
17 Plongeron, B., a. a. O.
18 Ebd.
19 Ebd.
20 Ebd.
21 Furet, F. / Richet, D., a. a. O.
22 Plongeron, B., a. a. O.
23 Ebd.

Literaturhinweise

N. Abbagnano, Dizionario di filosofia, Bd. 2: La filosofia del Rinascimento, La filosofia moderna dei secoli 17. e 18., Turin 1993

E. Barincou, Machiavelli, aus dem Franz. von H. v. Winter, Reinbek bei Hamburg 1958 (Rowohlt Monographien)

P. Bayle, Historisches und kritisches Wörterbuch: eine Auswahl, übers. und hrsg. von G. Gawlick und L. Kreimendahl, Hamburg 2003

L. Blasucci, Opere di N. Machiavelli, Bd. 4: Scritti letterari, Turin 1996

F. Bluche, L'Ancien régime: institutions et société, Paris 1993

F. Bluche / St. Rials / J. Tulard (Hrsg.), La Révolution française, Paris 1989

E. Bodemann, Briefe der Sophie von Hannover an die Raugräfinnen und Raugrafen zu Pfalz, Osnabrück 1966

P. Burke, Die europäische Renaissance: Zentren und Peripherien, aus dem Engl. von K. Kochmann, München 1998

M. Carrier, Nikolaus Kopernikus, München 1989

E. Cremer, Lorenzo de' Medici: Staatsmann, Mäzen, Dichter, Frankfurt a. M., 1970

I. P. Culiani, Eros et Magie à la Renaissance, Paris 1984

G. Duby, Histoire de la France: des origines à nos jours, Paris 1999

R. Dufraisse, Napoleon, Revolutionär und Monarch, aus dem Franz. von Suzanne Gangloff, München 2000

E. V. Rotterdam, Briefe, verdt. und hrsg. von Walther Köhler, reprograph. Nachdr. der 3. Aufl., Bremen, Schünemann 1958, erw. von A. Flitner, Darmstadt 1995

M. Erbe, Die Habsburger 1493–1918: eine Dynastie im Reich und in Europa, Stuttgart 2000

F. Furet / D. Richet, Die Französische Revolution, aus dem Franz. übers. von U. F. Müller, Frankfurt a. M. 1968

E. Garin, Ritratti di umanisti, Mailand 2001

J. Godechot, Les révolutions (1770–1799), Paris 1963

M. Greschat (Hrsg.), Reformationszeit, 2 Bde., Stuttgart/Berlin/Köln/Mainz 1981 (Gestalten der Kirchengeschichte 6)

M. Greschat (Hrsg.), Die Aufklärung, Stuttgart ²1994 (Paperback-Ausgabe. Gestalten der Kirchengeschichte 8)

H. Grimm, Ulrich von Hutten: Wille und Schicksal, Göttingen, 1971
H. R. Guggisberg, Sebastian Castellio 1515–1563: Humanist und Verteidiger der religiösen Toleranz im konfessionellen Zeitalter, Göttingen 1997
H. D. Heimann, Die Habsburger: Dynastie und Kaiserreiche, München 2001, ^{2}2004
F. Herre, Maria Theresia: die große Habsburgerin, Köln 1994, Taschenbuch-Ausgabe München 2004
Ch. Hibbert, The rise and fall of the house Medici, London 1974
D. Hoeges, Niccolò Machiavelli: die Macht und der Schein, München 2000
U. v. Hutten, Die Schule des Tyrannen: lateinische Schriften, Leipzig 1991, Nachdr. Darmstadt 1996
W. Kersting, Niccolò Machiavelli, München 1998
J. Kirchhoff, Kopernikus, Reinbek bei Hamburg 2000 (Rowohlt Monographien)
M. Knoop, Kurfürstin Sophie von Hannover, Hildesheim 1964
R. Kottje / B. Moeller (Hrsg.), Ökumenische Kirchengeschichte, 3 Bde., Mainz 1989
J. Le Goff / R. Rémond (Hrsg.), Histoire de la France religieuse, Bd. 2: Du christianisme flamboyant à l'aube des Lumières: (XIVe – XVIIIe siècle) Paris 1988, Bd. 3 : Du roi très chrétien à la laïcité républicaine (XVIIIe – XIXe siècle), ebd. 1991
J. Locke, Einige Gedanken über die Erziehung, übers. von J. B. Deermann, Paderborn 1967
N. Machiavelli, Discorsi: Staat und Politik, übers. von F. v. Oppeln-Bronikowski, Frankfurt a. M. 2000
N. Machiavelli, Il Principe / Der Fürst, ital.-dt., übers. und hrsg. von Ph. Rippel, Stuttgart, 1986
W. Maurer, Der junge Melanchthon zwischen Humanismus und Reformation, 2 Bde., Göttingen 1996
L. de' Medici, Tutte le opere, hrsg. von G. Cavalli, 3 Bde., Mailand 1958
R. Minnerath, Histoire des Conciles, Paris 1996
P. della Mirandola, Oratio de hominis dignitate / Rede über die Würde des Menschen, hrsg. und übers. von G. v. d. Gönna, Stuttgart 1997
J. Monnerjahn, Giovanni Pico della Mirandola: ein Beitrag zur philosophischen Theologie des italienischen Humanismus, Wiesbaden 1960
H. A. Oberman (Hrsg), Die Kirche im Zeitalter der Reformation: in Kirchen- und Theologiegeschichte in Quellen, Neukirchen-Vluyn 1981
H. A. Oberman [u. a.] (Hrsg.), Kirchen- und Theologiegeschichte in Quellen: ein Arbeitsbuch, 5 Bde., Neukirchen-Vluyn (Bd. 3: Die Kirche im Zeitalter der Reformation, hrsg. von H. A. Obermann, 1981; Bd. 4: Vom Konfessionalismus zur Moderne, neu hrsg. von M. Greschat, 1997)
B. Plongeron, L'Abbé Grégoire (1750–1831) ou l'Arche de la fraternité, Paris 1989
W. Reinhard, Glaube und Macht: Kirche und Politik im Zeitalter der Konfessionalisierung, Freiburg i. Br. 2004
V. Reinhardt, Die Medici: Florenz im Zeitalter der Renaissance, München 1998
V. Reinhardt, Der unheimliche Papst, Alexander VI. Borgia (1431–1503), München 2005
K. Repgen, Dreißigjähriger Krieg und Westfälischer Friede: Studien und Quellen, Paderborn/München/Wien/Zürich 1998

R. Ridolfi, Vita di Niccolò Machiavelli, Florenz [3]1969
H. Scheible, Melanchthon: eine Biographie, München 1997
K. D. Schmidt, Grundriß der Kirchengeschichte, Göttingen 1979
U. Schultz, Erasmus von Rotterdam, der Fürst der Humanisten: ein biographisches Lesebuch, München 1998
H.-R. Schwab, Melanchthon – der Lehrer Deutschlands: ein biographisches Lesebuch, München 1997
N. Stricker, Die maskierte Theologie von Pierre Bayle, Berlin 2003
K. v. Stuckrad, Die Geschichte der Astrologie: von den Anfängen bis zur Gegenwart, München 2003
R. Stupperich, Melanchthon, Berlin 1960
M. Vannucci, Il magnifico racconta: nelle pagine di un segreto diario di Lorenzo [...], Rom 1991
M. Viroli, Il sorriso di Niccolò: storia di Machiavelli, Rom/Bari 2000
E. Voegelin, »Die spielerische Grausamkeit der Humanisten«: Eric Voegelins Studien zu Niccolò Machiavelli und Thomas Morus, München 1995
S. Wollgast (Hrsg.), Beiträge zum 500. Geburtstag von Sebastian Franck (1499–1542), Berlin 1999
A. Zysberg, La monarchie des Lumières : 1715–1786, Paris 2002

Bildnachweis

Seite 11 Holzschnitt von Tobias Stimmer, aus: P. Giovio, Elogia virorum literis illustrium, Basel 1577. Sammlung Archiv für Kunst und Geschichte, Berlin @ akg-images

Seite 16 Gemälde von Vasari (1559). Palazzo Vecchio, Florenz @ Photo: Scala, Florenz / Bildarchiv Preussischer Kulturbesitz

Seite 44 Gemälde von Hans Holbein (1523), Kunstmuseum Basel, Martin Bühler

Seite 72 Gemälde von Santi di Tito (16. Jh., Ausschnitt). Palazzo Vecchio, Florenz @ Photo: Scala, Florenz / Bildarchiv Preussischer Kulturbesitz

Seite 83 Gemälde von Altobello Meloni (um 1520). Galleria dell'Accademia Carrara, Bergamo @ akg-images / Erich Lessing

Seite 106 Gemälde von Lukas Cranach (1472–1553, Detail). Galleria degli Uffizi, Florenz @ Photo: Scala, Florenz / Bildarchiv Preussischer Kulturbesitz

Seite 118 Aus: Johannes de Montregis, Epitoma, Venedig 1496

Seite 160 Kolorierter Holzstich nach einer Zeichnung von Theobald Freiherrr von Oer (1855) @ akg-images

Seite 165 Gemälde von Gerrit van Honthorst (1635). Fundación Yannick y Ben Jakober, Alculia @ akg-images

Seite 175 Gemälde von unbekanntem Künstler (1700). Herzog August Bibliothek, Wolfenbüttel @ akg-images

Seite 222 Holzstich nach Johann Jakob Kirchoff, aus: E. Duller, Geschichte des deutschen Volkes, Bd. 2, 3. Aufl. Berlin 1872. Sammlung Archiv für Kunst und Geschichte, Berlin @ akg-images

Seite 235 Punktierstich eines unbekannten Künstlers (um 1819) @ akg-images